内蒙古西部资源富集区
土地生态安全研究
——以鄂尔多斯市东胜区为例

周瑞平　包宝荣　等　编著

科学出版社

北　京

内 容 简 介

本书在梳理文献资料的基础上，结合多年在东胜区的实际土地生态案例研究，运用土地生态学和景观生态学的相关概念、理论与研究方法，借助 GIS 平台，采用土地利用、社会经济及野外实地调查等数据，重点阐述二十多年来东胜区的土地利用结构、布局变化、驱动机制、未来变化趋势，以及土地景观生态变化、土地生态安全状况。与此同时，从聚落变化、矿山地质环境保护治理、土地生态环境质量评价、城市建成区扩展、城乡建设用地适宜性评价、闲置用地和征地区片价测算 7 个方面进行了专题研究。

本书可供景观生态学、土地管理学、土壤地理学、资源环境科学等专业的高等院校师生、科研人员以及管理决策部门的工作人员使用和参考。

图书在版编目（CIP）数据

内蒙古西部资源富集区土地生态安全研究：以鄂尔多斯市东胜区为例/周瑞平等编著. —北京：科学出版社，2019.10
ISBN 978-7-03-062322-5

Ⅰ. ①内⋯ Ⅱ. ①周⋯ Ⅲ. ①煤田-土地资源-生态安全-研究-鄂尔多斯市 Ⅳ. ①F323.211

中国版本图书馆 CIP 数据核字（2019）第 205769 号

责任编辑：刘海晶 李 莎 / 责任校对：赵丽杰
责任印制：吕春珉 / 封面设计：东方人华平面设计部

科 学 出 版 社 出版
北京东黄城根北街 16 号
邮政编码：100717
http://www.sciencep.com
三河市骏圭印刷有限公司印刷
科学出版社发行　　各地新华书店经销

*

2019 年 10 月第 一 版　　开本：B5（720×1000）
2019 年 10 月第一次印刷　　印张：13 1/4　插：8
字数：287 000
定价：118.00 元
（如有印装质量问题，我社负责调换）

销售部电话 010-62136230　编辑部电话 010-62138978-2055

前　　言

　　土地生态安全关系国计民生和经济社会的可持续发展，与政治安全、军事安全和经济安全一样，对国家安全具有重大影响。土地生态安全一是指土地生态系统自身是否安全，二是指土地生态系统对于人类是否安全；具有整体性、综合性、区域性、动态性、战略性等特征。21世纪制约社会经济发展的瓶颈之一就是土地问题，而土地生态安全的问题是土地利用面临的主要问题之一。

　　随着社会经济的发展，保发展、保红线、促转变、惠民生的基础平台就是土地，精准扶贫、建设生态文明、夺取新时代中国特色社会主义伟大胜利，实现中华民族伟大复兴的中国梦离不开土地。土地是中国人民赖以生存的物质和精神财富要素之一，承载着中国传统的文化理念和深沉的情感。土地生态是否安全直接决定着土地生态环境的优劣、土地生态系统结构是否完整、服务功能是否完善。

　　鄂尔多斯市东胜区既是一个典型的生态脆弱区，又是一个高强度的资源能源开发区，在这样一个特有的物质能量输入输出不平衡的自然人文复合区，进行土地生态安全研究有重要的理论价值和现实意义。神府东胜煤田是中国已探明的最大煤田，也是世界七大煤田之一。东胜区是鄂尔多斯的政治、经济、文化中心。近30年来，煤炭开采、城市建设、重化工等高强度、大规模、高速度的人类活动是空前的。随之而来，土地利用的变化速度、变更规模、承载强度也是前所未有的。东胜区作为半干旱生态脆弱区与大规模、高强度的人类活动不相适应，出现了采煤造成的土地沉降、地裂缝、山体崩塌、滑坡、泥石流等地质灾害；风蚀、水蚀与重力侵蚀造成土壤流失；矸石堆放与建设用地压覆、占用土地；煤炭开采使浅层地下水水位下降，部分含水层甚至会被疏干，未经处理的矿井水和生产、生活废水会造成二次污染；采煤塌陷影响植物生长，严重时，会导致植物枯死；采煤塌陷会造成植物物种数量减少，植物林分结构与种群结构简单，动物、植物、微生物种群减少，生物多样性指数降低，生态系统退化。同时，工业化、城市化的快速发展，带来环境污染、城区地下水水质恶化、土地闲置、房屋空置等一系列社会、经济、生态问题。这些问题变得越来越棘手，并将成为生态灾难。

　　为了弄清东胜区二十多年来土地生态格局的演化，本书选择东胜区作为内蒙古西部典型资源富集区的代表，对其生态格局的历史、现状进行了详细的梳理和分析，旨在找出其演化规律与人类活动的关系。

　　本书是在鄂尔多斯市多年土地利用研究资料的收集、整理、分析的基础上，认真梳理东胜区土地利用历史，结合目前土地利用现状以及社会经济发展趋势，充分利用历年土地利用研究项目，如"东胜区第一次土地利用调查""东胜区第二次土地利用调查""历年东胜区土地利用年度变更""东胜区土地利用总体规划调整完善（2009—2020 年）""东胜区土地整治规划（2016—2020 年）"，以及"东胜区耕地质量补充完善（2015 年）"等。在上述工作的基础上，综述国内外最新研究成果，经过文字、图件资料整理、数据建模、集体讨论与研究、专家咨询等工作，最终形成本书。

本书撰写分工如下。全书整体内容设计和大纲撰写由周瑞平、包宝荣、尔敦、杨彩云、奕莉琦、吴瑞艳、李晓景、龚相文集体讨论完成。其中前言由周瑞平撰写；第 1 章由尔敦、杨彩云、周瑞平撰写；第 2 章由吴瑞艳、奕莉琦、包宝荣撰写；第 3 章由周瑞平、奕莉琦、包宝荣撰写；第 4 章由尔敦、奕莉琦、周瑞平、包宝荣撰写；第 5 章由尔敦、周瑞平、包宝荣、奕莉琦撰写；第 6 章由尔敦、周瑞平、包宝荣撰写；第 7 章由杨彩云、包宝荣撰写；第 8 章由吴瑞艳、包宝荣撰写；第 9 章专题"聚落变化的典型案例研究"由奕莉琦、周瑞平、包宝荣撰写，专题"矿山地质环境保护治理研究"由李晓景、周瑞平和包宝荣撰写，专题"土地生态环境质量评价典型案例研究"由吴瑞艳、周瑞平撰写，专题"城市建成区扩展典型案例研究"由龚相文、周瑞平、包宝荣撰写，专题"城乡建设用地适宜性评价典型案例研究"由尔敦、周瑞平、包宝荣撰写，专题"闲置用地典型案例研究"由李晓景、周瑞平、包宝荣撰写，专题"征地区片价测算典型案例研究"由李晓景、周瑞平、包宝荣撰写。全书统稿由周瑞平、奕莉琦、包宝荣完成，全书修改由奕莉琦、吴瑞艳、李晓景等内蒙古师范大学土地管理学专业研究生完成。本书是课题组集体智慧和辛勤劳动的结晶。

本书撰写历时两年，撰写过程中得到了内蒙古师范大学地理科学学院众多老师和校内外许多同仁的指导和帮助，在此表示衷心的感谢！

本书得到国家自然科学基金项目"中国北方草原区风力发电场对下垫面土壤性质的影响效应及机理研究（41261054）"、内蒙古自治区科技重大专项"重点区域荒漠化过程与生态修复研究示范（zdzx2018058）"和内蒙古自治区自然科学基金项目"中国北方草原区风力发电场对下垫面植被的影响机理研究（2018MS04009）"的资助。

由于著者能力有限，书中定有疏漏和值得商榷之处，祈盼读者不吝赐教。

著作全体成员

2018 年 5 月

目　　录

第1章 绪 论

1.1 土地利用与景观生态环境变迁概述

1.1.1 土地利用及土地利用类型

土地是人类赖以生存、生活和发展的物质保障，人类社会的发展离不开对土地的利用和改造。对于土地概念的界定，不同的学者有不同的说法，总的来说分为狭义和广义两种。狭义的土地，仅指陆地部分。而广义的土地则是一个综合的概念，不仅是包括地貌、土壤、水文、植被等各种自然要素在内的自然综合体（伍光和，2000），同时也是包括人类活动的作用及影响的社会经济综合体。国家土地管理局1993年出版的《土地管理基础知识》中这样定义土地："土地是地球表面上由土壤、岩石、气候、水文、地貌、植被等组成的自然综合体，它包括人类过去和现在的活动结果。"（李全庆，2010）因此，这里指的是土地的广义概念。虽然不同学者的观点各有侧重，但在很多方面存在共识：概括来说即人类与土地是紧密相关的，人类生存、生活与发展离不开土地，自然也离不开土地的开发利用。

随着人类社会的不断发展、人口数量的急剧增多，人类为了生存、生产、生活而获取能够满足自身发展所必需的物质能量，必然需要对土地进行开发利用。土地利用反映了人类与自然相互影响、交互作用最直接和最密切的关系（刘彦随和陈百明，2002）。目前，对于土地利用的含义尚未形成统一的认识。具有代表性的观点主要有：

（1）土地利用是指人类为了获取一定的经济、环境或政治福利（利益），而对土地进行保护、改造，并凭借土地的某些属性进行生产性或非生产性活动的方式、过程及结果（袁子坤，2016）。

（2）土地利用是人类通过与土地结合获得物质产品和服务的经济活动过程，这一过程是人类与土地进行的物质、能量和价值、信息的交流、转换过程（王兵和臧玲，2006）。

（3）土地利用是人类为了经济社会目的而进行的一系列生物和技术活动，对土地进行长期的或周期性的经营（谭少华，2013）。

（4）土地利用是人类通过一定的行动，以土地为劳动对象（或劳动手段），利用土地的特性，来满足自我需要的过程（谭少华，2013）。

（5）土地利用是一种社会经济现象，是人类在漫长的历史过程中对土地资源进行持续开发和改造治理的结果。

（6）土地利用是人们根据土地资源的特性、功能和一定的经济目的（白璐，2010），对土地的使用、保护和改造。

综合上述观点，土地利用是指对土地的使用状况，侧重于土地的社会属性。土地利用是人类根据土地的自然特点，按照一定的经济、社会目的，采取一系列生物、技术手段，对土地进行长期或周期性的经营管理和治理改造活动（刘富刚，2009）；或者说，土地利用是一个把土地的自然生态系统变为人工生态系统的过程，是自然、经济、社会诸多因素综合作用的过程（杨妙鸿，2013），其中社会生产方式往往对土地利用起决定作用，它是人类对土地自然属性的利用方式和利用状况，包含着人类利用土地的目的和意图，是一种人类活动（任玉兵，2017）。

土地利用类型指的是土地利用方式相同的土地资源单元，是根据土地利用的地域差异划分的，是反映土地用途、性质及其分布规律的基本地域单位，是人类在改造利用土地进行生产和建设过程中所形成的各种具有不同利用方向和特点的土地利用类别（杨万钟，2004）。土地利用类型的地域单元，反映土地的经济特点，表现为具有不同特点的土地利用方式。它不同于土地类型，后者是一个地域各种自然要素相互作用的自然综合体，反映土地的自然状态特点的差异性。而土地利用类型的划定不是单纯为了认识利用现状的地域差异，更主要的是为了评定土地的生产力。

1.1.2 土地利用变化的时空尺度效应

尺度效应是指当改变空间数据的尺度或粒度（分辨率）大小时，分析结果也随之变化的现象，它与尺度推绎或尺度转换的概念是相通的（徐军亮和章异平，2009）。相对于土地利用来说，尺度效应是以土地作为载体，以土地利用方式作为形式，在不同的空间进行布局的过程。尺度效应的研究内容包括土地利用景观格局对时空尺度变化的响应、土地利用变化与其驱动因子之间随研究尺度不同而发生变化的规律、根据某一尺度的土地利用方式来规划另一空间尺度的土地覆被变化过程等。土地利用中的尺度也同样有多维性，如时间维、空间维等。

目前，土地利用变化在时间尺度上的研究，其基本思路为保持粒度不变，以某一空间尺度为研究区域，计算若干景观指标及土地利用变化指标等，在此基础上分析该区域内的土地利用变化过程及生态响应，找出其变化的驱动力并为下一步调整、改善提供理论依据。而空间尺度效应的研究内容则主要涉及格局及其过程随粒度和幅度变化的趋势，以及尺度转换模式与技术。

1.1.3　景观与土地利用景观生态系统

景观（landscape）一词的使用最早见于希伯来语《圣经》旧约全书（肖笃宁，2003）。它是一个具有时间属性的动态整体系统，是由地理圈、生物圈和人类文化圈共同作用所形成（王紫雯和叶青，2007）。具体来说，每个人的观点不同，景观的定义自然不同。如 1997 年肖笃宁的定义是：景观是一个由不同土地单元镶嵌组成，具有明显视觉特征的地理实体，它是处于生态系统之上，大地理区域之下的中间尺度。在景观生态学的定义中，景观是指在不同尺度范围内，由不同类型生态系统所组成、具有重复性格局的异质性地理单元。地理学上则把景观作为一个科学名词，指的是一个地区的景象，不同地貌、时间、人文会构成不同的景观，其定义为地表景象，综合自然地理区，或是一种类型单位的通称，如城市景观、森林景观等（刘丽青，2015）。因此，景观作为一个学术名词，有其特定的学术定义，与我们生活中理解的"景观"概念有很大的差距。

生态系统（ecosystem）的概念最先是 1935 年由英国生态学家 Tansley 提出来的，指的是在一定的空间内生物成分和非生物成分通过物质循环和能量流动相互作用、相互依存而构成的一个生态学功能单位。它把生物及其非生物环境看成是互相影响、彼此依存的统一整体。近些年来，以景观为基础发展起来的景观生态学，是一个发展迅速的学科领域。景观生态学的概念，是指由相互作用的拼块或生态系统组成，以相似的形式重复出现的一个空间异质性区域，是具有分类含义的自然综合体。

景观生态学不是一门新的科学或者学科的新分支，而是综合研究的特殊观点，景观生态学是景观某一地段上生物群落与其环境状况之间全部复杂的综合因果关系的研究（郭昕明，2014），这些相互关系可以在特定的景观格局或不同规模等级的自然区划中表现出来。而将景观作为生态系统来讨论，它是一个有机的系统，是一个自然生态系统和人类生态系统相叠加的复合生态系统（李洪远，2006）。

1.1.4　景观生态环境变迁的时空尺度效应

生态环境是人类生存和发展的基本条件，是社会经济发展的基础。随着社会的进步，生态环境问题越来越受到世界的普遍关注。对于生态环境的变迁，可以从时间和空间两方面进行研究分析。在景观学研究中，空间尺度是指所研究景观单元的面积大小或最小信息单元的空间分辨率水平，而时间尺度是其动态变化的时间间隔（任晔平和陈兆伟，2003）。景观生态学的研究基本上对应于中尺度范围，即从几平方千米到几百平方千米、从几年到几百年。格局与过程的时空尺度化是景观生态学的研究热点，尺度分析和尺度效应得到格外重视和发展。尺度效应表现为最小斑块面积随尺度增大而增大，其类型则有所转换，景观多样性减少。通过建立景观模型和应用地理信息系统技术，可以根据研究目的选择最佳尺度，并对不同尺度的研究成果进行转换（李明辉，2005）。由于在景观尺度上进行控制性实验代价高昂，尺度的转换技术愈显重要。尺度外推涉及如何穿越不同尺度约束体系的限制，至今仍是一个难点。不同时空分辨率的遥感观测是对地表目标或现象不同时空尺度的采样，应用于理解地表过程中，需要理解地表过程模型所描述的现象或过程是在何种时空尺度上运行的。对于不同时空尺度的地表过程模拟需要对应时空尺度的遥感观测。但现实中，地表现象或过程具有多尺度层次结构特征，遥感难以提供任意时空尺度的对地观测信息，这便产生了遥感信息的尺度转换问题（付宇，2007）。要做好遥感信息的时空尺度转换，关键是要做好对具体的地表参数的设定，这样才能够真实反映时空尺度的变化规律。同时，由于不同地表过程或现象的时空变化规律是不同的，在不同时空尺度上描述某一地表参数时空变化的相关变量也可能是不同的。所以脱离模型而单纯研究普适的遥感信息时空尺度转换方法似乎难以实现，这就要求学者们在进行遥感信息的时空尺度转换时，应该结合地表过程模型。

1.2　国内外研究进展

1.2.1　土地利用变化研究

1. 国外研究进展

国外土地利用模式探讨雏形可追溯到德国学者杜能（Thünen）的《孤立国同农业和国民经济的关系》一书，书中详细阐明了若干假设条件下的农业土地利用的模式。19 世纪末英国学者霍华德（Howard）在《明日：一条通向真正改革的和平道路》中提出城市和郊区农村土地利用结构布局的构想，即"田园城市"。美国密歇根州在 1922 年进行了土地利用综合调查，英国紧随其后也开展了土地利用调查。1930 年，英国创办土地利用调查研究所，并开展全国土地调查（刘彦随，1999）。1934 年第 14 届国际地理大会上，美国和英国学者分别介绍了本国的土地利用研究情况。1938 年第 15 届国际地理大会着重强调土地利用及土地用途的关键性。第二次世界大战之后，土地资源问题日益严峻，催生了利用航片完成小区域土地利用调查新技术，此后，航片技术迅速被推广到地质勘探等多项研究中。20 世纪五六十年代后，伴随太空技术的发展，航天遥感技术应运而生，由于秘密等级的放宽，学者们开始利用遥感资料辅助开展大区域土地利用调查研究，包括土地分类系统和分类方法等。1972 年美国发射人造地球卫星正式翻开了利用遥感技术进行大范围土地调查的新篇章。20 世纪 90 年代，TM 影像应用到相关研究。Quarmby 和 Cushnle（1989）运用 SPOT 影像差值法（可提取城镇化带来的土地利用类型转变）监测城市扩展情况，此阶段的土地利用调查研究从单纯的数量调查，逐渐转变为数与质及方式的综合调查，而且土地利用变化逐渐成为全球变化研究课题的核心内容。1992 年联合国发展大会上，可持续发展思想得到共鸣，并迅速成为生态环境、经济地理等学科的研究亮点。就国际大区域、高精度的土地利用调查研究而言，美国处于绝对优势地位，日本、加拿大等国紧随其后。

2. 国内研究进展

我国自古以农立国，土地利用方式粗放，研究不足。20 世纪 90 年代以前，我国土地利用研究一直停留在单纯调查评价和规划的阶段，用以满足人类用地需求。《中国之农业区划》《中国农业统计地图》和《四川省农作物生产力的地理分布》等研究成果奠定了我国土地利用研究的国际地位。20 世纪五六十年代，展开土地规划探讨研究，80 年代以后，研究重点转向土地整治与规划相结合，并提出土地整治保护和协调人地冲突的土地资源利用研究理念。1990 年，吴传钧等牵头开展了《1∶100 万中国土地利用图》编制工作，全面地掌握了当时我国土地利用现状，加大了我国在该领域的研究深度。20 世纪 90 年代以后，土地利用变化研究呈现综合化趋势，通过数学建模构建土地利用动态度指数模型和土地利用变化程度模型。在土地利用系统模型研究方面，构建了中国土地利用变化及影响模型。在可持续土地利用研究方面，建立土地资源质量变化衡量指标，并提出土地利用优化配置及其优化利用方案。在实证案例研究领域，开展了经济迅速发展区及环境脆弱区的土地资源利用研究，如长江三角洲地区、环渤海经济区、珠江三角洲地区、西南喀斯特地区等。

1.2.2 景观生态研究

1. 国外研究进展

最早的景观研究可以追溯到 19 世纪中叶，德国学者洪保德（Humboldt）提出"地理学的研究重心是景观"的思想（Wiens，1999）。1939 年德国学者特洛尔（Troll）在运用航片开展东非土地资源利用的实证研究时，首次提出了"景观生态（landscape ecology）"这一名词（Fu and Lu，2006）。

第二次世界大战爆发，一度搁浅了景观生态研究，直至 20 世纪七八十年代，由于世界粮食安全、社会发展和环境破坏日益严重，才使其受到重视，得以蓬勃发展，形成一门独立学科。1981 年首届国际景观生态学会议在荷兰隆重举办。1982 年国际景观生态学会（International Association for Landscape Ecology，IALE）在捷克正式创办；同期"美国景观学派"这个介于区域流派和环境流派的中间派迅速振兴。1987 年 IALE 创办《景观生态学》刊物，为学者提供了交流探讨的世界性平台。进入 20 世纪 90 年代，该学科步入迅速发展的阶段，主要表现为相关研究在全球得以普及和专著出版量空前。当前依托 3S（遥感 RS、地理信息系统 GIS 和全球定位系统 GPS）技术手段的蓬勃发展，该学科以前所未有的速度被广泛接受发展。

2. 国内研究进展

与国际景观生态学相比，我国在该领域的研究时间尚短，在 20 世纪 80 年代我国才陆续引入相关概念、理论和方法。1981 年学者黄锡畴和刘安国分别在《地理科学》杂志上发表文章，首次介绍景观生态学。1989 年首届景观生态学术大会在辽宁举办，拉开了我国相关研究的帷幕。20 世纪 90 年代至今，我国在该领域的研究蒸蒸日上，分别于 1996 年、1999 年举办全国景观生态学学术大会，并于 1998 年召开亚洲及太平洋地区景观生态学国际研讨会，奠定了我国景观生态学研究的国际地位。自 20 世纪 80 年代我国学者引入并研究景观生态学开始，该学科在我国不断扎根、发芽和茁壮成长，逐渐成为根植于我国国情的特色景观生态学，且引起了国际的广泛青睐。

1.2.3　土地利用变化与景观生态环境变迁相关研究

土地利用变化不但改变了地表的景观结构、物质循环和能量流动，而且在生物多样性变化和重要生态过程中也有着极其深刻的影响。土地利用变化影响能量交换、水分循环、土壤侵蚀等重要生态过程，也影响区域大气环境、水环境、生态环境的变迁。随着人类社会不断发展，土地利用逐渐成为改变土地覆盖格局的重要人文因素之一。

国外对土地利用变化与景观生态环境变迁问题的理论研究始于工业革命中后期。1864 年 G. P. Marsh 在研究地中海环境变化时指出，人类活动对环境变化有着重要影响并在著作 *Man and Nature* 中详尽地论述了土地利用变化与生态环境变迁之间的关系。关于土地利用变化与景观生态环境变迁问题的实际应用研究，生态规划之父 Mcharg（1981）认为，在土地利用过程中应考虑生态适宜性和资源的固有价值，重视人类、环境和生物三者之间的关系。此后，E. P. Odum、Forman 等生态环境学家也从景观生态学角度出发，对土地利用与生态环境的关系进行了研究。近年来，国外学者在此领域的研究也取得了重大进展。如 Kalany 和 Cai（2003）经研究认为，在每一百年的地表平均气温增加中，约有 0.27℃是由土地利用变化造成的；Matson 等（1997）认为全球变化中最显著的现象就是农业用地面积增加和集约节约程度提高，这项变化会改变生态系统的格局。大多数学者对土地利用变化引起的区域乃至全球气候、水文、土壤、地质等生态因子变化的研究，都是基于相关影响因子的线性关系，而缺乏系统整体的分析。

国内对于该领域的研究，主要集中在以下几个方面：第一，土地利用变化对气温、降水和土壤等生态因子的影响；第二，土地利用变化对宏观景观生态环境的影响，造成景观结构、生态系统功能、生物多样性等方面的变化；第三，区域土地利用变化对景观生态环境的综合影响。土地利用变化的环境效应研究主要采用计算机技术对土地利用时空变化特征及生态效应进行研究。随着该领域的研究内容的丰富和深度的增强，景观生态的理论和方法不断地应用于景观生态环境的保护中。

土地利用与景观生态环境的研究，经历了从国外借鉴研究方法和国内学者不断创新的过程，逐渐成为学科研究的前沿热点问题，这是人类重视环境保护和土地利用的结果，也是土地利用可持续发展研究的重要课题。在空间范围上，有全球性的大尺度研究，也有流域和县域的小尺度研究；从研究时段来看，静态和动态研究相结合；从研究对象来看，既有单项研究，又有综合研究。

1.2.4　研究区域相关研究

关于鄂尔多斯东胜区土地利用变化与景观生态环境变迁的研究在近年来不断涌现，主要集中在借助地理信息系统和遥感技术的景观功能分类、景观格局分析与指标定量化评价、土地利用变化对生态环境影响效应和景观生态安全格局构建等方面。王玉梅等（2004）提出了城市景观分类。贾宝全等（2013）以位于内蒙古鄂尔多斯高原上的伊金霍洛旗为研究区域，以景观生态学的数量分析方法为基本手段，对其景观格局进行了数量分析。宋乃平和张凤荣（2007）对鄂尔多斯农牧交错土地利用格局的演变与机理进行了研究，认为该地区的景观格局是在自然环境、人口压力、经济利益和民族融合等因素共同驱动和阻碍的平衡中形成和发展的结果（宋乃平和张凤荣，2007）。关于土地利用生态安全格局的研究，主要集中在对鄂尔多斯土地利用生态安全格局的构建、优化及方案评价方面（蒙吉军等，2014）。另外在鄂尔多斯 1988～2000 年景观结构和功能动态分析和准格尔旗矿区景观格局动态分析方面的研究也取得了一定成果（李冬梅等，2014）。

参 考 文 献

白璐，2010. 基于适宜性原理的河南省耕地利用强度分析 [D]. 南京：南京农业大学.

付宇，2007. 基于小波变换的土地利用数据尺度转换 [D]. 广州：中山大学.

郭昕明，2014. 梅山文化园湿地景观设计研究 [D]. 长沙：湖南大学.

黄锡畴，1981. 德意志联邦共和国生态环境现状及其保护 [J]. 地理科学，1（2）：181-182.

贾宝全，孙鹏森，王国柱，等，2003. 鄂尔多斯高原景观格局变化分析：以伊金霍洛旗为例 [J]. 干旱区地理，26（3）：202-207.

李冬梅，焦峰，王志杰，等，2014. 准格尔旗矿区景观格局动态分析 [J]. 西北林学院学报，

294（6）：60-65.

李洪远，2006．生态学基础［M］．北京：化学工业出版社.

李明辉，2005．高速发展的景观生态学［J］．生物学杂志，5：8-10，45.

李全庆，2010．土地伦理理论与实践研究［D］．南京：南京农业大学.

刘安国，1981．捷克斯洛伐克的景观生态研究：中国科学院区域环境研究考察组访捷见闻
　　［J］．地理科学，1（2）：183-184.

刘富刚，2009．基于土地伦理的土地可持续利用［J］．中国国土资源经济，7：22-24.

刘丽青，2015．现代城市园林中的硬质景观研究浅析［J］．城市建设理论研究（电子版），13：
　　470-471.

刘彦随，1999．区域土地利用优化配置[M]．北京：学苑出版社.

刘彦随，陈百明，2002．中国可持续发展问题与土地利用/覆被变化研究［J］．地理研究，3：
　　324-330.

蒙吉军，燕群，向芸芸，2014．鄂尔多斯土地利用生态安全格局优化及方案评价［J］．中国沙
　　漠，34（2）：590-596.

任晔平，陈兆伟，2003．居住区区位环境价值研究［M］．济南：山东省地图出版社.

任玉兵，2017．渝利铁路沿线区域土地利用与景观格局变化研究［D］．重庆：重庆交通大学.

宋乃平，张凤荣，2007．鄂尔多斯农牧交错土地利用格局的演变与机理[J]．地理学报，62（12）：
　　1299-1308.

谭少华，2013．人居环境建设解析：理论、方法与实践［M］．重庆：重庆大学出版社.

王兵，臧玲，2006．我国土地利用/土地覆被变化研究近期进展［J］．地域研究与开发，2：86-91.

王玉梅，秦树辉，尚金城，2004．呼和浩特城市景观生态格局分析［J］．干旱区资源与环境，
　　18（2）：92-95.

王紫雯，叶青，2007．景观概念的拓展与跨学科景观研究的发展趋势［J］．自然辩证法通讯，
　　3：90-95.

吴传钧，1990．1：100万中国土地利用图［M］．北京：科学出版社.

伍光和，2000．自然地理学［M］．北京：高等教育出版社.

肖笃宁，2003．景观生态学［M］．北京：科学出版社.

肖笃宁，李秀珍，1997．当代景观生态学的进展和展望［J］．地理科学，17（4）：355-364.

徐军亮，章异平，2009．土地利用中尺度效应研究进展［J］．安徽农业科学，14：6776-6777，
　　6781.

杨妙鸿，2013．九龙江龙津溪流域景观格局及其生态系统服务价值动态模拟分析［D］．厦门：
　　厦门大学.

杨万钟，2004．经济地理学导论［M］．上海：华东师范大学出版社.

袁子坤，2016．土地利用/土地覆被变化研究综述［J］．甘肃农业科技，9：73-77.

FU B J, LU Y H, 2006. The progress and perspectives of landscape ecology in China [J]. Progress in

Physical Geography, 30 (2): 232-244

KALNAY E, CAI M, 2003. Impact of urbanization and land-use change on climate [J]. Nature, 423 (6939): 528-531.

MARSH G P, 1864. Man and Nature [M]. New York: Charles Scribner.

MATSON P A, Parton W J, Power A G, et al., 1997. Agricultural intensification and ecosystem properties [J]. Science, 277 (5325): 504-509.

MCHARG I L, 1981. Human ecological planning at Pennsylvania [J]. Landscape Planning, 8 (2): 109-120.

QUARMBY N A, CUSHNLE J L, 1989. Monitoring urban land cover changes at the urban hinge from SPOT HRV imagery south-east England [J]. International Journal of Remote Sensing, (10): 953-963.

WIENS J A, 1999. Toward unified landscape ecology[C]//Wiens J A. Issues in landscape ecology. Colorado: International Association for Landscape ecology (Fifth World Congress Snowmass Village): 148-151.

第2章　理论基础、研究过程与方法

2.1　理　论　基　础

2.1.1　土地生态安全相关概念

1. 生态安全

生态安全具有广义和狭义之分。广义的生态安全是指人们的生活、健康、安乐、基本权利、生活保障来源、必要资源、社会秩序和适应环境变化的能力等方面不受威胁的状态，包含自然、社会、经济等复合人工生态安全系统。狭义的生态安全是指自然和半自然生态系统的安全，即对生态系统完整性和健康水平的反映（蒙吉军，2005）。因此生态安全包含两重含义，一是生态系统自身的安全，二是生态系统对于人类的安全，即生态系统提供的服务是否满足人类生存和发展的需要。

2. 土地生态安全

土地生态安全是指陆地表层由各种有机物和无机物构成的土地生态系统的结构不受破坏，同时，土地生态系统为人类提供服务的质量和数量能够持续满足人类生存和发展的需要（王鹏和曾辉，2013）。土地生态安全是由土地自然生态安全、土地经济生态安全、土地社会生态安全3个方面组成的安全复合体系。土地生态安全的相关概念常见有区域土地生态安全、土地资源安全、土地生态安全、土地持续利用的生态安全。

3. 土地生态安全评价

土地生态安全评价是指对土地生态系统的结构、功能、价值及其生态环境质量所进行的评价（李志国和杨子生，2007），即从土地自然生态安全、土地经济生态安全、土地社会生态安全3个方面，选取各自不同的评价影响因素，共同构成土地生态安全评价体系。土地生态安全评价主要包括土地生态安全的现状及其发展评价两个方面的内容。通过土地生态安全现状的评价，分析现状利用条件下存在的问题，为合理调整土地利用，有效推动生态文明建设、大力促进人与自然的和谐发展提供理论支撑。根据评价范围内生态系统类型和特点选择相应的代表性因子进行评价，以便采取保护或恢复性措施。

2.1.2　生态学理论

1.　人地关系理论

人地关系是人类活动与地理环境之间相互关系的简称，是地理学的基础理论（蒙吉军，2005）。人地关系具有如下特点：一是统一性，即人类的所有活动都离不开并作用于地理环境，反过来地理环境又作用于人类；二是动态性，在生产力水平比较低下时，人们对地理环境认识的局限性导致人们在地理环境面前只被动适应，随着生产力水平的不断提高，人们改造自然的能力不断加强，如果超过自然界修复的阈值，大自然就会产生报复，因此人地关系在不同历史时期表现形式是不同的（冯翔迪，2013）；三是具有可调性，人类主动索取自然的物质和能量的同时，还需要有目的地去保护自然环境，来协调人地关系，使人类社会持续发展。随着人类社会飞速发展、人类需求的多样化及人类欲望的无限膨胀，人地关系的范围也从单纯的自然关系拓展到经济、社会各个领域，从而扩展了人地关系的内涵，成为"人口-资源（土地）-能源-环境"多元结构（张松男，2013）。因此，人地关系理论为土地生态安全研究提供了理论基础。

人地关系协调理论对土地生态安全指导作用具体表现为以下 3 个方面。

第一，人类社会不仅要取得经济的快速发展，还要将改善生态条件、合理利用土地资源、提高环境质量以及由此涉及的生态、社会指标都纳入社会经济发展的指标体系中。人地关系协调理论为土地生态安全评价构建了一个多元指标组成的综合性战略目标。

第二，合理开发自然资源，努力使资源得到永续利用（常熙月，2013）。人地关系协调发展强调人地关系系统中人类社会、自然环境、经济发展等各子系统之间相互协调，最终目的是人类社会持续发展，这就需要在发展经济的同时根据区域自然、社会条件的不同及其环境容量、资源禀赋的不同，正确合理地利用自然资源，从而达到土地资源合理利用与重点保护相结合的目标。

第三，保证土地生态系统得到良性循环。人口的日益剧增和科学技术的不断进步，对土地生态系统产生了巨大的破坏。人地协调理论强调人类在发展进程中对土地生态安全的影响不要超过土地生态安全系统自我调节机制所允许的范围，即使超过了也不能任其发展，必须积极采取措施对其进行修复，保证土地生态安全系统的发展得到良性循环。

2.　可持续发展理论

1987 年世界环境与发展委员会（World Commission on Environment and Development，WCED）在《我们共同的未来》报告中详细论述了人类发展过程中面临的资源与环境问题，首次阐述了"可持续发展"的概念和内涵。该理论的核心思想是人类在追求自身生存和发展的过程中应该协调好其与资源环境的关系，不可用牺牲环境来追求经济增长与社会进步，满足当代人或本区域需求的同时不能对后代人或其他区域造成危害。目前的研究一般将土地资源的可持续利用阐述为"尽量减少对土地资源破坏与不合理利用，在长期改善人类生活质量过程中保持资本贮量不减少，在追求人类生存和发展过程中努力维护和改善土地的生产能力与生态环境质量"。可持续发展必然要求以土地资源的可持续利用为前提，土地是作为人类社会赖以生存和发展最重要的物质基础之一，其贮量在经济社会发展过程中不应该降低而是应该维持在一个较高的水平，也就是土地的生产能力、承载能力、生态服务功能要可以满足人类社会不断发展的生产生活需求。可持续发展强调的是自然资源有限性与人类需求无限性之间的平衡。根据土地可持续利用思想，人类一方面通过开发利用土地资源获得生存必需的物质，从而促进经济发展，保证社会的和谐稳定（张福刚，2013）；另一方面人类应该积极保护土地生态系统，加强土地生态系统抵御外界干扰和破坏的能力，使土地生态安全系统得到良性循环，从而实现土地生态系统可持续利用。因此，可持续发展理论能为土地生态安全研究起到重要理论基础作用。

3. 现代生态学理论

现代生态学是 20 世纪 60 年代在经典生态学的基础上发展起来的，以人类为研究主体，研究生物、人与环境之间的相互关系以及自然生态系统和人类生态系统的结构和功能的一门科学（李牁，2011）。其发展特点和趋势是由早期的个体生态学、群落生态学向生态系统生态学、景观生态学及全球生态学的方向发展，进化生态学、行为生态学、化学生态学、应用生态学等新兴的生态学分支相继出现，尤其是 20 世纪末分子生态学的发展，大大地促进了现代生态学的发展（凌欣，2011）。其中应用生态学的迅速发展是现代生态学的重要特色之一。生态学与人类环境问题的结合，促进了其在农、林、牧、渔各业的应用。生态学由个体和种群的水平向群落和生态系统水平的深度发展，同时很多新兴的交叉学科如环境生态学、保护生物学、生态多样性科学应运而生，应用生态学已成为指导人们生产实践的理论基础（陈书广，2009）。

现代生态学逐渐向多层次的综合研究发展，与其他学科的交叉研究日益显著，生态系统概念越来越多地被用于地球科学、农学和环境科学。现代生态学是土地生态安全理论的重要理论依据之一，其思想贯穿整个土地生态安全理论的各个环节，尤其是应用生态学对土地生态安全的实践指导意义更是重大。

4. 土地生态学理论

土地生态学在科学发展史上是一个极其年轻的学科。20 世纪 90 年代，随着生态学的发展与巩固，土地生态问题才引起了广泛关注，土地生态学应运而生。土地生态学是土地科学与生态科学的交叉学科，它是在生态学的基础上，以土地生态系统为研究对象，主要研究土地生态系统的特性、结构、空间分布及其相互关系。其研究内容主要有 5 个方面：土地生态系统的形成与演替、土地生态系统的组成与结构、土地生态系统的退化机理与修复途径、土地生态系统的调控机制与可持续利用及管理、土地生态系统的研究方法和工程技术应用。人类在改造土地获得生产、生活资料的同时，也给土地及周边环境带来严重的影响，土地侵蚀、土壤污染、水土流失等，破坏了土地生态系统的平衡。因此，人们将生态学理论应用到土地科学的研究中，以解决土地利用过程中出现的生态问题（刘永强，2011）。开设土地利用优化与调控的学科，并以此揭示土地生态系统的能量流、物质流和价值流等的作用规律，能为土地利用规划、生态设计管理、土地资源的合理利用提供理论依据。

5. 生态承载力理论

"载力"一词最初源于工程地质领域，美国学者 Park 和 Burgess 于 1921 年在生态学研究中首次提出了"生态承载力"的概念，它是指生态系统在一定时空状况下能够为人类的生存与发展以及其他生物活动提供的最大生态服务能力。随着生态环境问题日益严重、经济社会快速发展以及人们对资源环境与发展之间关系认识的逐渐加深，资源承载力、环境承载力等概念相继被提出，生态承载力的内涵日益丰富。总结起来主要包括两方面的内容：一是人类社会发展对环境造成的威胁与破坏，这是生态承载力的压力来源；二是生态系统具有自身调节与更新能力，这是生态承载力的支持部分。土地资源安全与生态承载力密切相关，人类对土地资源的开发利用以及对土地生态系统的扰动都不能超出生态承载力，否则必然会导致土地生态系统的恶化甚至崩溃。土地资源的有效供给是有限的，土地承载能力也不能突破安全阈值，在土地生态安全预警研究中应该引入生态承载力理论，科学合理确定土地生态承载阈值，即土地生态安全警情等级的标准，以便客观反映土地生态安全状况与警情等级的关系。同时还要采取针对性措施加强对土地生态安全警情的调控，减轻土地承载压力，避免土地生态系统的退化。

6. 景观生态学理论

早在 1939 年德国生物地理学家特洛尔就已经提出景观生态学（landscape ecology）一词，但直到 20 世纪 80 年代才逐渐成为地理学家和生态学家的研究热点（胡荣桂，2010）。景观生态学以异质的景观为对象，以生态学理论框架为依托，吸收现代地理学及系统科学之所长，研究景观的结构（组成结构、空间结构）、功能（结构功能）与时空格局变化；研究景观和区域尺度的资源环境经营管理等问题。景观是自然因素和人文要素相互叠加的复合系统，具有明显的视觉特征和独立的功能和结构。每一个景观单元均可视为一个独立的生态系统，它不仅具有结构上的完整性，还有功能上的连续性。土地生态系统本身就是一个景观单元，具有一定的结构和功能，景观生态学构成了土地生态安全研究的理论基础。

　　1）景观结构

　　景观是具有高度空间异质性的区域，由相互作用的景观元素（亦称为景观结构组分）或生态系统以一定的规律所组成。景观空间结构的研究首先是对个体景观单元空间考察，根据结构和功能的差异，通常分为斑块、廊道和基质三种形式（康相武等，2000）。

　　斑块（patch）又称嵌块体、拼块、斑等，是指不同于周围背景，同时又具有一定内部均质性的非线性景观元素。斑块是物种的集聚地，它的大小、形状、异质性边缘和数量对景观的结构具有重要的意义。斑块面积的大小直接影响能量和养分的分布，斑块的轮廓形状直接影响物质和能量的迁移。根据起源可将斑块分为干扰斑块、残余斑块、环境资源斑块和引入斑块（肖笃宁，2003）。

　　廊道（corridor）是不同于两侧基质或斑块的狭长地带，亦可以看作一个线状斑块，如道路、树篱、河流等。廊道的长度和宽度是其最基本的空间特征，是功能特征的综合性标志（王仰麟等，1999）。根据宽度和内部特征，可分为线状廊道、带状廊道和河谷廊道3种，宽度较大的廊道具有相对复杂的内部特征，其稳定性较高，抗性较强。一般认为廊道具有隔离作用、流的加强和辐散作用、过程关联作用等。

　　基质（matrix）往往表现为斑块廊道的环境背景，是景观中面积最大、连接性最强、优势度最高的地域。基质的特征在很大程度上决定着景观的性质，制约着区域的动态变化和管理措施选择，基质最基本的空间指标是区域中其面积比重和孔隙度（林鹏，2014）。景观就是一个由异质的斑块、廊道、基质所组成的镶嵌体，斑-廊-基模式是整个景观生态学建立的基础，亦是学科对研究对象——景观基本结构元素的划分，并以此为基础刻画景观结构、功能和动态变化。斑-廊-基模式关系给出了一种普遍适用于各种景观分析、设计、规划的语言。

　　还有学者将边缘（ecotone）这一景观生态系统间有显著过渡特征的部分作为第4种单元类型，具有可替代概率高、复原概率低、变化速度快及易变和脆弱性的特征，其边缘带作为特殊的景观功能区，其异质性是生态学重点研究的课题，尤其是绿洲研究中重点关注的问题。

　　2）景观异质性

　　景观异质性（landscape heterogeneity）是指景观或其属性的变异性和变异强度（杨茂华，2015），它同抗干扰能力、恢复能力、景观稳定性和生物多样性关系密切。在一定条件下，景观异质性程度高，有利于物种共生而不利于稀有物种的生存。在景观层次上，异质性的形成主要源于自然差异与自然干扰、植被内源演替和人类活动干扰。景观异质性包括景观结构异质性（空间镶嵌体或空间异质性）、景观功能的异质性（景观流与生态过程异质性）和景观动态的异质性（时空异质性）（李红，2004）。空间异质性历来是景观生态学的重要领域，它包括景观空间组成、空间构型和空间相关等内容。应注重空间异质性的绝对性和空间同质性的尺度性质，即在某一层次或尺度上的异质空间，在低一层次或较小尺度上则可视为相对同质。景观的空间异质性对景观功能和过程有重要影响。景观流（景观功能）的异质性表现为景观流或其属性的多样性或变异性。景观动态的异质性（时空异质性）包括两个组分，即景观动态的时间异质性，是指景观的结构和功能随时间的变化而表现在总体趋势、波幅和韵律 3 个方面的异质性；景观动态的空间变化，主要有孔隙化、碎片化、分割化、萎缩化和消失 5 种空间过程，每种空间过程都会表现出相应的异质性的空间格局；这二者的结合就形成了景观动态的异质性，即流动镶嵌体，它处在不断地动态变化之中。显然，正是时空两种异质性的交互作用导致了景观系统结构、功能的演化（席雅君，2011）。因此景观异质性原理不仅是景观生态学的核心理论，也是其方法论的基础和核心。

3）景观格局与生态过程

景观格局（landscape pattern）往往是指空间格局，即斑块和其他组成单元的类型、数目及在空间的分布；广义的景观格局也包括功能格局和动态格局。景观格局是景观异质性的具体体现，又是不同生态过程在不同尺度上作用的结果。景观格局注重研究斑块镶嵌规律性、意义及形成机制。景观格局可粗略描述为随机型、规则型和聚集型；从结构上可分为点格局（如鸟类的巢穴分布）、线格局（如河道）、网格局（如河网）、平面格局（如湖泊自然保护区中的岛屿斑块）、立体格局（三维空间分布）。从定量分析的角度，景观格局包括：景观的组成和结构、景观斑块空间相互作用、景观格局的趋向性、景观格局在不同尺度的变化、景观格局与景观功能与过程的相互关系。

生态过程与景观格局不同，生态过程强调事件或现象的发展顺序、机制和动态特征（胡巍巍等，2008）。自 20 世纪 80 年代后期以来，国际景观生态学界的趋势是从侧重空间格局的度量转向对格局与过程的相互作用研究。景观格局与生态过程的相互关系是景观生态学的前沿领域之一，景观生态学侧重的生态过程包括种群动态、种子或生物体传播、群落演替、干扰扩散、养分循环、能量交换等（邬建国，2000）。

4）等级理论

等级理论（hierarchy theory）是 20 世纪 60 年代以来发展形成的关于复杂系统的结构、功能和形态的系统理论。根据这一理论，复杂系统具有离散性等级层次，任何系统皆属于一定的等级并具有一定的时间和空间尺度，景观性质依其所属等级层次的不同而异。一般情况下，在等级系统中处于高层次（如景观）的行为或动态常表现出大尺度、低频率、慢速度的特征（胡一可和吴德雯，2014）；而低层次行为或过程则相反；这与土地类型演化和区域环境（景观）变化的规律是一致的。任何等级的系统都是由低一等级水平的组分组成，每一组分又是该等级水平上的整体且由更低一级的组分所组成（赵清，2007）；不同等级层次之间具有相互作用的关系，即高层次对低层次有制约作用，而低层次则为高层次提供机制和功能。

等级系统具有垂直结构和水平结构。垂直结构有巢式和非巢式两种。在巢式系统中，每一层次均由其下一层次组成，二者具有完全包含与被包含的对应关系。在非巢式系统中，不同等级层次由不同实体单元组成，因此上下层次之间不具包含与从属关系（席婉蓉，2010）。在巢式系统中，往往可以根据低层次的特征推测高层次的特征，这一规律在非巢式系统中则不常见。从等级系统的水平结构来看，每一层次由不同的亚系统或整体元组成。整体元具有两面性或双向性，即对其低层次表现出相对自我包含的整体特性，对其高层次则表现出从属组分的受约特征。等级系统最根本的作用在于简化复杂系统，以便达到对其结构功能和行为的理解和预测。必须指出，这种垂直分层性往往是人们感性认识的产物，实际上有些等级系统的垂直层次可能是连续的。还应注意，若简单地从一个等级层次上系统的性质来推测另一等级层次上系统的性质是困难的甚至是错误的，因为每个等级水平都具有一定的时空结构，其结构和功能亦不相同。等级理论对近年来景观生态学的兴起和发展起了极大作用，最为重要的贡献在于它大大加强了"尺度感"，对多尺度景观研究方法的发展起到显著促进作用。

5）尺度及有关概念

尺度（scale）一般是对研究客体或过程在空间或时间上的度量，分别称为空间尺度和时间尺度。尺度往往可以用粒度（grain）和幅度（extent）表达。空间粒度是指所研究景观单元的特征长度、体积或最小信息单元的空间分辨率水平；时间粒度则是指某一现象或事件发生的频率或时间间隔，如某一生态演替研究中的取样时间间隔或某一干扰事件发生的频率（高英，2014）。幅度包括研究对象在空间或时间上的持续范围。景观生态学的研究基本对应于中尺度范围，即从几平方千米到几百平方千米，从几年到几百年。

6）边缘效应

边缘是指两个不同生态系统（或斑块）相交而形成的狭窄地区。边缘效应（edge effect）是指边缘部分因受外围影响而表现出与斑块中心部分不同的生态学特征的现象（李洪远，2006）。形成这种现象的主要原因是斑块边缘与内部环境状况的差异，造成了边缘与内部物种组成和丰度的差异，边缘效应是造成不同形状斑块间生态学差异的最主要原因。边缘效应与斑块的大小、形状及相邻斑块和基质特征密切相关。斑块的形状特点可以用长宽比、内部面积与边缘面积的比率、分维数等方法描述。例如，斑块的长宽愈接近圆形或正方形，其形状就越紧密，紧密的形状有利于保存能量、养分和生物；而松散的形状（如长宽比很大或边界曲折）则易于促进斑块内部与外围环境在能量、物质和生物方面的交换。斑块的形状及其边缘特征对生态过程的影响亦是深刻和极为复杂的。边缘效应对生物多样性是利或是弊，尚有争议，但边缘带在景观生态学理论和应用如绿洲演化研究中的重要地位，是应充分肯定的。

7. 生态安全理论

生态安全是指一个国家或地区的生态环境资源状况能够持续满足社会经济发展需要,社会经济发展不受或少受来自于资源和生态环境的制约与威胁的状态（王永波，2011）。对不安全的状态和区域，人类可以通过整治、采取措施加以减轻或解除环境灾难，变不安全因素为安全因素。土地生态安全来源于近年来兴起的"生态安全"的研究，是生态安全理论的分支学科之一，是生态安全理论在土地领域的具体应用。生态安全理论是土地生态安全理论的直接理论依据之一，为土地生态安全研究提供直接的方法、技术参考。

2.1.3　土地经济学理论

1. 市场供求理论

土地供求分析是土地经济学研究的起点和终点，而土地需求又是土地供给的起因，很大程度上对土地供给产生着决定性的影响。从土地供求关系来看，必须通过两者的相互作用，并通过价格信息予以体现，才能形成有效需求和有效供给。实践中必须依据这一基础理论，进行深入分析，才能更为科学地反映土地供求关系变化的态势。

2. 产权经济理论

相对于土地资源而言，土地产权更是一个重要的经济要素。土地经济运行实践都是以具有一定产权的土地资源为单元进行资源配置的。土地产权要素对于土地资源配置效率产生直接的影响，并且还引导着土地资源配置的方向。产权经济理论作为土地经济学的基础理论，有效推进了土地经济学的进一步发展。

3. 地租地价理论

地租地价理论既是土地经济学的重要内容,同时也是土地经济学的基础理论，是确定土地收益分配关系合理性的重要依据。马克思认为地租是土地所有权的实现形式,一切形式的地租都是土地所有权在经济上实现自己、增值自己的形式。马克思指出:"不论地租有什么独特的形式,它的一切类型有一个共同点:地租的占有是土地借以实现的经济形式。"资本主义地租就是农业资本家为获取土地的使用权而交给土地所有者的超过平均利润的那部分价值(刘钢,2009)。在资本主义生产方式下,实际的耕作者是雇佣工人,他们受雇于一个只是把农业作为资本的特殊使用场所,作为把自己的资本投在一个特殊生产部门来经营的资本家。这个作为租地农场主的资本家,为了得到在这个特殊生产场所使用自己资本的许可,要在一定期限内按契约规定支付给土地所有者一定的货币额,这个货币额就是地租。当前有关地租地价的研究已经开始建立定量化的经验模型进行分析研究,而地租地价的研究与土地利用、基础设施的合理布局、城市规划的合理化程度等都有密切的关系。

4. 边际效用理论

边际效用是指人们从消费一件商品的一个额外的数量中所获得的额外的满足。在边际效用理论应用中存在两个重要原则,一是边际效用递减原则,即一种商品的消费越多,那么额外数量的消费给效用带来的增加也越来越少;二是相等边际原则,即只有当消费者使花在所有商品上的单位投资所带来的效用相等时,才会使效用最大化。这两个原则,对于合理确定土地利用规模以及产业部门之间土地资源的分配关系具有实践性意义。

5. 土地报酬原理

土地生产经营过程中每增加一个单位变动要素的投入,土地产出较上一水平所增加的产品数量。它一般可用生产要素增加的量去除由于该新增生产要素而获得的产品增加数量而得出。土地边际效益是递减的,也就是说在一定的科学技术水平和生产条件下,对土地的某项投入增加而其他投入要素固定不变,连续增加该要素投入所带来的新增效益,在初始阶段不断上升,但是当达到一定值之后效益不但不会上升,反而会呈现递减的趋势。例如在土地上投入的人工越多,越是精耕细作,产出的粮食就越多,但当在土地上劳动的人越来越多时,尽管总产量有增加,但人均产出增加却越来越少。到最后,土地的产出几乎没有增加,协调管理费用却大幅度上升。因此,可以说土地投入的可变生产要素与不变要素配合比例的协调程度,决定了土地效益的大小。

6. 城市土地利用的互动理论

城市土地互动理论侧重研究不同城市土地利用驱动因素之间的相互影响,并以此作为解释城市土地利用基础。其代表为 D. L. Foly 构建了一个城市土地利用的空间与非空间特征及价值观与物质环境之间的相互联系的概念模型。M. M. Webber 的互动理论由"城市地域"和"非地域的城市范围"两个理论性概念所构成，人类活动的所有空间范围都是由这两者复合组成，缺一不可。此理论的优点是给城市土地研究带来了人文思想，缺点是对城市土地利用的空间结构模式研究不足，具有一定的局限性。因此，在考虑城市土地集约利用和制定有关政策时，不能孤立考虑城市建成区范围，也要考虑城市的辐射范围。

7. 土地可持续发展理论

土地可持续发展是指土地的利用既要满足当代人的需要，又要有利于满足人类今后的长远发展。其要求在土地利用时，一是土地资源本身的高效持续利用，二是土地资源与其他资源相配合，共同支撑经济、社会持久发展。同时，要求土地资源配置，在数量上具有均衡性、在质量上具有级差性、在时间上具有长期性、在空间上具有全局性，从而实现自然持续性、经济持续性和社会持续性的统一（何芳，2004）。城市土地资源可持续高效利用是今后城市土地利用的方向和目标。

8. 土地价值理论

土地价值理论又称投标租金曲线，主要阐述土地的经济属性与土地利用的关系，源于杜能的农业土地利用模式，认为不同活动的区位将取决于对特定位置的竞争性投标。一个企业能够投标的量依赖于其预期的可获利润，主要考虑消费者对特定区位的接近性。城市核心区域能提供最大的接近性而具有最高的土地价值。不同类型不同规模的商业机构及设施，按其支付最大租金的能力，从城市中心到城市边缘，排列组合成有规律的分布模式。

9. 人地关系理论

人地关系理论是有关人类及其各种社会活动与地理环境关系的理论。人地关系是自人类起源以来就客观存在的关系，人类的生存和活动都要受到一定的地理环境的影响。原始社会和现代社会在这一方面仅有深度和广度的不同。人地关系属于人与自然关系的范畴。人类为了生存的需要，不断地改造和利用地理环境，增强适应地理环境的能力，改变地理环境的面貌，同时地理环境也会影响人类活动，产生地域特征和地域差异。

2.1.4 区位理论

区位理论是关于人类活动的空间分布及其空间中的相互关系的学说。具体地讲，是研究人类经济行为的空间区位选择及空间区内经济活动优化组合的理论。主要内容有农业区位论、中心地理论和工业区位论。

1. 农业区位论

农业区位论的创始人是德国经济学家杜能，他于 1826 年完成了农业区位论专著——《孤立国同农业和国民经济的关系》，是世界上第一部关于区位理论的古典名著。杜能根据其理论前提，认为经营者是否能在单位面积土地上获得最大利润 P，将由农业生产成本 E、农产品的市场价格 V 和把农产品从产地运到市场的费用 T 3 个因素决定，它们之间的变化关系可用公式表示为

$$P=V-(E+T) \tag{2-1}$$

在一定时期内，孤立国的各种农产品的市场价格 V 应是常数，假定各地发展农业生产的条件完全相同，则各地生产同一农产品的成本 E 也是常数，故上式可改写成

$$P+T=V-E=K \tag{2-2}$$

说明利润加运费的和 K 为常数，只有把运费支出压缩为最少，才能将利润增至最大。因此，杜能农业区位论所要解决的主要问题归为一点，就是如何通过合理布局使农业生产达到节约运费，从而最大限度地增加利润（吴郁文，1995）。

2. 中心地理论

中心地理论是由德国地理学家瓦尔特·克里斯塔勒（Walter Christaller）提出的，是研究城市空间组织和布局时，探索最优化城镇体系的一种城市区位理论，即假定某个区域的人口分布是均匀的，为满足中心性需要就会形成中心地商业区位的六边形网络。从提出假设出发，通过逻辑推理建立理论和法则，并用实践反复进行检验，因此中心地理论既与当时德国南部城镇的实际分布具有相当程度的吻合性，同时又有抽象的概括力。

3. 工业区位理论

工业区位理论的奠基人是德国经济学家阿尔申尔德·韦伯（Alfred Weber）（周本用，1996）。其理论的核心是通过对运输、劳力及集聚因素相互作用的分析和计算，找出工业产品的生产成本最低点，作为配置工业企业的理想区位。工业区位理论的中心思想就是区位因子决定生产场所，将企业吸引到生产费用最少、节约费用最大的地点。

2.1.5　生态经济学理论

1. 生态经济学的概念

生态经济学的概念是在 20 世纪 60 年代后期由美国经济学家肯尼斯·鲍尔丁

（Kenneth Boulding）所提出，是经济学和生态学相结合而形成的交叉学科，主要是从经济学角度，研究生态经济系统的结构、功能及其演替规律，旨在使人类社会在生态平衡的基础上实现持续发展。

生态经济学是主要研究经济运行系统与生态环境系统对立统一及其规律性的科学。它既研究人类经济活动对生态环境的影响，又研究生态环境变化对经济乃至人类社会的影响与制约。研究的目的是为制定正确的经济发展政策，解决环境资源问题提供科学依据。传统经济学与生态经济学有着本质的区别：传统经济学仅从经济运行规律本身揭示资源的数量和价值，从不考虑"经济外部性"对其经济发展的影响，导致经济飞速发展的同时，区域生态环境却遭到严重破坏，最终影响区域经济持续发展；而生态经济学将生态和经济作为一个不可分割的有机统一整体，改变了传统经济发展模式，在促进社会经济发展同时又保护环境。生态经济学的核心观点是促进经济与生态协调发展。生态经济系统运行受经济和生态双重规律的制约，体现了经济规律和自然规律的耦合，即经济子系统最大效益与生态子系统最大保护的对立统一。

土地生态系统是自然环境资源和社会经济资源的载体，是由土地生态系统与经济系统在特定的地域空间耦合而成的生态经济复合系统，其中任一因素变化都将引起其他因素的相应变化，最终影响整个系统的结构和功能的改变（郝琪，2015）。根据生态经济学理论，在进行城市土地生态安全评价研究时，要充分考虑土地生态系统各因素之间相互作用、相互影响、相互依存、相互制约的关系，不仅要考虑土地开发利用对其系统的影响，还要考虑区域生态环境的变化对其经济影响，最终影响人类社会的发展，因此实现经济发展与生态保护协调统一是生态经济学的最终目标。

2. 国内外发展

西方生态经济学起源于 20 世纪 60 年代后期。1966 年，肯尼斯·鲍尔丁正式提出了"生态经济学"概念。1989 年国际生态经济学学会的成立，标志着西方生态经济学进入理论发展和学科建设的新阶段。20 世纪 90 年代初期，西方学者开始在可持续发展的理论平台上探索自然资本的相关问题，并把它纳入生态经济学的理论框架，促进了西方生态经济学理论的新发展。20 世纪 90 年代中期以来，生态服务理论受到经济学家和生态学家的广泛青睐，成为西方生态经济学研究的前沿。在中国则兴起于 20 世纪 70 年代至 80 年代初，至今只有二十多年，在此期间，生态经济学在中国有很大的发展，旨在整合生态学与经济系统学，提供新的思考方向，以实现可持续发展目标。许多远见卓识的经济学家和生态学家及时投入这一崭新学科的研究与应用中，如许涤新、王耕今、马世骏、侯学煜、阳含熙、曲格平、刘思华、马传栋、王松霈、何仞维、姜学民等。以生态经济学为原理，国家发布了一系列关系到中华民族生存与发展的重要文件，确定了保护环境为我国的基本国策。中国生态经济学的微观实验成果主要集中在农业领域；研究成果在推动建立全民生态意识和利用生态经济学理论指导中国现代化建设上发挥了积极的作用，并取得了令人瞩目的成就。

3. 生态经济系统的基本原理

在我国，在生态经济学的产生与发展过程中，一直把社会经济和自然生态的协调发展问题摆在一个极其突出的地位。生态经济系统是由生态系统和经济学系统相互交织、相互作用、相互耦合而成的复合系统（王继军等，2004）。在生态系统和经济系统之间有物质能量和信息的交换，同时还存在着价值流循环与转换。生态经济系统划分范围可大可小，从层次上看，有由地球表层的生物圈和经济界复合而成的生态经济系统、国民经济总体生态经济系统、部门生态经济系统、行业生态经济系统；按地域大小分，有国土生态经济系统、区域生态经济系统、较小范围生态经济系统、庭院生态经济系统。生态经济系统组成包括人口、资源、环境、科技4大要素。生态经济学包括生态经济协调发展理论、生态经济有机整体理论、生态经济全面要求理论、生态经济生产理论、生态经济价值理论、生态经济循环理论。

4. 生态经济学使用的主要方法

1）价值方法

在价值之间建立联系，在效用和功能之间建立联系（环境和资源经济学常用的一些外部效用的内部化手段，如排污权交易、意愿调查法、影子价格等）。

2）系统方法

应用生态模型、空间模型和经济模型，把生态系统的效用和功能的评价联系到各个子系统（如系统动力学、熵值理论分析、系统能量评价、地理信息系统模型）。

3）情景分析

管理政策替代、内生参数、系统外部事件和过程的综合考虑。期望的情景模拟是基于系统未来满意的状态。映射或预测的情景模拟是基于对目前状态的自由延伸。

4）社会评价方法

既能评价经济价值，也能评价多维系统（可用于建立绿色国民账户、投入产出、可持续发展指标体系，生态系统的服务评价，能值、生态占用等方面的评价分析）。

2.2　研究方法与手段

2.2.1　土地利用方法与手段

1. 土地利用变化模型

1）系统动力学模型

系统动力学模型（system dynamics，SD）是一种建立在控制论、系统论和信息论基础上，研究反馈系统结构、功能和动态行为基本特征的定量方法。其突出特点是通过状态变量（stock）、流量函数（flow）、辅助变量（convertor）、流线（connector）等模型基本要素构成决策反馈环，反映复杂系统结构、功能与动态行为之间的相互作用关系，对复杂系统进行动态仿真实验，从而考察复杂系统在不同情景（不同参数或不同策略因素）下的变化行为和趋势，提供决策支持，用于解决非线性系统问题。

由于土地利用系统具有明显的动力学特征，它与经济系统、社会系统、生态系统交织影响，各系统的要素之间相互作用、相互制约，并形成一定的反馈机制。系统动力学模型能够从宏观上反映土地系统的复杂行为，是进行土地系统情景模拟的良好工具（何春阳等，2005）。因此，利用系统动力学模型研究土地利用变化在方法论研究中是一种很自然的选择。但总的看来，在典型区建立关键驱动因素反映未来发展情景的土地系统情景模拟，从而评估土地系统潜在生态效应的系统动力学模型还比较少见。同时，作为一种自上而下的宏观数量模型，系统动力学模型在反映土地利用空间格局特征方面还存在一些不足。

2）马尔科夫模型

马尔科夫模型是一种特殊的随机运动过程，它是指在一系列特定的时间间隔下，一个亚稳态系统由 t 时刻状态向 $t+1$ 时刻状态转化的一系列过程，这种转化要求 $t+1$ 时刻的状态只与 t 时刻的状态有关（郭笃发，2006）。该过程的特点为无后效性和稳定性，能够定量地揭示各土地利用类型之间的相互转化状况和转移速率，进而预测不同土地利用类型随时空的变化情况（肖翔和李扬帆，2011）。

运用马尔科夫过程，首先应确定土地利用类型之间相互转化的初始转移概率矩阵 $\boldsymbol{P}$，并建立研究区土地利用变化转移概率矩阵。初始转移概率矩阵 $\boldsymbol{P}$ 的数学表达式为

$$\boldsymbol{P} = P_{ij} = \begin{bmatrix} P_{11} & P_{12} & \cdots & P_{1n} \\ P_{21} & P_{22} & \cdots & P_{2n} \\ \cdots & \cdots & \cdots & L \\ P_{n1} & P_{n2} & \cdots & P_{nn} \end{bmatrix} \tag{2-3}$$

式中，n 为土地利用类型数目；P_{ij} 为 i 类土地利用类型转化为 j 类土地利用类型的概率，P_{ij} 满足 2 个条件：①$0 \leqslant P_{ij} \leqslant 1$；②$\sum P_{ij} = 1$（$i$，$j=1$，2，3，$\cdots$，$n$）。

根据马尔科夫模型和条件概率可以得出，系统在 $t+1$ 时刻的状态向量 $P(t+1)$ 可以由其在时刻的状态向量 $P(t)$ 和转移概率来确定：$P(t+1) = P(t) P_{ij}$（周秋文等，2010）

马尔科夫转移矩阵模型对分析不同程度和不同类型土地的动态变化具有重要的作用。根据土地变更调查数据，利用马尔科夫模型来说明不同类型土地之间的相互转化情况，从而揭示它们之间的转移速率，并预测其未来发展状况，对分析土地利用动态变化有着极其重要的理论意义。

3）元胞自动机模型

元胞自动机模型具有强大的空间运算能力，可以有效地模拟复杂的动态系统。近年来，元胞自动机模型被越来越多地应用于土地利用演化的模拟研究中并取得了许多有意义的研究成果，表明元胞自动机模型可以比较有效地反映土地利用微观格局演化的复杂性特征。但是，作为一种自下而上的模型方式，元胞自动机模型主要着眼于单元的局部相互作用，单元状态变化主要取决于自身和邻居单元的状态组合。尽管它可以在一定程度上反映土地利用系统的复杂行为，但对影响土地利用变化的社会、经济等宏观因素往往难以有效反映。实际上，土地利用变化往往是不同尺度的自然和人文因素综合作用的结果，如何把自下而上的元胞自动机模型与其他空间模型，特别是经济学模型相互耦合来进一步提高元胞自动机模型对土地利用复杂系统的表达能力，是当前基于元胞自动机模型的土地利用模型非常关注的问题（郝仕龙和李壁成，2004）。

2. 土地利用变化尺度转换方法

1）图示法

图示法是在某一尺度空间的平面上将不同土地利用类型进行空间布局的一种方法，其特点是直观地表达土地利用的空间结构，如乡镇土地利用规划图。严格地讲，图示法并不是一种独立的尺度转换方法，而是其他定性特别是定量研究方法结果分析和表达的有效手段，其最重要的作用在于能将抽象的结果生动直观地表现出来，从而有助于土地利用变化过程的理解和分析。

2）数理统计模型

运用 Excel 和 SPSS 等统计分析软件，对土地利用变化、景观格局指数、社会经济数据进行整理、汇总、统计、分析等操作。运用相关分析、数理推导方法，分析土地利用变化与景观生态环境变迁。

3）谱分析

地物波谱库是地面实测的大量地物波谱信息的集合，它以较短的光谱采样间隔包含了地物从紫外波谱到远红外波谱范围的反射率。波谱库中储存的每一条记录均记录了一种地物类型对应于特定波长的光谱反射率值。多光谱影像也在特定尺度上分波段记录地物的反射率值，然而由于存储和成像技术等多方面的原因，很多卫星上的传感器并没有很高的光谱分辨率，一般的多光谱传感器仅以较大的波长间隔包含 R、G、B、NIR、SWIR 等几个波段。为了跟多光谱影像的波谱特征相一致，必须对样本波谱集进行尺度转换。对样本波谱进行尺度转换的方法是以影像波谱（波段设置）为参考对其波谱进行波谱积分（光谱积分），即在对应于影像各个波段的波长范围对样本波谱集中的波谱进行波谱积分，其计算公式为

$$\varphi = \int_{\lambda_2}^{\lambda_1} f(\lambda) \, \mathrm{d}\lambda \qquad (2\text{-}4)$$

式中，φ 为 λ_1 至 λ_2 波长范围内总的光谱反射率值；λ_1、λ_2 为起始波长和终止波长；$f(\lambda)$ 为对应于波长 K 的光谱反射率值。

对于波谱库中的离散波谱样点而言，波谱积分就是在积分范围内计算样本点值的加权平均，计算公式为

$$\varphi = \frac{\sum_{\lambda=\lambda_1}^{\lambda_2} f(\lambda) \, \Delta\lambda}{\lambda_2 - \lambda_1} \qquad (2\text{-}5)$$

式中，$\Delta\lambda$ 为下一次采样点波长与本次采样点波长之差。

由于 SPOT 和 ETM$^+$ 具有基本一致的波段设置，因此在对样本波谱集进行波谱积分时，蓝波段积分范围可以采用 ETM$^+$ 的蓝波段范围代替。通过式（2-5）对样本波谱集进行积分处理，便得到了与多光谱影像相一致的样本波谱集。

4）分形分析

土地利用类型是在自然、人类活动和社会发展共同影响下而产生的，在结构上具有一定的自相似性和不规则的复杂特质，适合借助分形理论进行研究。运用分形理论对土地利用问题进行研究，从定量角度出发在微观结构及宏观空间格局上的特征加以阐释，有利于揭示区域土地利用格局发展的内在机制和规律，能够从不同角度入手对区域土地利用的科学合理性进行指导。分形是没有特征长度但具有某种意义下的自相似图形和结构的总称。分形特征则是体现结构复杂不规则图形的自相似性、标度不变性等特性，描述其形状的规则程度和结构的稳定程度。土地利用分形特征是基于分形理论对符合复杂的地理事象的土地利用图斑在结构上挖掘其复杂性及稳定性的特征。这一概念是将分形理论引入到土地利用研究中的分析角度，在土地利用理论中是从土地利用结构着手进行分析的，是对土地利用结构的稳定性和复杂程度的描述。而在分形理论中，则是将土地利用斑块作为

具有自相似性的复杂结构图形进行研究，通过对图形面积和周长的对数关系进行拟合所得到的图形特征。

5）小波分析

小波分析用于揭示空间格局的多尺度和等级结构。小波变换是时间（空间）频率的局部化分析，它通过伸缩平移运算对信号（函数）逐步进行多尺度细化，最终达到高频处时间细分和低频处频率细分，能自动适应时频信号分析的要求，从而可聚焦到信号的任意细节。

根据土地利用变化空间格局特征，确定一个样带，并将该区域作为土地利用变化特征尺度分析的最佳单元，通过小波分析方法对提取遥感影像图的纹理特征进行数据分析，将土地利用变化特征与尺度关系进行数学表达，采用恰当的小波基将数据转变为尺度（移动窗口的大小）和具体空间位置的函数，分析小波则可视为具有固定边长的移动"窗口"，沿着数据样带尺度单元滑动，当样带中出现与小波相似的结构时，小波转换值较高，否则小波转换值则低，一定分解尺度下的小波方差反映了各尺度特征的分布规律及空间位置的对应关系。小波分析的关键步骤主要有两个，一是根据遥感影像资料提取并处理土地利用景观类型的相关遥感数据信息；二是选择小波基并求解小波方差最大值。不同类型的小波基擅长于不同的景观研究区域，常用的 Morlet 小波基及 Mexican Hat 小波基适宜于分析城市景观及城郊特征尺度景观检测，根据小波分析输出结果确定小波方差最大值对应的分解尺度即为特征尺度。

尺度是景观空间异质性表达的重要基础，当前多尺度问题已成为景观地理建模的理论核心，运用小波分析方法解决景观多尺度模拟，将更有助于揭示景观格局与过程发展变化的规律，在土地利用覆被变化研究与景观生态学研究方面将会有更广阔的应用前景。

6）遥感和地理信息系统技术

遥感（remote sensing，RS），是通过对电磁波敏感的传感器，在不接触的条件下远距离探测地物的电磁波信息，并进行处理、分析以及应用的一门学科。利用 ENVI 软件，经过最佳波段融合、图像增强、几何校正、影像裁剪、投影变换、精度检验等一系列影像预处理手段，对土地利用数据遥感影像进行解译和获得；参考土地利用变更数据库数据，根据有关土地利用分类标准并结合实地考察，将研究区土地利用类型划分为耕地、林地、草地、建设用地、水域和其他用地等。

总之，利用遥感技术可以更加迅速、更加客观地监测土地资源和环境信息；同时，由于遥感数据的空间分布特性，可以作为地理信息系统的一个重要的数据源，以实时更新空间数据库。进入 21 世纪，世界各国遥感技术得到迅速发展，遥感数据的空间分辨率由千米级提高到厘米级，光谱分辨率由几百纳米提高到了几纳米，时间分辨率由几周提高到了几小时。雷达遥感也在朝着高分辨率、多频、多极化方向发展。遥感技术将成为支撑国民经济发展的高新技术之一，将会受到世界各国的高度重视，遥感技术的应用领域将会越来越宽广。

地理信息系统（geographic information system，GIS）技术是在计算机硬件、软件系统支持下，对整个或部分地球表层（包括大气层）空间中的有关地理分布数据进行采集、储存、管理、运算、分析、显示和描述的技术系统。在 ArcGIS 软件中，可以实现矢量数据与栅格数据的相互转换、空间分辨率和投影坐标系的统一，为研究的基础数据库进行准备和数据预处理。

地理信息系统自诞生至今，其应用领域已由自动制图、资源管理、土地利用发展到与地理位置相关的邮电通信、水利电力、金融保险、地质矿产、交通运输等多个领域。GIS 技术与其他传统的方法相比，具有无可比拟的优点，如快速灵活、客观定量、分析模拟能力强等，将会越来越多的应用到社会各个行业。

3. 土地利用变化尺度转换的不确定性

尺度一直是土地利用/土地覆盖变化（land use and land-cover change，LUCC）到国际地圈生物圈计划（International Geosphere-Biosphere Programme，IGBP）研究所关注的重要问题。相对于土地利用来说，尺度转换是以土地作为载体，以土地利用方式作为形式在不同的空间进行布局的过程，其转换的目的在于实现特定的土地利用功能。也可以说是根据某一空间尺度的土地利用方式来规划另一空间尺度的土地覆被变化过程。从这个意义上说，尺度转换要涉及具体的空间概念，从转换的过程来说又是一个时间概念。不同空间分辨率的数据在土地利用分类研究中均得到了不同程度的应用，但同一时期、同一区域、不同分辨率数据的分类结果通常会存在差异，存在一定的尺度不确定性（郁文等，2007）。

4. 典型地区土地利用变化的尺度转换

1）不同尺度的土地利用变化及其驱动力分析

土地利用变化研究涉及地块尺度、坡面尺度、流域尺度等不同的空间尺度，也涉及几个月、几年、几十年、几个世纪等不同的时间尺度。在土地利用变化研究过程中，必须先对研究对象的时间尺度、空间尺度有一个明确的界定。

对不同尺度下土地利用变化驱动力分析是判断土地利用变化的关键。微观土地利用行为、宏观政策与措施、各种生物与非生物因子都能成为土地利用变化影响因子。不同尺度水平下土地利用影响的驱动力作用有明显差异，多尺度水平的多驱动因子作用机制分析对掌握土地利用变化规律有较大的作用。

不同景观特征研究部位的主导驱动因子尺度响应具有一定的空间差异化特征，并直接影响对土地利用变化分析的特征尺度判断。单一驱动因素主导的区域土地利用变化尺度特征值变化较小，自然因素为主导驱动力的区域土地利用变化尺度特征值较小，人为驱动力为主的区域土地利用变化尺度特征值较大。城市边缘区作为受自然和人为驱动因素强烈干扰的区域，其土地利用变化的尺度敏感性最强；城市建成区土地利用结构较为单一，主要由于人为因素对土地利用结构产生突出的影响，其土地利用变化的景观特征尺度变化表现为最低的尺度敏感性。

2）土地利用变化模型的尺度转换

土地利用变化过程具有明显的尺度特征，描述土地利用变化过程的模型也就具有一定的有效尺度。但在实际研究工作中，土地利用变化模型往往不加区别地在不同尺度上直接加以应用。尺度的不匹配必然会影响模型应用的有效性，因此，模型尺度转换方法研究与模型构建本身同等重要。

在不同尺度上 LUCC 模型的尺度转换方面，郝仕龙和李壁成（2004）从土地利用角度，采用图示法、多元线性回归推绎法、目标规划法等讨论了不同空间的土地利用方式转换的方法；朱晓华和李亚云（2008）基于不同比例尺的辽宁省、贵州省土地利用数据，在计算各土地利用类型分维这一参量的基础上，深入探讨土地利用类型结构的多尺度转换特征。

3）土地利用变化模型尺度转换的不确定性分析

一个尺度上的 LUCC 模型在转换到另一个尺度上时，必然会损失一部分有效信息量（例如用主要影响因子解释 LUCC 过程时，一些次要的影响因子被忽略，而这些次要影响因子所携带的信息量即被损失了），因此应对模型尺度转换带来的不确定性进行分析。目前主要的不确定性分析方法包括直接采用实际数据进行模型验证和误差分析以及根据计算过程各个环节的信息损失计算模型转换的可靠性。20 世纪 90 年代，开始出现一种新的模型不确定性分析方法，即基于区域灵敏度的不确定性分析方法。该方法抛弃了传统的"寻优"思想，是一个模型结构在一定准则下对随机参数大样本发生响应的统计分析过程。它对一组参数进行随机全局取样，并对模型输出响应与参数组变化之间的关系进行统计分析，同时得到各参数对模型输出响应的贡献率。其基本思路是将目标函数寻优变为可信参数组搜索，即设定可接受条件，在设定的参数采样空间内搜索可信参数集，并在可信参数集的基础上，研究模型尺度转换不确定性及其向模拟结果的传递。

2.2.2　景观生态学方法与手段

1. 景观格局指数比较法

景观指数是景观信息凝结提炼的成果，可以很好地映射景观构造和类型结构情况，分为斑块、类型和景观水平 3 个层次，有斑块面积（CA）、斑块数量（NP）、斑块密度（PD）、景观形状指数（LSI）、连接度（COHESION）等多种指数，该手段对不同时期景观指数进行时间序列和空间序列的对比，剖析景观格局的动态演变情况。

2. 最小阻力模型（MCR 模型）

最小累计阻力模型（minimal cumulative resistance），即 MCR 模型，是荷兰生态学家 Knappen 于 1992 年提出的，最初仅运用于探求种群扩散的研究，后来被拓展到生态学研究的各个领域。经我国学者俞孔坚修改、引入并推广应用于国内。

该模型是指从"源点"到目的地完全通过所有摩擦单元耗损的能量累计值。在自然界中，物种想要扩展或移动，要穿越其他物种的地界，必然会受到阻力。在这一进程中阻力越小，流动性越强，越容易完成物种扩展，反之亦然。MCR 模型所认可的阻力是物种扩展过程中经过阻力地界对其能量的损耗，一般将"源点"的阻力系数定为 1，表示穿过自身受到的阻力最小，而穿过其他单元阻力，则要根据研究目的、穿越路径的不同来确定。表达式如下

$$MCR = f_{min} \sum_{j=n}^{i=m} D_{ij} \times R_i \tag{2-6}$$

式中，MCR 为物质从"源点"到达目的地的最小阻力累计和，与所经过的距离呈线性正相关；D_{ij} 为物质在离开"源点"之后，从第 i 单元移动到 j 单元时通过 i 单元时的路径距离；R_i 表示 i 单元对该运动的阻力系数。

3. 多目标优化模型

多目标最优化思想是法国学者帕雷托（Pareto）在 1896 年以政治经济学为出发点提出的，20 世纪 70 年代以来，该思想逐渐得到国内学者的青睐与推广应用。多目标最优化是探讨多个目标函数在多种限制条件下的最优状况，每一个目标都预先设定一个期望值域，然后在满足若干限制条件下，求解在目标值域内的值。其模型结构如下

$$opt\, F(X) = [f_1(X),\ f_2(X),\ \cdots,\ f_p(X)]^T$$
$$\text{s.t. } g_i(X) \geqslant 0;\ h_j(X) = 0;\ i = 1,\ 2,\ \cdots,\ p; \tag{2-7}$$
$$j = 1,\ 2,\ \cdots,\ q$$

式中，$f_1(X)$ 为目标函数，$g_i(X)$、$h_j(X)$ 为约束函数，$X = (x_1,\ x_2,\ \cdots,\ x_n)^T$ 为决策变量。

2.2.3　土地景观生态学方法与手段

1. CLUE-S 模型

CLUE-S 模型是由荷兰瓦赫宁根大学 P. H. Verburgn 等科学家在其早期 CLUE 模型的基础上创建而成。CLUE-S 模型由非空间模块和空间模块两个主要模块组成。非空间模块是通过定量或情景分析计算得到在一定时期内各土地利用类型的需求变化。空间模块是在对区域土地利用变化经验理解的基础上，根据各种驱动因子计算每个空间单元栅格的概率。在综合分析土地利用的概率适宜图和初期土

地利用现状图的基础上，根据总概率大小实现对土地需求的空间合理分配。与大多数经验模型相比，该模型通过对区域各种土地利用类型之间竞争的动力学仿真，能够同时模拟多种土地利用类型的变化，并进行不同情景下土地利用变化的模拟。

2. 系统动力学模型 SD

系统动力学模型（system dynamics，SD）主要包括理论校验和历史仿真校验。理论校验主要是研究所建立的模型是否符合实际要求、模型变量的关系是否有意义、所列的方程是否符合以及是否能表达变量。历史仿真校验即选定某一时刻，将仿真得到的结果与实际结果进行对照，检查这两者是否吻合，验证模型是否能有效地代表实际结果。通过对现有的土地景观仿真，得出在未受到灾害的影响会是怎样的土地景观格局。比如用 STELLA 软件进行建模，将若干个地类视为该区域土地利用系统中的几个库（stock），它们之间的相互转化视为流，影响状态变量变化的因素即为流速变量，各土地利用类型间的相互转化构成系统内部的因果反馈关系。实际应用中以研究时期起始年研究地区的土地利用格局为初始状态，以该年土地利用格局为初始值，向经过验证的 STELLA 模型输入数据，进行系统动力学仿真和预测。

3. LUSD 模型

LUSD 模型的基本思路是在自下而上的元胞自动机模型和自上而下的系统动力学模型相结合的基础上，依据供求平衡原理，从宏观用地总量需求和微观土地供给相平衡的角度，开展土地利用模拟。具体来说，该模型首先以系统动力学模型为基础，从社会经济系统中人口、经济（GDP）、市场调节（粮食自给率）、土地政策以及技术进步（粮食单产）5 大因素驱动土地需求的角度，模拟未来不同发展情景下的土地总量需求，然后以元胞自动机模型为基础，结合 GIS 技术，从满足局部土地利用继承性、适宜性和邻域影响的角度完成不同土地需求情景下的土地空间分配，从而模拟出不同情景驱动下的土地利用空间情景格局。LUSD 模型包括两个子模型：一是基于系统动力学模型的宏观土地利用情景需求子模型；二是基于元胞自动机模型的微观土地供给分配子模型。

4. GIS 和景观生态学的方法

在 GIS 中计算斑块数、斑块面积和周长等基本指标，随后利用统计软件计算斑块、格局和景观指标。景观指标包括多样性指数、均匀度指数、优势度指数、聚集度/蔓延度指数、分离度指数、景观破碎度和分维数。

1）多样性指数

景观多样性指数是指景观元素或生态系统在结构、功能以及随时间变化方面的多样性，反映了景观的复杂性。类型多样性是指景观中类型的丰富和复杂程度，主要考虑不同景观类型在景观中所占面积的比例和类型的多少。利用景观多样性

可以从整体上分析土地利用结构变化趋势。景观多样性可以表示为

$$H = -\sum_{i=1}^{m} (P_i \times \ln P_i) \tag{2-8}$$

式中，H 为景观多样性指数；P_i 为各种土地利用类型所占的百分比；m 为景观类型的数目。

H 值越大，景观多样性越大。

2）均匀度指数

描述景观中各组分的分配均匀程度，其值越大，表明景观各组成成分分配越均匀。计算公式为

$$E = \frac{H}{H_{\max}} \tag{2-9}$$

$$H_{\max} = \ln(m) \tag{2-10}$$

$$H = -\ln\left[\sum_{k=1}^{m} (P_k)^2\right] \tag{2-11}$$

式中，H 为景观多样性指数；m 为景观类型数目；P_k 为第 k 类景观类型所占的面积比例；$H_{\max}$ 为给定丰富度条件下景观最大可能均匀度。

3）优势度指数

优势度指数表示景观多样性对最大多样性之间的偏差。表明景观组成中某种或某些景观类型支配景观的程度。计算公式为

$$D = H_{\max} + \sum_{i=1}^{m} P_i \times \ln(P_i) \tag{2-12}$$

式中，P_i 为景观类型 i 所占面积比例；m 为景观类型总数；$H_{\max} = \ln(m)$。

4）聚集度/蔓延度指数

聚集度或蔓延度描述景观中不同类型成分的团聚程度。其计算公式为

$$RC = 1 - \frac{C}{C_{\max}} \tag{2-13}$$

$$C_{\max} = m\ln(m) \tag{2-14}$$

$$C = -\sum_{i=1}^{m}\sum_{j=1}^{m} P(i,j)\ln[P(i,j)] \tag{2-15}$$

式中，$P(i,j)$ 为同 j 类型元素相邻的 i 类型所占的比例（可用相邻元素个数占第 i 类元素总数比来替代）；m 为景观类型的总数；C 为复杂性指数；$C_{\max}$ 为 C 的最大可能值；RC 为相对聚集度指数（0～1 取值），取值大表明景观由少数团聚的大斑块组成，取值小表明景观由许多分散的小斑块组成。

5）分离度指数

景观分离度是指某一景观类型中不同元素个体分布的分离程度。分离度越大，表明景观在地域分布上越分散。其计算公式为

$$F_i = \frac{D_i}{S_i} \qquad\qquad (2\text{-}16)$$

$$S_i = \frac{A_i}{A} \qquad\qquad (2\text{-}17)$$

$$D_i = \frac{1}{2}\sqrt{\frac{n}{A}} \qquad\qquad (2\text{-}18)$$

式中，F_i 为景观 i 的分离度；n 为景观类型 i 中的元素个数；A_i 为第 i 类景观的面积；A 为研究区景观总面积。

6）景观破碎度

景观破碎度是指景观被分割的破碎程度。描述景观破碎度的指标：①单位面积上的斑块数 Pt，主要分析整个地区景观破碎化；②各种土地利用类型的平均斑块面积 Pa，主要研究不同土地利用类型斑块大小的演变。

7）分维数

分维数描述了景观中斑块形状的复杂特性，在一定程度上可以反映景观形状的变化。斑块形状越复杂，分维数越大。分维数可以用下式计算

$$D = 2\ln(P_i/4)/\ln(A) \qquad\qquad (2\text{-}19)$$

式中，D 为某种景观类型的分维数；A_i、P_i 分别为景观类型的面积和周长。

最后在计算这些指数的基础上分析各土地利用类型斑块面积变化、景观的破碎化、斑块的复杂性、斑块空间分布等。

2.3　信息来源与数据处理

2.3.1　信息来源

1. 土地利用数据

1993～2014 年东胜区土地变更调查成果数据库中导出来的矢量文件。

2. 遥感数据

1993 年、2000 年、2008 年 Landsat 4-5 TM、2015 年 Landsat 8 OLI_TIRS 4 期影像数据。

3. 土地退化数据

土地退化类型一般有 3 级，重度侵蚀、中度侵蚀、轻微侵蚀，从土地退化数据库提取。

4. 水资源数据

水资源数据包括河流长度、水域面积（湖泊、水库、沟渠和近海）、水资源量

等内容，其中河流长度、水域面积数据从土地利用数据库中获得。

5. 污染负荷数据

包括 SO_2、化学需氧量（COD）、固体废弃物的排放量、降水量等。其中 SO_2、COD、固体废弃物的排放量数据从东胜区统计局得到，降水量数据来源于东胜区气象局。

6. 闲置用地数据

2008～2012 年东胜区闲置用地处置方案、基础数据和资料，2014 年东胜区闲置土地清查现状。

7. 土地价格数据

东胜区土地市场上 2012～2016 年的交易地价资料，包括土地出让、土地转让、土地出租、房屋出租、商品房出租、土地征收等各种形式交易资料。

8. 专题数据

（1）东胜区行政区划图（1993 年、2000 年、2005 年、2008 年、2015 年）。
（2）历年鄂尔多斯城市规划数据：
《城市用地分类与规划建设用地标准》（GB 50137—2011）；
《鄂尔多斯市东胜区控制性详细规划修编（2010 年）》；
《鄂尔多斯市东胜铁西三期控制性详细规划（2010 年）》；
《鄂尔多斯市城市总体规划（2003—2020 年）》——鄂尔多斯市域城镇空间结构与职能分工规划图；
《鄂尔多斯市城市总体规划图文说明（2004—2020 年）》；
《鄂尔多斯市城市总体规划（2004—2020 年）》——东胜区总体规划图；
《鄂尔多斯市城市总体规划（2009—2020 年）》——东胜片区用地规划图；
《鄂尔多斯市城市总体规划（2009—2020 年）》——鄂尔多斯市综合交通规划图；
《鄂尔多斯市城市总体规划（2009—2020 年）》——居住用地规划图；
《鄂尔多斯市城市总体规划（2010—2020 年）》；
《鄂尔多斯市城市总体规划（2011—2030 年）》。
（3）《内蒙古统计年鉴（1993—2014 年）》和鄂尔多斯统计年鉴（2000—2014 年）》。

2.3.2　数据处理

运用 ArcGIS、Fragstats、Lindo、ENVI 等软件，结合土地利用方法、景观生态学方法以及土地景观生态学方法，对现有的土地利用数据库进行矢量化、裁剪、解译、空间分析等，对影像数据进行几何校正（几何精校正、图像配准等）、图像合成、图像融合、辐射校正等操作之后，进行统计、整理、计算等过程，得到所需要的数据：东胜区近 20 年的土地利用变化资料、土地利用景观生态安全格局数据、生态安全数据、土地利用预测数据等。

参 考 文 献

常熙月，2013．哈尔滨市土地综合承载力研究［D］．哈尔滨：东北农业大学．

陈书广，2009．河南省土地生态安全评价研究［D］．开封：河南大学．

冯翔迪，2013．绥化市土地集约利用评价研究［D］．哈尔滨：东北农业大学．

高英，2014．和林县农牧交错带景观格局动态变化及其粒度效应研究［D］．北京：中央民族大学．

郭笃发，2006．利用马尔科夫过程预测黄河三角洲新生湿地土地利用/覆被格局的变化［J］．土壤，38（6）：42-47．

郝琪，2015．矿粮复合区土地生态安全研究：以河南省永城市为例［D］．西安：西安科技大学．

郝仕龙，李壁成，2004．土地利用的尺度和尺度转换［J］．中国土地科学，18（5）：32-36．

何春阳，史培军，陈晋，等，2005．基于系统动力学模型和元胞自动机模型的土地利用情景模型研究［J］．中国科学 D 辑地球科学，35（5）：464-473．

何芳，2004．城市土地经济与利用［M］．上海：同济大学出版社．

胡荣桂，2010．环境生态学［M］．武汉：华中科技大学出版社．

胡巍巍，王根绪，邓伟，2008．景观格局与生态过程相互关系研究进展［J］．地理科学进展，1：18-24．

胡一可，吴德雯，2014．城市型风景名胜区边界的尺度转化研究［J］．南方建筑，3：17-22．

康相武，潘伯荣，周华荣，2000．干旱区廊道景观及其研究之管见［J］．干旱区研究，3：64-70．

李舸，2011．产业集群的生态演化规律及其运行机制研究［M］．北京：经济科学出版社．

李红，2004．北京山区可持续发展评价理论与方法实践［D］．北京：中国农业大学．

李洪远，2006．生态学基础［M］．北京：化学工业出版社．

李志国，杨子生，2007．中国土地生态安全研究进展［J］．中国安全科学学报，12：5-12．

林鹏，2014．景观生态学基本原理在旅游开发区生态环境影响评价中的应用：以敦煌市伊塘湖旅游开发区为例［J］．城市建设理论研究（电子版），18：908-910．

凌欣，2011．环境法视野下生态省建设的理论与实践研究［M］．北京：法律出版社．

刘钢，2009．中国农地流转问题之我见：基于马克思的地租理论［D］．上海：复旦大学．

刘永强，2011．土地生态安全评价方法综合应用研究：以江苏省无锡市为例［D］．南京：南京农业大学．

蒙吉军，2005．综合自然地理学［M］．北京：北京大学出版社．

王继军，谢永生，彭珂珊，2004．生态经济学理论与环境恢复和重建 [J]．重庆大学学报（社会科学版），10（2）：150-154.

王鹏，曾辉，2013．基于 EKC 模型的经济增长与城市土地生态安全关系研究 [J]．生态环境学报，2：351-356.

王仰麟，赵一斌，韩荡，1999．景观生态系统的空间结构：概念、指标与案例 [J]．地球科学进展，14（3）：235-241.

王永波，2011．论我国生态安全现状及其法律保障 [C]．桂林：中国法学会环境资源法学研究会 2011 年年会.

邬建国，2000．景观生态学：概念与理论 [J]．生态学杂志，1：42-52.

吴郁文，1995．人文地理学 [M]．广州：广东科技出版社.

席婉蓉，2010．2000 年以来无锡市惠山区土地利用景观格局变化及驱动机制研究 [D]．南京：南京师范大学.

席雅君，2011．基于 RS 的地震前后都江堰地区土地利用及景观格局变化研究 [D]．北京：北京交通大学.

肖笃宁，2003．景观生态学 [M]．北京：科学出版社.

肖翔，李扬帆，2011．基于土地利用驱动力的马尔科夫模型及其应用 [J]．土壤，43（5）：822-827.

杨茂华，2015．黄河中下游典型地区农业景观异质性变化分析：以郑汴地区为例 [D]．开封：河南大学.

郁文，刘茂松，徐驰，等，2007．南京市城市景观的特征尺度 [J]．生态学报，27（4）：1480-1488.

张福刚，2013．基于地统计学的肇源县土壤汞空间分异特征分析 [D]．哈尔滨：东北农业大学.

张松男，2013．吉林省四平市土地生态安全评价研究 [D]．哈尔滨：东北农业大学.

赵清，2007．城市森林景观研究：理论与实践 [M]．北京：中国环境科学出版社.

周本用，1996．房地产测量与评估 [M]．呼和浩特：内蒙古人民出版社.

周秋文，苏维词，陈书卿，2010．基于景观指数和马尔科夫模型的铜梁县土地利用分析 [J]．长江流域资源与环境，19（7）：770-775.

朱晓华，李亚云，2008．土地利用类型结构的多尺度转换特征 [J]．地理研究，27（6）：1235-1242.

第 3 章 研究区概况

3.1 自然地理情况

3.1.1 地理位置

东胜区地处内蒙古自治区西南部，鄂尔多斯高原的中东部，雄踞于九曲黄河"几"字弯之中，地理坐标为东经 109°08′04″～110°23′11″，北纬 39°39′04″～39°58′51″。南与伊金霍洛旗接壤，北与达拉特旗毗邻，东与准格尔旗搭界，西与杭锦旗相连，区域总面积 2526.47km^2（含康巴什）。东胜区地势较高，地面高程多为 1360～1600m，东胜城区为 1460m，东部为 1440～1520m，西部为 1365～1440m，灶火壕、红泥塔一带最低，低于 1360m。东胜区是鄂尔多斯高原东部的南北分水岭，呈东西狭长走势。东胜区地貌类型属于高平原地形，东部沟谷发育，西部地形平坦。

3.1.2 自然气候

东胜区属于极端大陆性气候，冬长夏短，四季分明。东部地区多年平均气温为 5.5℃，1 月平均气温－11℃，极端最低气温－29.8℃，7 月平均气温 20.6℃，极端最高气温 35℃；西部地区平均气温 5.2℃，1 月平均气温－12.9℃，极端最低气温－32.6℃，7 月平均气温 21.3℃，极端最高气温 35.8℃。年日照时数 3100～3200h，无霜期较短，平均 116～135d。年日均气温在 5.5℃以上的持续时间为 185.2d，年日均气温在 0℃以上的持续时间为 219.6d。降水保证率低，年度变化大，多年平均 325.8～400.2mm，并由东至西逐渐减少，又多集中在 7、8 两月。有时降雨强度大，东部易造成山洪，西部易造成内涝。年最大降水量达 709.7mm（1961 年），最少为 198.5mm（1962 年），最大积雪厚度 280mm（1978 年）。

3.1.3 水资源及水文地质

东胜区水资源主要由地表水和地下水构成，无境外流入的客水。东胜区水资源的主要补给来自大气降水，年平均降水总量为 9.5 亿 m^3，降水主要集中于 7～9 月，多为阵雨或暴雨。由于雨量过于集中，地形高且切割强烈，岩层透水性差，植被稀疏，降水量很难补给地下水，也难形成有用的地表水。东胜区水资源的产流区主要集中在东胜城区南北的东乌兰木伦河、吉鲁庆川、罕台川、哈什拉川等流域，流域面积 2530km^2。受大气降水影响，这些沟谷均为季节性河流，大部分时间干枯无水，径流量很少，经计算多年平均径流量为 9514 万 m^3，基流量为 3823 万 m^3，因此东胜区属于严重缺水城市（彩图 3-1）。

东胜区由于地势高，是地表水的南北分水岭。东胜区内无大的河流，北部的哈什拉川、罕台川、西柳沟，南部的勃牛川、东乌兰木伦河均发源于此，为河谷上段，有季节性水流；西部的鸡儿沟为东胜区内唯一的内流河，有季节性水流，湖泊有桃力庙海子。

出露地层包括第四系河谷冲积洪积沙、砂砾石层，新近系上新统砂岩、泥岩，侏罗系砂岩。冲积洪积层分布于哈什拉川、昆都伦沟、吉乐庆川、巴定沟等沟谷内。新近系地层仅分布于东胜区附近。白垩系地层在中部、西部分布较广。侏罗系地层分布于罕台川两侧及酸刺沟、白家渠、神山、潮脑梁一带。根据地层的含水类型分为松散岩类孔隙水、碎屑岩类裂隙孔隙水、层状基岩裂隙水 3 大类（张健，2016）。

1. 松散岩类孔隙水

由于东胜区地处分水岭区，多为各沟谷的源头，沟谷宽度小，含水层厚度为 3～6m。水位埋深 1～5m，局部地区 5～10m。含水层水量贫乏，单井涌水量一般少于 100m^3/d，局部小于 10m^3/d。查干布拉格以南单井涌水量为 100～500m^3/d。白家渠一带含水层厚 5m 左右，岩性为砂砾石层，透水性好，水量较丰富，单井涌水量为 1014.24m^3/d。水质好，为 HCO$_3$-Ca·Mg、HCO$_3$-Ca·Na·Mg 型水，矿化度多小于 1g/L。开采方式以开挖水平的渗渠、集水廊道、截伏流工程为宜，单个工程出水量可达 800～2000m^3/d。

2. 碎屑岩类裂隙孔隙水

由新近系砂岩、白垩系砂岩、砾岩组成。新近系砂岩仅分布于市区附近，含水层透水性较差，厚度为 10～40m。水位埋深 10～15m，单井涌水量为 100～200m^3/d。水质良好。

其他地区均为白垩系砂岩、砾岩。砂岩富水性差，砾岩富水性较好，以潜水或承压水形式出现。潜水水量少，单井涌水量一般少于 10m^3/d。承压水含水层厚度为 10～60m，厚者大于 200m。水位埋深小于 10m。地富水性不均匀，梁上砂岩水量少，单井涌水量一般少于 10m^3/d，羊场壕、郝家圪卜一带地势低，为砾岩含水层，单井涌水量 100～500m^3/d，局部 500～1000m^3/d，为局部相对富水地段。水质良好，多为 HCO$_3$-Na、HCO$_3$·Cl-Na·Ca·Mg 型水，矿化度小于 1g/L。

巴音敖包—柴登—罕台庙为地下水南北分水岭，柴登—垛子梁为地下水东西分水岭。地下水分别向分水岭两侧运动，向北流入达拉特旗，向西流向桃力庙海子，向东流向巴定沟一带。地下水接受降水补给，通过地下水径流排泄。

3. 层状基岩裂隙水

由侏罗系砂岩自水层组成，包括潜水与承压水。潜水含水层薄，一般为 $10\sim30m$。单井涌水量少于 $10m^3/d$，多以泉水形式排泄。水位埋深受地形控制，变化不定。水质好，为 HCO_3-Ca·Na、HCO_3-Ca·Mg 型水，矿化度小于 $1g/L$。承压水含水层较厚，一般为 $30\sim100m$。水位埋深变化不定。水量贫乏，单井涌水量少于 $10m^3/d$。水质良好，多为 HCO_3-Ca·Mg·Na、Cl·HCO_3-Na 型水，矿化度小于 $1g/L$。承压水接受降水及上覆潜水含水层的补给，通过地下水径流排泄。

3.1.4　土壤

1. 土壤类型

东胜区境内出露地表的岩层以白垩系、侏罗系沉积岩为主，其地表覆盖物主要为白垩系、侏罗系泥岩，泥质砂岩，砂岩，砂砾岩的分化物。塔拉壕乡、羊场壕乡、罕台庙乡分布着少量的红土状物。潮脑梁、布日都梁乡零星分布着少量的黄土状物。铜川镇分布着一定数量的风积物。丘间洼地、沟谷阶地上分布着一些洪积物。梯田、台田上分布着少量的人工堆积物。按照土类分类，依次分出栗钙土、潮土（浅色草甸土）、风沙土、粗骨土、沼泽土 5 个土类（彩图 3-2）。

1）栗钙土类

栗钙土是东胜区境内唯一的地带性土壤，其分布极广，总面积 66 573.33hm² （1hm²＝10 000m²），占土壤总面积的 32.63%，其中耕地有 28 353.33hm²，分布于各镇。

栗钙土的基本特点是具有栗色的腐殖质层及灰白色且较紧实的碳酸钙淀积层。腐殖质层厚度为 $20\sim30cm$，有机质含量为 0.5%～1.1%，平均为 0.72%，pH 为 8.0～8.5，质地一般为沙壤土，结构为小粒状，全氮含量平均为 0.04%，速效磷含量平均为 4.5mg/kg，速效钾含量平均为 77mg/kg。碳酸钙淀积层多数为灰白色，厚度多为 $30\sim40cm$，碳酸钙含量平均为 9.44%，多的可达 36.2%，少的仅有 3.86%，碳酸钙淀积形态多以假菌丝状、团块状及结核状形态出现。碳酸钙淀积层是栗钙土的主要障碍层。

栗钙土根据腐殖质层颜色、成土条件、地下水位等次要成土因素，可分为 3 个亚类，什股壕、巴音敖包一线以东为栗钙土地带，以西为淡栗钙土地带，丘间沟谷阶地上零星分布着隐域性的草甸栗钙土。

2）潮土（浅色草甸土）类

在地势较低的地区，由于地下水位高，地表生长着草甸植被，从而形成半水成的潮土。潮土在境内总面积 29.75 万亩（1 亩 ≈ 666.7m^2），占土壤总面积的 9.72%，其中农耕地 4.92 万亩。

潮土地下水位为 1～3m，由于潮土的水分条件好，植物的根系茂密，但多集中于土壤表层，这就为潮土的有机质积累创造了条件，再加上有机质常处于嫌气分解状态，所以潮土的腐殖质层有机质含量较多，在 1% 左右。在腐殖质层以下，由于地下水位随季节性变化而变化，使土体经常处于氧化还原交替状态，在土壤剖面中部形成了氧化还原层（即具有锈纹、锈斑及铁锰结核的橘黄色潴育层），此层是潮土区别于其他土壤类型的诊断层。在潴育层以下土体则常处于地下水饱和条件，土壤处于强还原状态，形成了灰蓝色的潜育层。潮土根据有机质的积累阶段及附加成土过程的不同，分为石灰性潮土和盐化潮土两个亚类。盐化潮土主要分布于西部泊江海子镇的一些积水洼地、湖泊周围及地下水出流不畅的封闭洼地以及河漫滩上，面积为 13 933.33hm^2，占土壤总面积的 8.14%，占潮土面积的 83.73%。石灰性潮土主要分布在铜川镇的沟川、河漫滩及一级阶地上，是东胜区主要的耕地，其面积为 2986.67hm^2，占土壤总面积的 1.58%，占潮土面积的 16.27%。

3）风沙土类

风沙土类是发育在风积母质上的一类年幼性土壤，主要分布在泊江海子镇及罕台镇布日都村南部，面积为 26 406.67hm^2，占土壤总面积的 12.93%，其中耕地面积 600hm^2。

风沙土的主要成土条件：一是具有沙性母质的物质基础；二是干旱多风的气候条件；三是不合理的人类活动，如滥开荒、过度放牧、滥捕、滥猎等。风沙土通体为沙土，土体构型为 AC 结构（即上层为弱腐质层，下层为母质层）或没有层次分异。风沙土根据植被覆盖度及流动情况分为 3 个亚类：植被覆盖度大于 40% 为固定风沙土亚类，境内面积 15 846.67hm^2，占风沙土类面积的 60.2%。主要分布在漫赖、柴登、布日都等地区；植被覆盖度在 10%～40% 的为半固定风沙土亚类，境内面积为 9106.67hm^2，占风沙土类面积的 34.47%，主要分布在泊江海子镇；植被覆盖度小于 10% 的为流动风沙土亚类，境内面积为 126.67hm^2，占风沙土类面积的 5.51%，主要分布在泊江海子镇的南部。

4）粗骨土类

粗骨土是发育在坡梁上部受侵蚀切割异常强烈的砂岩、砂砾岩及泥岩风化残积母质上的一类土壤。境内面积为 91 186.67hm^2，占土壤总面积的 44.6%，其中耕地面积 7326.67hm^2，分布于全区各镇侵蚀坡梁上。

粗骨土的土壤表层在 10cm 左右，下部为半风化物的母质层或坚硬的母岩层，有的甚至母质成基岩裸露地表。粗骨土只有钙质粗骨土 1 个亚类。

5）沼泽土类

沼泽土是一类水成土壤，主要发育在积水洼地的洪积—湖积母质上。沼泽土的主要特点是具有紧厚的泥炭层或粗腐殖层。境内面积 69hm^2，占土壤总面积的 0.03%，主要分布在罕台镇灶火壕村。

2. 形成原因

东胜区境内地层基底为震旦纪以前的变质岩系，其地表覆盖物主要是白垩系、侏罗系砂岩，砂砾岩，泥岩，泥质砂岩的风化物，也相间分布着一部分洪积物和风积物。由这些物质发育而成的土壤，物理性黏粒含量少、质地较轻、结构松散，是风蚀、沙化、水蚀的主要物质基础。

鄂尔多斯古地理在更新期的初期就是中间高四周低，西、北、东三面环绕黄河，地形地貌和现在十分相似。东胜区位于高原的中央脊线上，地形地貌更有利于水辙冲刷沟的自然发育，由于河源地壳不断上升，水流的冲刷作用进一步加强，水辙的规模也愈加扩大，并逐步演变为冲沟，而原来的冲刷沟，随着水流的冲刷作用，不断向源头方向下切伸长，同时在两壁形成愈来愈多的岔沟。如此循环往复，水辙变成冲沟，冲沟扩展成河谷。

东胜区境内极端大陆性季风气候造成以干旱、大风、暴雨为主的灾害性天气，加之地形地貌起伏较大，降水利用率低，蒸发极强，干旱使沙地上着生的大部分固沙植物枯死，植被覆盖度下降，风蚀沙化加重。与干旱相伴产生的大风，吹蚀着没有植被或很少有植被的疏松土壤表层，土壤中的黏粒物质和各种养分逐渐减少，土壤沙化十分严重。境内暴雨虽少，但强度很大，造成洪水泛滥，使土壤切割加剧，外流水系给黄河输入大量泥沙（年平均输沙量 844.06 万 t），两条季节性内流水系均发源于海拔 1500m 以上的复沙梁地，所经流域也是泊江海子镇风蚀沙化严重的地段，洪水泛滥溢出两岸，淹没大片农田、草场，流沙沉积，造成沙化。

在古代，东胜区曾是一个水草丰美、广泽清流的地区。乌尔图壕、灶火壕有泥炭埋藏，神山有天然杜松遗留，证明当时许多岗丘上生长着原始森林植被，平滩壕地生长着茂密的草甸植被。随着历代生产经营方式的交替，曾多次在这里移民屯垦，植被遭到破坏。特别是清末时期的放垦，使内地的汉民大规模迁入，将部分草原开垦种粮，种植几年后因土壤肥力下降而撂荒，又去开垦另一部分草原。周而复始，原始草原被开垦殆尽。中华人民共和国成立后，随着人口逐步增加，生产活动也相应增加，再加上片面强调"以粮为纲"，便实行大面积开荒（于开红，2016）。西部地区的农民在已被固定的沙地上开荒种地，活化了沙丘，加速了风蚀沙化的进程。东部地区的农民在坡度很陡的土地上耕种，致使水土流失加重，土地侵蚀切割加快。

长期以来，畜牧业生产缺乏科学的管理体制，处于靠天养畜阶段。风调雨顺时，牲畜头数盲目发展，遇到自然灾害后，大批牲畜因缺乏饲草饲料而大量死亡（鲜肖威和陈莉君，1986）。东胜区境内各类草场面积约 15 000hm²，年产饲草及农作物秸秆可供 11.2 万余个绵羊单位的牲畜采食，但在 20 世纪 90 年代末期东胜区的牲畜折合绵羊单位为 22 万余个，超载 10.8 万余个绵羊单位。特别是早春牧草刚刚返青后，一块草场一天之内有多群牲畜过牧，有的植物根系、营养器官也被牲畜啃食，植物的光合作用下降，生长速度放慢，加之牲畜的践踏，加重了侵蚀沙化。

曾经泊江海子镇的燃料缺乏，每年有大批沙蒿、沙柳、柠条等固沙植物被砍来当柴烧掉。另外，柳编、薪炭林的采伐也缺乏合理安排，这些都是造成侵蚀沙化的原因。

3. 土壤侵蚀

土地经过多年的风蚀，物理性黏粒大部分损失殆尽，沙粒和砾石残留地表，因而造成地表粗质化，在沙粒堆积的地方出现小沙丘，砾石较多的土地则难以耕种。

由于大风的强劲吹蚀，流沙遇到风沙湍流边界、自然土坎等障碍物，便堆积起来，埋压大片农田、草场，大风夹带的沙石将刚出土的禾苗和刚返青的牧草吹走或打伤、打死，造成春季许多农田返种，个别年份有的农田要返种 4～5 次。牧草在 5 月下旬才能返青。

由于土壤侵蚀沙化，改变了植物赖以生存的土壤的理化性能，草场植被也随之发生变化。原始草场基本以禾本科、豆科牧草为建群种，沙化后逐渐演变为以沙蒿、沙米为主的沙生植物群落，有的芨芨草滩地基本变成沙滩。在硬梁地草场，由于侵蚀强烈，有毒有害以及牲畜不喜食的植物大量增加，牲畜喜食性植物不断减少，牲畜基本处于半饥饿状态，导致营养不良、个体瘦小、质量下降。

由于严重的侵蚀沙化，西部地区一遇大风，流沙埋压民房、道路，尘土飞扬，污染环境；东部地区一遇暴雨，洪水泛滥，给黄河输入大量泥沙，使土壤养分严重损失。

4. 土壤侵蚀类型及分布

东胜区沙漠化土地总面积 71 666.67hm²，约占全区总面积的 40.08%，主要分布在泊江海子镇的低湿滩地上。轻度沙漠化土地面积 30 133.33hm²，约占沙漠化土地总面积的 42.05%，主要分布在巴音敖包，泊江海子，漫赖、宗兑、折家梁、柴登等村，东部铜川镇的冲沟两岸也有零星分布；中度沙漠化土地面积 348 000.02hm²，约占沙漠化土地总面积的 48.56%，主要分布在泊江海子镇的巴音敖包、什股壕、海畔、漫赖、柴登、折家梁、宗兑等村；强度沙漠化土地面积 2866.67hm²，约占沙漠化土地总面积的 4.00%，主要分布在巴音敖包、泊江海子、漫赖等村。

全区风蚀土地面积 22 600hm²，占全区总面积的 12.64%。其中轻度风蚀土地面积 1200hm²，约占风蚀土地总面积的 5.31%，主要分布在柴登、巴音敖包等村；中度风蚀土地面积 8000hm²，约占风蚀土地总面积的 35.40%，主要分布在柴登、泊江海子、巴音敖包等地；强度风蚀土地面积 13 400hm²，约占风蚀土地总面积的 59.30%，主要分布在柴登、城梁、海子湾等村。

全区水蚀土地面积 10 万 hm²，约占全市总面积的 55.93%。其中轻度水蚀土地面积 8500hm²，约占水蚀土地总面积的 8.50%，主要分布在东部罕台、布日都、添尔漫梁、塔拉壕、潮脑梁等地区的缓坡上，一般为农业用地；中度水蚀土地面积 15 700hm²，约占水蚀土地总面积的 15.70%，在罕台镇、铜川镇的缓坡平梁上均有分布，一般为农田，但土层较薄；强度水蚀土地面积 61 600hm²，约占水蚀土地总面积的 61.60%，主要分布在罕台镇、铜川镇基岩较松散的坡梁上和冲刷沟两壁，一般为草场；剧烈水蚀土地面积 15 000hm²，约占水蚀土地总面积的 15.00%，主要分布在罕台镇、铜川镇剥蚀严重的坡梁上。

3.1.5　植被

东胜区的植被属于温带干旱草原植被，发育广泛。植物类型多由多年生的草本植物组成，以禾本科植物占优势，其次是菊科、豆科植物；另有部分小灌木、半灌木，以豆科、菊科为主（王子玲等，2007）。乔木多为人工栽植的杨树、柳树及部分榆树、松树。全区植被覆盖度约 80%。因侵蚀、沙化、地下水以及其他因素的影响，全区的植被大体分化成干旱草原沙生植被、干旱草原植被、草甸草原及盐生植被 3 种类型。

1. 干旱草原沙生植被

由于多年来不合理的放牧和掠夺式的垦殖，风蚀、沙漠化剧烈发展，沙生植被广泛发育，主要分布于泊江海子镇。分布的主要建群种以沙蒿、沙蓬、沙米、牛心卜子为主，优势种有沙旋复花、虫实、沙引草等，部分地区有人工栽植的旱柳、沙柳。植被覆盖度为 10%～45%。在此条件下发育着固定风沙土、半固定风沙土、流动风沙土、栗钙土及淡栗钙土等较严重沙化类型的土壤。

2. 干旱草原植被

干旱草原植被基本为原始草原植被类型，广泛分布于东部丘陵台地上，主要由丛生禾草和杂草类组成。分布的主要建群种有克氏针茅、大针茅、羊草、狗尾草、糙隐子草等，其次有草原的衍生类型百里香、冷蒿、砂珍棘豆等。优势种有牛枝子、猪毛蒿、阿尔泰狗娃花等。灌木主要有中间锦鸡儿及柠条锦鸡儿。植被覆盖度为20%～45%。在此植被条件下发育的土壤类型有栗钙土、淡栗钙土、钙质粗骨土等。

3. 草甸草原及盐生植被

草甸草原及盐生植被主要分布于西部毛乌素沙地的低洼地上，罕台镇、铜川镇的河沟两岸阶地及丘间洼地上也有少量分布。草甸草原植被的建群种有薹草、芨芨草、芦苇、披碱草、委陵菜、海乳草等。优势种有碱蒲公英、西伯利亚蓼、萹蓄、长叶碱毛茛、圆叶碱毛茛等。植被覆盖度为30%～70%。在此植被条件下发育的土壤类型有石灰性潮土、草甸栗钙土、草甸沼泽土及轻度盐化潮土等。盐生植被主要建群种有碱蓬、盐爪爪、西伯利亚滨藜、尖头叶藜、碱地肤等。植被覆盖度为20%～50%。在此植被条件下发育的土壤类型有盐化潮土。

3.1.6　矿产资源

东胜区所处地质构造位置是一长期稳定发展的大型沉积盆地，境内自上古生代至中生代的地层发育齐全，构造简单，无岩浆活动，矿产均为沉积矿产（包宝荣，2010）。储量最多的是煤，其次有油页岩、天然气、黄铁矿、泥炭、软质耐火黏土、石英砂、石灰石等矿产资源，已探明的矿种达30多种，共有矿床、矿点24处（图3-1）。

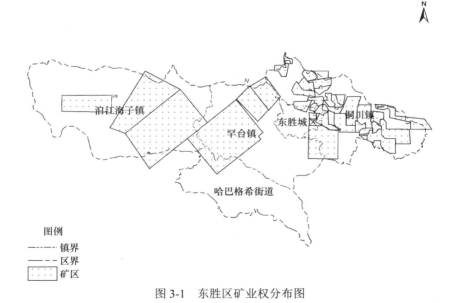

图 3-1　东胜区矿业权分布图

1. 煤炭

东胜区位于"煤海"之上，煤炭资源无论储量、规模、勘探程度还是发展远景，均居矿产资源之首，属国家重点开发的东胜煤田的一部分（李瑞玲，2009）。煤炭为弱黏结煤二号至褐煤，多为不黏结煤，有部分长烟煤。煤中硫、磷、腐殖酸含量均低。除用作民用燃料外，亦可用于发电或气化，以获得二次能源和化工原料。作为一般工业锅炉用煤，发热量和灰熔点略低。从煤灰中可回收锗、镓分散元素。东胜区目前共有 35 座煤矿，设计年产能 8610 万 t，其中井工矿 14 座（8座生产煤矿、1 座技改煤矿、5 座续建煤矿中 1 座正在试生产），露采矿 21 座（16座生产煤矿、4 座技改煤矿中 1 座正在试生产、1 座煤矿正在复垦），露天煤矿回采率达到 95%以上，井工煤矿回采率达到 75%以上，机械化程度达到 90%以上。东胜区共有 41 家企业（煤炭生产企业 7 家、煤炭经营企业 36 家）进驻内蒙古煤炭交易市场。

2. 油页岩

东胜区境内油页岩储量逊于煤炭，但在蕴藏层位上，它往往与煤层互变，含油变化较大，并伴有锗、镓等稀有元素。对油页岩的勘探程度较低，储量估计约3.3 亿 t。其中添漫梁村罕台川外围储量约 9814 万 t，油页岩面积估计 8.7km²，平均厚度 7.9m；添漫梁村南部、羊场壕村西部及罕台村东部的罕台川储量约 2211万 t，矿区面积约 3km²，平均厚度 3.35m，含油率一般为 6.5%；羊场壕村碾盘梁储量约 66 万 t，有两个含矿层，上层东西延长约 600m，厚度 0.7~1.96m，含油率2.7%~8.5%，下层距上层 0~12m，与泥岩、泥炭岩、煤常为相变关系。矿区东部及北部出露较好，呈层状，厚度 2~3m，含油率平均 3%；潮脑梁村冯家渠储量约173 万 t，一般厚度 4~5m，含油率 4%左右；潮脑梁村储量约 2.1 亿 t，矿体厚度变化大，与煤、炭质岩互变。油页岩作为东胜区境内的重要资源，有待于开发利用。

3. 其他

天然气是东胜区境内新型能源和化工原料资源。1976 年，国家地质总局第三普查勘探大队在泊江海子镇什股壕村打成伊探一号气井，发现了藏于二叠系石盒子组的 5 个含油气层。在测试中，第一个含油气层日喷气 8000m³ 余，第二层日喷气 9000m³ 余，两个气层中均伴有少量轻质油。进行放喷点火时，声如雷鸣，火焰直冲夜空，距现场 10km 也可闻声见光。东胜区境内天然气虽气量尚未达到工业气田要求，但前景十分诱人。

黄铁矿分布于潮脑梁村境内，矿体含矿岩石横向变化极大，矿体规模小，尚未构成工业矿床，但作为零星分散资源，可用于制硫及硫酸。

泥炭在东胜区境内西南部漫赖、撖家塔，南部吉劳庆、灶火壕及东部潮脑梁新生界第四系表层有 10～30cm 的泥炭层，有望发现泥炭矿床。

软质耐火黏土主要分布在罕台村东部的罕台川、添漫梁村的东南部、羊场壕乡的东北部、塔拉壕西北部，总储量约 7.6 亿 t。

东胜区境内石英砂主要分布于东部塔拉壕和潮脑梁村，储量待探。

东胜区境内石灰石主要分布在羊场壕、添漫梁、塔拉壕、潮脑梁等村，储量约 10 亿 t。经过烧制，可用作建筑材料。

3.2　社会经济情况

3.2.1　基本情况

2015 年统计数据显示，东胜区全区户籍人口 25.87 万人，有蒙古族、汉族、满族、回族、达斡尔族、朝鲜族、藏族、鄂温克族、彝族、壮族、白族、土家族、苗族等民族，常住人口 50.50 万人。2018 年全区辖泊江海子镇、罕台镇、铜川镇 3 个镇，下设 25 个村民委员会，1 个居民委员会。东胜城区设交通、公园、建设、林荫、富兴、天骄、诃额伦、巴音门克、幸福、纺织、兴胜、民族 12 个街道办事处，下辖 77 个居民委员会，13 个村民委员会。

3.2.2　区位条件

东胜区地处"呼-包-鄂经济圈"，沿黄经济带，交通便利，公路铁路纵横交错、四通八达。109、210 国道在此交汇，包茂高速公路纵贯南北，荣乌高速公路横穿东西，包府公路绕城而走；包神铁路沿市穿行，包西铁路跨区而过，准东、东乌铁路已经建成；公路铁路交通干道与全国公路铁路网相连通，辐射周边带动明显。中心城区距包头机场 96km，距鄂尔多斯机场 30 分钟车程，距呼和浩特 248km，距西安、北京约 800km，是山西、陕西、宁夏、内蒙古 4 地及邻近地区重要的商品集散地和陆路运输要冲。

3.2.3　人文历史条件

东胜地区自夏代起就有游牧民族在此繁衍生息，秦代以前是北方各部落游牧的驻地，有"世界第一条高速公路"之称的秦直道遗迹在东胜境内保存最为完整，这里是蒙古族文化保留最为完整的地区之一。1914 年晋绥分治，建绥远特别行政区，东胜县归其所辖。1928 年，绥远特别行政区改设绥远省，东胜县归绥远省直辖。1949 年随绥远"九·一九"起义和平解放。1949 年 12 月，东胜县由绥远省直辖县改归绥远省伊克昭盟所辖。1954 年，绥远省并入内蒙古自治区，东胜县归内蒙古自治区伊克昭盟领导。1983 年 10 月 10 日，经国务院批准，撤销东胜县，设立东胜市（县级），仍归伊克昭盟领导。1984 年 1 月 1 日正式撤县设市。2001 年撤市设区。

3.2.4　经济发展情况

东胜区经济发展水平位居内蒙古自治区前列，实力雄厚，势头强劲，与呼和浩特、包头构成内蒙古经济发展的"金三角"。特别是"十二五"以来，东胜区利用资源优势和区位优势，充分构筑绒纺、煤炭、建材为主的工业体系，呈现出经济建设持续快速发展、社会事业整体推进、结构调整更加合理、城市功能日趋完善、生态建设成效显著、人与自然和谐相处的可持续发展态势，经济实力始终保持在内蒙古自治区 103 个旗县（区）前列。2016 年，面对经济下行压力加大的严峻形势和社会矛盾交织的风险挑战，东胜区爬坡过坎、攻坚克难、圆满完成各项重点工作任务，经济社会保持平稳健康发展，实现了"十三五"良好开局，位居全国中小城市综合实力百强第 16 位，荣膺全国中小城市创新创业百强区。

2017 年，全区地区生产总值达到 691.81 亿元，同比增长 5.9%；公共财政预算收入 134.82 亿元，同比增长 3%，继续列居内蒙古自治区 103 个旗县（区）前茅，居民人均可支配收入达到 42 981 元，同比增长 8.7%，固定资产投资实现 425 亿元，同比下降 16%，社会消费品零售总额 273 亿元，同比增长 7.2%。

3.3　康巴什新区

康巴什新区是鄂尔多斯市为解决"大工业、小城镇"发展矛盾，顺应城市形态由"单一中心"向"组团式"演变的发展趋势，把康巴什新区与东胜城区、伊金霍洛旗阿勒腾席热镇的建设改造统筹考虑，拉开城市发展框架，实现工业化与城市化互动互促而规划建设的新城区（奕莉琦和周瑞平，2017）。新区位于鄂尔多斯市中南部，于 2004 年启动建设，前身为青春山经济技术开发区（自治区级，2000 年获批成立）。2004 年内蒙古自治区人民政府正式批准更名为康巴什新区，2006 年市府迁址新区，成为全市新的行政中心。新区总面积 372.55km²，建成区面积 38.42km²。2015 年，新区总人口达到 15.3 万人。

2016 年 6 月 26 日，国务院正式批准鄂尔多斯市在东胜区南部设立康巴什区。至此，内蒙古自治区县级行政区划建制由 102 个增至 103 个。按照国务院批准，鄂尔多斯市将东胜区哈巴格希街道、青春山街道、滨河街道划归康巴什区管辖，以哈巴格希街道、青春山街道、滨河街道为主的行政区域为康巴什区的行政区域，康巴什区人民政府驻滨河街道鄂尔多斯东街 10 号。

2016 年 12 月 9 日，鄂尔多斯市委召开常委会会议暨改革领导小组会议，研究部署设立康巴什区等有关事宜。会议决定，撤销康巴什新区党工委，设立中国共产党鄂尔多斯市康巴什区委员会；撤销康巴什新区纪工委，设立中国共产党鄂尔多斯市康巴什区纪律检查委员会；成立区委筹备组；筹备召开康巴什区第一次党代表大会。

本书研究期为 1993 年至今，由于康巴什区是从 2004 年才开始建设，为了前后行政区的一致，本书的部分研究内容没有涉及康巴什区。

参 考 文 献

包宝荣，2010. 东胜区城市建成区扩展研究［D］. 呼和浩特：内蒙古师范大学.

李瑞玲，2009. 近二十年鄂尔多斯市东胜区的城市扩张研究［D］. 呼和浩特：内蒙古大学.

王子玲，霍晓梅，符亚儒，等，2007. 神府东胜沙地矿区植被建设技术研究［J］. 西北林学院学报，6：1-6.

鲜肖威，陈莉君，1986. 西北干旱地区农业地理［M］. 北京：中国农业出版社.

奕莉琦，周瑞平，2017. 近 10 年城市新区建设视角下的聚落变化特征及其影响因素分析[J]. 内蒙古师范大学学报（哲学社会科学版），1：140-145.

于开红，2016. 马克思主义视阈下的中国生态贫困问题研究［D］. 成都：西南财经大学.

张健，2016. 矿井涌水量预测地质条件与估算方法实证分析：以内蒙古某钼矿露天采场地质勘察为例［C］. 廊坊：对接京津——廊坊优势与率先发展会.

第4章 近20年土地利用变化分析

4.1 土地利用空间布局变化

4.1.1 研究方法

土地利用动态度对于区域各类土地利用类型的变化速度进行定量描述具有积极作用（刘纪远，1996）。按照研究对象可以分为单一土地利用动态度和综合土地利用动态度（王秀兰和包玉海，1999）。

单一土地利用动态度表示某研究区一定时间范围内某种土地利用类型的数量变化速度，其表达式为

$$R_s = \frac{U_b - U_a}{U_a} \times \frac{1}{T} \times 100\% \tag{4-1}$$

式中，R_s 为研究时段内某类土地的土地利用动态度；U_a，U_b 分别为研究期初和研究期末某土地利用类型的面积（km^2）；T 为研究时段长。

综合土地利用动态度表示研究区全部土地利用类型的综合变化速度，表达式为

$$R_t = \frac{\sum_{i=1}^{n} |U_{bi} - U_{ai}|}{2\sum_{i=1}^{n} U_{ai}} \times \frac{1}{T} \times 100\% \tag{4-2}$$

式中，R_t 为研究区内所有土地利用类型面积变化的综合土地利用动态度；U_{ai}，U_{bi} 分别为研究期初和研究期末某土地利用类型的面积（km^2）；T 为研究时段长；n 为土地利用类型数。

为了能更清楚地看到各类土地利用类型的转移情况，更直观地看出东胜区土地利用类型的时空转移特征，并对以后的土地利用变化趋势起到了解和预测的作用，本书采用了土地利用变化空间动态度和土地利用变化趋势状态指数两个模型来进行计算，其表达式为

$$R_{ss} = \frac{\Delta U_{in} + \Delta U_{out}}{U_a} \times \frac{1}{T} \times 100\% \tag{4-3}$$

$$P_s = \frac{R_s}{R_{ss}} = \frac{\Delta U_{in} - \Delta U_{out}}{\Delta U_{in} + \Delta U_{out}}, \quad -1 \leqslant P_s \leqslant 1 \tag{4-4}$$

$$R_{ts}=\frac{\sum\limits_{i=1}^{n}(\Delta U_{in}+\Delta U_{out})}{2\sum\limits_{i=1}^{n}U_{ai}}\times\frac{1}{T}\times100\% \tag{4-5}$$

$$P_{t}=\frac{R_{s}}{R_{ss}}=\frac{\sum\limits_{i=1}^{n}\left|(\Delta U_{in}+\Delta U_{out})\right|}{\sum\limits_{i=1}^{n}\left|(\Delta U_{in}+\Delta U_{out})\right|},\quad 0\leqslant P_{t}\leqslant 1 \tag{4-6}$$

式中，R_{ss} 为研究区内单一土地利用变化空间动态度；P_{s} 为研究区内单一土地利用变化趋势状态指数；R_{ts} 为区域土地利用变化空间动态度；P_{t} 为区域土地利用变化趋势状态指数；ΔU_{in} 为研究时段 T 内其他类型转变为该类型的面积之和；ΔU_{out} 为某一类型转变为其他类型的面积之和；其他参数同公式（4-1）和公式（4-2）。

当 P_{t} 越接近 0 时，表明区域内所有的土地利用类型的双向转移越频繁，且呈现均衡转移的态势；当 P_{t} 越接近 1 时，说明每种土地利用类型的转移方向主要为单向的极端不均衡转移，或者是该类型转移为其他类型，或者是其他类型转移为该类型。

4.1.2　不同时期转化差异特征分析

为了分析东胜区近 20 年的土地利用变化情况和类型间转移特征（赵小汎等，2007），对东胜区 3 期图像进行叠加分析（王蓉，2013），得到转移矩阵。从表 4-1 和表 4-2 可以看出，1993～2005 年，草地、耕地和林地是每个土地利用类型的主要来源，也是每个土地利用类型的主要转移类型，说明这 3 类土地转化最频繁。2005～2014 年，草地、耕地和林地转为建设用地的面积明显比前一阶段多出许多，水域、未利用地和园地面积非常小，虽然向其他土地利用类型都有所转化，但转化的面积很少，没有很明显的转移特征。

表 4-1　1993～2005 年研究区土地利用转移矩阵　　　　（单位：km²）

土地利用类型	草地	耕地	建设用地	林地	水域	未利用地	园地
草地	626.520	82.446	14.503	43.103	32.403	4.048	0.025
耕地	237.520	313.476	10.025	25.011	7.740	1.448	0.007
建设用地	19.655	27.876	18.929	2.477	2.819	0.092	0.071
林地	235.670	68.727	7.412	147.570	18.614	4.350	0.271
水域	19.701	6.959	0.675	7.638	35.844	0.428	0
未利用地	66.967	6.104	0.364	5.961	2.204	21.090	0.005
园地	0.0268	0.015	0	0.175	0	0	0.089

注：表中数据表示转化的土地面积，其行代表发生变化的土地利用类型，其列代表变化的去向；当列与行对应同一类型时，相应的数据是该类型土地没有转为其他土地利用类型的面积。下同。

表4-2　　2005～2014年研究区土地利用转移矩阵　　　　（单位：km²）

土地利用类型	草地	耕地	建设用地	林地	水域	未利用地	园地
草地	456.682	250.922	12.288	154.468	19.333	48.394	0.147
耕地	38.188	105.670	6.802	32.551	3.457	2.580	0.029
建设用地	44.140	50.237	42.263	30.557	2.433	7.548	0.007
林地	226.140	160.153	9.585	244.318	16.294	31.180	0.075
水域	15.500	12.640	0.668	9.609	27.234	1.098	0.007
未利用地	18.794	11.960	0.288	9.042	2.109	7.586	0
园地	0.023	0.031	0.008	0.085	0	0.028	0.041

利用公式（4-3）～（4-6），得出土地利用变化空间动态度和土地利用变化趋势状态指数（表4-3）。从区域土地利用空间动态度来看，东胜区2005～2014年各种土地利用类型总的空间转移量（转出或转入）比前一阶段有所上升。从区域土地利用空间变化趋势状态指数分析，东胜区 1993～2005 年、2005～2014 年和1993～2014 年的区域土地利用变化趋势状态指数分别为 0.001、0.007 和 0.004，都趋近于 0，说明东胜区的土地利用类型的转移呈现平缓的态势，其中草地、耕地、水域和园地处于落势，建设用地、林地和未利用地处于涨势。

表4-3　　东胜区土地利用变化空间动态度与趋势状态指数表

年份	动态度与指数	
	区域土地利用变化空间动态度 R_{ts}	区域土地利用变化趋势状态指数 P_t
1993～2005	3.771	0.001
2005～2014	6.408	0.007
1993～2014	4.904	0.004

4.1.3　空间布局变化特征分析

如彩图 4-1 所示，草地是占地面积最大的土地利用类型。在 1993 年，草地在东胜区全域范围内均有大面积分布，占全区土地利用总面积的56.67%，到 2014 年，除东胜区区中心减少最明显以外，其他地区也都有所减少，占全区土地利用总面积的比例已经下降到44.59%。在 1993 年，耕地分布的重心区域在中东部，西部地区数量少且面积也小，总体来看，耕地在全域范围内都有分布，占全区土地利用总面积的23.75%，到 2014 年，全区内大面积耕地都变为小面积耕地，东部地区耕地减少到几乎没有，只有小面积的耕地零星分布，西部也有所减少，但减少的幅度比东部地区小，耕地的重心转移到了西部地区，占全区土地利用总面积的比例已经下降到 8.86%。在 1993 年，建设用地主要分布特征为零星分布，仅占全区土地利用总面积的 2.44%，到 2014 年，围绕市区建设用地大面积增加，且都集中于东胜区中东部地区，占全区土地利用总面积的比例增加到了 8.39%。在 1993 年，林地大都分布在西南部地区，占全区土地利用总面积的 10.90%，到 2014 年，林地的分布不只集中于西南部地区，其他地区如西北部、东南部和中部地区都有所增加，占全区土地利用总面积的比例增加到了 32.55%。1993 年，未利用地分布在中部和西部，到了 2014 年东部地区出现了未利用地，并且比中部和西部地区面积大。1993 年，东部、西部的水域大都转移成了草地、林地和耕地，到 2014 年水域主要分布在东南、东北和西北。园地在土地总面积中所占比例非常小，其分布没有太大变化。

4.2 土地利用数量变化

结合表 4-1、表 4-2 和解译得出的 3 期土地利用属性库数据，分别进行计算、统计和整理（赵小汎等，2007），得出图 4-1 的结果。纵观近 20 年的土地利用变化情况，草地减少 264.519km²、耕地减少 316.466km²、建设用地增加 125.275km²、林地增加 455.724km²、水域减少 34.259km²、未利用地增加 18.322km²、园地减少 0.253km²。从两个阶段看：草地先减少后增加、耕地和未利用地先增加后减少、建设用地和林地一直增加、水域用地和园地呈一直减少状态。

图 4-1 1993 年、2005 年和 2014 年各土地利用类型数量变化柱状图

利用公式（4-1）、（4-2）、（4-7）、（4-8）、（4-9），计算得出（表 4-4），1993～2005 年土地利用动态度最大的是未利用地，为 18.875，其次为林地和建设用地，分别为 9.070 和 3.211；2005～2014 年建设用地土地利用动态度最大，比 1993～2005 年增加了约 4.1 倍，变化速度明显增加，其次为耕地和未利用地，为 −7.581 和 −5.726；总研究期内土地利用动态度最大的仍为建设用地，为 11.492，其次为林地和耕地，为 9.353 和 −2.980；1993～2005 年、2005～2014 年和 1993～2014 年综合土地利用动态度分别为 0.004%、−0.048% 和 −0.018%，2005～2014 年的变化速度大于 1993～2005 年的变化速度。

表 4-4 1993～2014 年东胜区土地利用动态度变化表

土地利用类型	1993～2005 年	2005～2014 年	1993～2014 年
草地	−2.775	1.895	−1.044
耕地	1.483	−7.581	−2.980

续表

土地利用类型	1993~2005 年	2005~2014 年	1993~2014 年
建设用地	3.211	16.267	11.492
林地	9.070	4.659	9.353
水域	−2.436	−0.735	−1.615
未利用地	18.875	−5.726	2.773
园地	−2.914	−3.242	−2.569

4.3　土地利用程度变化

4.3.1　研究方法与模型

土地利用程度不仅反映了土地利用中土地本身的自然属性，同时也反映了人类因素与自然环境因素的综合效应（王秀兰和包玉海，1999）。根据刘纪远（1996）提出的土地利用程度的综合分析方法，将土地利用程度按照土地自然综合体在社会因素影响下的自然平衡状态分为若干级，并赋予分级指数（表4-5），从而给出了土地利用程度综合指数及土地利用程度变化模型的定量化表达式。

表 4-5　土地利用程度分级赋值

级别	未利用土地级	林、草、水用地级	农业用地级	城镇聚落用地级
土地利用类型	未利用地	林地、草地、水域	耕地、园地	建设用地
分级指数	1	2	3	4

1）土地利用程度综合指数模型

某研究区土地利用程度综合指数可表达为

$$L_j = 100 \times \sum_{i=1}^{n} A_i \times C_i \qquad (4\text{-}7)$$

式中，L_j 为某研究区域土地利用程度综合指数；A_i 为土地利用程度分级指数；C_i 为研究区域内第 i 级土地利用程度分级面积百分比；n 为土地利用程度分级数。

2）土地利用程度变化模型

一个特定范围内土地利用程度的变化是多种土地利用类型变化的结果，土地利用程度变化量和变化率可定量地揭示该范围土地利用的综合水平和变化趋势。其表达式为

$$\Delta L_{b-a} = L_b - L_a = 100 \times \sum_{i=1}^{n} (A_i \times C_i) \qquad (4\text{-}8)$$

$$R=\frac{\sum_{i=1}^{n}(A_i\times C_{ib})-\sum_{i=1}^{n}(A_i\times C_{ia})}{\sum_{i=1}^{n}(A_i\times C_{ia})}\qquad(4\text{-}9)$$

式中，L_b、L_a 分别为 b 时间和 a 时间的区域土地利用程度综合指数；A_i 为土地利用程度分级指数；C_{ib} 和 C_{ia} 分别为某区域 b 时间和 a 时间第 i 级土地利用程度面积百分比。

如果 $\Delta L_{b-a}>0$，或 $R>0$，则该区域土地利用处于发展时期，否则处于调整期或衰退期。

4.3.2　数据分析

草地、耕地、水域和园地处于调整期，建设用地、林地和未利用地处于发展期（表 4-6）。3 期土地利用程度综合指数分别为 227.172、229.889、223.381，均低于 231.92 的全国平均水平（刘纪远，1996），东胜区土地利用的总体程度居全国中等以下水平。同时还可以看出，土地利用程度综合指数先升高再降低，2014 年的土地利用程度综合指数最低。

表 4-6　1993～2014 年东胜区土地利用程度表

土地利用类型	1993～2005 年		2005～2014 年		1993～2014 年	
	ΔL_{b-a}	R	ΔL_{b-a}	R	ΔL_{b-a}	R
草地	−37.820	−0.334	13.652	0.181	−24.168	−0.213
耕地	12.588	0.177	−56.970	−0.680	−44.382	−0.623
建设用地	3.740	0.384	20.048	1.486	23.788	2.439
林地	23.672	1.086	19.626	0.432	43.298	1.987
水域	−2.780	−0.293	−0.390	−0.058	−3.17	−0.334
未利用地	3.341	2.262	−2.462	−0.511	0.879	0.595
园地	−0.024	−0.364	−0.012	−0.286	−0.036	−0.545

参 考 文 献

刘纪远，1996. 中国资源环境遥感宏观调查与动态研究 [M]. 北京：中国科学技术出版社.

王蓉，2013. 内蒙古草原区矿区土地利用/覆盖及景观格局动态：以伊敏露天煤矿为例 [D]. 呼和浩特：内蒙古大学.

王秀兰，包玉海，1999. 土地利用动态变化研究方法探讨 [J]. 地理科学进展，18（1）：81-87.

赵小汎，代力民，王庆礼，2007. 基于 RS 和 GIS 的县域土地利用变化特征分析 [J]. 土壤，39（3）：414-420.

第5章 土地利用变化驱动机制分析

通过第1~4章对土地利用变化的内涵、理论基础、表现形式和变化规律的分析，我们对研究区的土地利用变化形势已经有了一定的认识，但要真正理解土地利用动态变化并进行科学的预测，还必须把握土地利用变化的各种动因。

地球表层系统的动态变化主要受控于变化的驱动力，土地利用的动态变化就是各种驱动力作用下土地利用目的与方式的改变。本章从系统分类的角度对区域土地利用变化的驱动力和驱动机制进行了分析。

5.1 驱动因子选取

5.1.1 选取原则

驱动因子的选取主要考虑以下几条原则。

1. 数据资料的可获取性

驱动因子的选取首先应该以数据资料的可获取性为前提，以利用已有的自然社会经济统计资料为主，并辅以一定的实地调查。

2. 科学简单性

驱动因子的选取要能够反映客观实际情况。选择时应抓住最重要、最本质、最具代表性的因子，对客观实际描述清楚简练。

3. 可比性原则

驱动因子应该在不同的时间或空间范围上具有可比性。可以进行横向比较，实现指标的定量化，而对于非定量因子也需要建立一定的可比性标准。

4. 可靠实用性

选取的驱动因子作为研究的依据，必须可靠、可信。所选因子应该与研究区土地利用变化的相关性较大，相关性很小甚至不相关的因子应通过统计分析方法将其排除。

5. 时效性

选择驱动因子时，取得的资料或结果要具有时效性，应运用近期的数据，具有说服力。

5.1.2　驱动因子分类

影响土地利用变化的驱动因子很多，按照驱动因子的作用方式及其功能的差异，将其概括为自然驱动力、社会经济驱动力和土地利用政策驱动力 3 大类。这些因子之间相互联系、相互作用、相互影响。

自然驱动力主要是指气候、地质地貌、土壤、水文、植被等驱动因子对土地的作用。它是人类利用土地资源的基础，也是土地利用变化的约束条件，在短期内相对较为稳定，对土地利用变化的影响较小，但从较长时间来看，它对土地利用变化的影响是显著而深远的（梅艳，2009）。

社会经济驱动力主要包括社会经济、政治文化、人口增长、技术进步等驱动因子，这类因子是土地利用变化的重要驱动因子。随着人口数量的不断增长，必然会带来对各种土地需求的同步增加，同时社会经济的发展会带来消费水平和消费结构的变化，进而引起产业结构的变化，导致土地利用在各行业、各部门之间的比例关系发生变化，以便满足人类不断增长的需求。一定程度上可以说，人类的需求是土地利用变化最根本的驱动因子。

土地利用政策驱动力主要包括土地管理政策和土地利用规划等驱动因子，这类因子是规范土地利用实施者行为的准则，使得土地利用活动始终处在政府的管理和规范之下有计划、有步骤地进行，也是土地利用活动得以顺利实施的保障。土地利用政策对土地利用变化起着重要的引导作用，其最终目的是通过合理利用土地，实现人类社会的可持续发展。

5.2　驱动因子分析

5.2.1　自然因子分析

土地资源的自然环境涉及气候、地质地貌、水文、土壤、植被等诸多要素，这些要素一方面自成体系，形成各种影响土地的重要因素（谷美婧，2010）；另一方面又相互作用，共同构成土地资源的自然基础。

1. 气候对土地利用的影响

气温和降水是决定土地生产潜力的最基本因素。气候是自然地理要素中最重要最活跃的要素之一，不仅决定着土壤、植被类型的形成，改变着地表形态，也严重约束着人类对土地的利用活动。东胜区属于温带大陆性气候，全年日照系数在 3100h 左右波动，干旱较为严重，降水主要集中于夏季的 6~8 月，容易造成洪水泛滥，致使不同程度的涝灾产生，进而对沿江河及低洼处的各乡镇的土地利用产生一定影响。2000~2014 年，年相对湿度保持在 45%左右，大多数年份降水量为 200~600mm，年均降水量为 370mm 左右，并且从东到西递减（图 5-1）。由于受西北环流与极地冷空气的影响，东胜区风能资源极为丰富，尤以西北风最为强烈，常造成风灾。东部地区年平均风速 3.5m/s，最大风速 20m/s。大于等于 3m/s 的风日数 223d，大于等于 5m/s 的风日数 72d，大于等于 17m/s 的大风日数 28.1d，沙暴日数 19.3d。气候变化通过对热量、水分、光照等农业生产条件的影响，作用于植物生化过程，并导致农业生产区域的变迁，从而使土地利用方式随之发生变化。

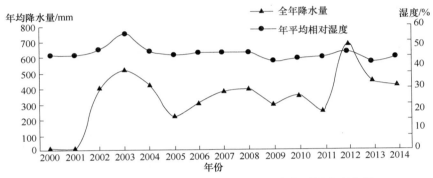

图 5-1　2000~2014 年东胜区年均降水量与相对湿度变化图

2. 地质地貌对土地利用的影响

地质因子主要是指地壳的物质组成、内部构造，本书主要从地质资源和地质环境两个角度来分析地质因子对土地利用变化的引导和约束机理。

从地质资源角度来看，能源会由于开采方式的不同而形成不同的土地开发行为，其邻近土地也因资源的不同用途与投入形成不同的土地利用类型；矿产资源由于自身的特殊性要求有特别的利用方式，也会对土地利用变化产生一定的约束；而景观资源更多地表现为休闲娱乐的功能，因此对土地利用的方式也有特殊的要求。

从地质环境角度来看，主要是指地球表层岩石、土、水共生地质系统，它主要通过地质承载压力和地质活动频率影响土地利用变化。东胜区处于鄂尔多斯地台向斜北部的伊陕斜坡上，北邻乌兰格尔隆起，基地为太古界古老变质岩系，地质构造简单，岩层向南向西缓倾单斜。根据倾斜的情况，一定程度上会影响土地利用。

3. 地形

地形是地球表面长年累月经受各种地质活动及气候、水等外力因素作用而形成丰富的地貌形态。东胜区地势大体上呈现西高东低，境域轮廓东西近似长条形，海拔为 1269～1584m。可明显地分为东西两个区域，东部为丘陵沟壑区，西部为波状高原区。东部沟壑纵横，水土流失严重，西部风蚀沙化严重。地势西、北、东三面略高，中南部较低，但总体较为平缓。地形作为土地利用的下垫面与物质基础，高低不平的地形是造成土地生产水平不高的重要因素，这样的地形状况在很大程度上影响了土地利用的形态与空间布局。

4. 土壤对土地利用的影响

东胜区东部铜川镇、中部罕台镇的地表岩层以白垩系、侏罗系沉积岩为主，地表覆盖物主要为白垩系泥岩、侏罗系泥岩、泥质砂岩、砂岩、砂砾岩的分化物，这些风化残积母质上的发育的主要是粗骨土以及少量黄土和红土，土地利用方式主要是矿业用地、耕地以及未利用地。东胜区西部泊江海子镇分布着一定数量的风积物，丘间洼地、沟谷阶地上分布着一些洪积物，梯田、台田上分布着少量的人工堆积物，发育在积水洼地的洪积—湖积母质上有一些沼泽土，土地利用方式主要是零星耕地、人工林地、以及未利用的沙地。

5. 水资源对土地利用的影响

水资源作为万物生长不可缺少的资源，可为人类提供饮用、农业灌溉、工业用水与养殖业发展等众多用途，也是人类进行土地利用的主要支撑。但其资源的有限性与地理空间分布上的差异性，必然会对区域土地利用的方式与强度产生重要约束作用，具体表现在水量与分布两方面。

东胜区境内河流为季节性河流，全区水面面积为 12.09km^2，年均径流量为66 433 000m^3。区内地表水主要受大气降水影响，一般通过入渗和汇聚于水库等方式截留，易造成洪涝和干旱灾害。地下水主要受大气降水、地质构造、气候特点等多重因素影响。境内水系主要集中在西部地区，而外流水系主要集中在东部地区。境内湖泊均在西部地区，主要湖泊有 2 个。北部边缘有近东西向延伸的古老地层基底的隆起，属于深层阻水构造。建城区地处隆起以南，深层地下水逆地形通过东胜梁向南运动，排泄给伊金霍洛旗、乌审旗，最后补给陕西；地表水及浅层地下水则以东胜梁为分水岭，以北一部分补给深层地下水，一部分补给库布其沙漠或排泄于黄河；分水岭以南两部分，一部分向东南方向运动，最终排泄于乌兰木伦河及其支流，另一部分则缓慢向西南方向运动，排泄于内流水系乌尔图河、扎日格沟及桃力庙海子、侯家海子等湖泊，形成地表水体。

同时，由于洪积滩、丘间洼地因泥岩、泥质砂岩分布不稳定，常以夹层出现，故没有大区域的稳定隔水层，地下潜水一般为孔隙水，地下水位 5m 左右，pH 为7.5～9.0，矿化度较高，一般为 3～4g/L，高的可达 5～7g/L，矿化类型以氯离子、钠离子、镁离子等游离子共存（Cl$^-$-Na$^+$-Mg^{2+}）型为主，在一定条件下，可生成盐和碱，使土壤碱化，一般不宜作灌溉用水。

　　水资源分布对土地利用的约束体现不同的层次。在区域层面上，水资源总量分布的空间差异导致了对特定区域土地利用强度与方式的普遍约束。在微观地段上，距水源远近的不同也给土地利用方式自由选择带来限制。这就必然会给土地资源的可持续利用带来一定的约束。

　　6. 生物

　　生物作为生态环境的主要因子之一，与其他非生物因素在时间与空间尺度上具有极为密切的关系，它不仅是人类社会赖以生存的物质能量的持续来源，具有稳定土壤、地形、气候与水文等生态环境因素的功能，同时也是生态环境系统中与土地利用及环境改变最直接相关的因子，对人类活动具有极度的敏感性，因此对土地利用变化也有很强的约束作用。东胜区的植被属于温带干旱草原植被，发育广泛。植物类型多以多年生的草本科植物组成，以禾本科植物占优势，其次是菊科、豆科植物；另有部分小灌木、半灌木，以豆科、菊科植物为主；乔木多为人工栽植的杨树、柳树及部分榆树、松树。全市植被覆盖率为 40%~60%。由于多年来不合理的放牧和掠夺式的垦殖，风蚀、沙漠化剧烈发展，沙生植被广泛发育，主要分部于西部的 4 个乡。其主要建群种以沙蒿、沙蓬、沙米、牛心卜子为主，优势种有沙旋复花、虫实、沙引草等，部分地区有人工栽植的旱柳、沙柳。植被覆盖度一般为 10%~45%。在此条件下发育着固定风沙土、半固定风沙土、流动风沙土、栗钙土及淡栗钙土等较严重沙化类型的土壤。

　　根据其约束的性质，可分为两个部分：一是生物自身功能与空间分布对区域土地利用方式的直接约束，由于生态环境非生物因子空间布局的差异性，不同适应性的生物资源也在空间上形成了不同的分布格局，从而使人类对各种生态资源的利用也产生了空间的差异；二是人类为维持生物资源的可持续而进行一系列保护活动而对土地利用行为产生的限制作用，为了保持生物多样性，人类自觉约束自身土地利用方式与强度，具体体现为自然保护区的划分与管理。

5.2.2　社会经济因子分析

　　社会经济因素对土地利用变化过程也具有十分重要而独特的作用，它的含义很广，包括人口、经济、政治等多方面的因素，而且不同的因素在不同尺度和空间上对土地利用变化过程具有不同的作用机理和影响程度。本书将影响土地利用变化的社会经济因素分为以下 5 个方面：人口、经济发展、产业结构、城镇化、技术发展。具体包括人口变化、非农业人口数量、社会固定资产投入、地区生产总值、单位面积农业总产值、工业总产值、耕地面积、人均耕地面积、人均粮食产量、人均地方财政收入、城镇居民可支配收入、农民纯收入、城镇化水平等因子。

1. 人口变化因素对土地利用的影响

根据 1993～2015 年的统计资料,1993 年东胜区总人口只有 148 100 人,近 20 年来总人口数量变化较大(图 5-2),到 2015 年末,区域总人口较 1993 年增加了 129 723 人,非农业人口比例呈增加趋势,尤其是非农业人口数量增加了 113 432 人,这必然导致对居住用地的大量需求,深刻影响着土地利用的变化。

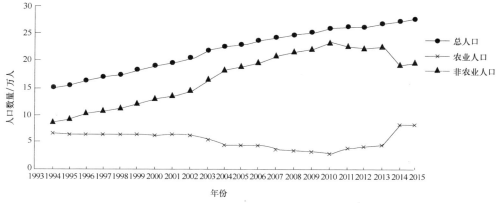

图 5-2　1993～2015 年东胜区人口变化趋势图

2. 经济发展对土地利用的影响

1993～2015 年东胜区地区生产总值年均增长 24.35%。地区生产总值由 1993 年的 6.93 亿元逐年增加至 2014 年的 856.77 亿元(图 5-3)。与 1993 年相比,2014 年东胜区人均地区生产总值由 5531 元增加至 312 521 万元;第一产业总产值由 3340 万元增加至 14 500 万元,增长了 4 倍多。第二、第三产业分别由 36 637 万元、41 931 万元增加至 3 294 000 万元、5 530 000 万元,产值急剧增长;地方财政收入由 1993 年的 0.63 亿元增加至 2014 年的 80.90 亿元;农民人均纯收入由 2000 年的 2188 元增加至 8230 元。同时,城镇居民人均收入也有非常大的提升,由 2000 年的 6000 元逐步增加到 2014 年的 38 807 元。20 世纪 90 年代以来,由于东胜区工业生产、煤炭产业、羊绒产业、房地产的快速发展,大大促进了区域经济的活跃发展。大量的企业及楼盘落地,刺激了工业用地、交通用地、建设用地以及住宅用地的发展和周边地区用地结构的变化,土地利用也相应地向多样化、高效化和商品化方向发展。近年来,尤其是前几年的“房地产热”“开发区热”,使得土地被大量征用,但是由于管理制度没有健全,规划和管理滞后,导致这部分土地未能及时开发利用,土地资源闲置造成处于粗放经营状态。大量土地闲置造成土地利用效益低,导致土地利用结构也发生了变化。

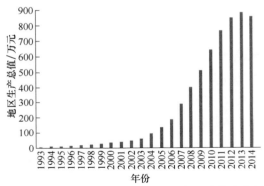

图 5-3　1993～2014 年东胜区地区生产总值变化图

3. 产业结构对土地利用的影响

从产业结构变动情况来看，1993～2014 年东胜区三次产业产值骤变，比率变化明显（图 5-4 和图 5-5）。1985 年以来，东胜区经济迅速发展，农业生产稳步发展。20 世纪 90 年代东胜区主要以第一产业农业为主，第二、第三产业发展较为平缓。大量的农地被农民用来种植农作物，获得生活资金来源填补家用。因此，这一时期的土地利用变化主要以农地的变化为主，其他土地类型变化较小。进入 21 世纪，随着工业化、城镇化的发展，东胜区产业逐渐从以农业为主转变为以第二、第三产业为主。2014 年，东胜区第一产业实现增加值 1.55 亿元，同比增长 4.9%；第二产业实现增加值 323.97 亿元，同比增长 7.4%，其中，工业实现增加值 266.79 亿元，同比增长 7.7%，建筑业实现增加值 57.18 亿元，同比增长 5.6%；第三产业实现增加值 531.25 亿元，同比增长 5.5%；三次产业结构比为 0.2：37.8：62（图 5-6）。进入"十三五"时期，根据区委"十三五"规划建议，产业结构持续优化，转型发展取得重大成效，非资源型产业占地区生产总值的比重提高到 80%，产业结构调整为 0.1：34.9：65。这一定程度上必将影响土地利用方式，改变用地结构。

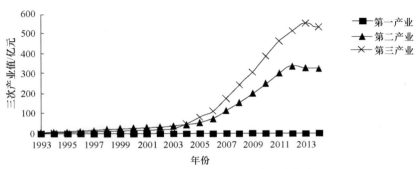

图 5-4　1993～2014 年东胜区三次产业产值变化图

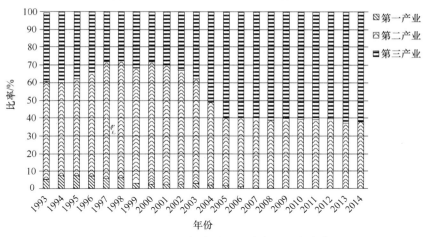

图 5-5　1993～2014 年东胜区三次产业比率变化图

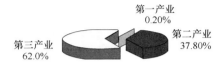

图 5-6　2014 年东胜区三次产业结构比例

4. 城镇化对土地利用的影响

城镇化的过程就是农业人口转变为非农业人口，农村人口不断向城镇转移，第二、第三产业不断向城镇聚集的过程。随着城镇化水平的提高，大量农民进入城镇，其身份发生变化，由农民变为城镇居民，一方面，使新增农村居民点用地面积不断递减，另一方面，进城农民原有的部分宅基地通过整理和复垦等措施重新转变为耕地。城镇化影响着土地利用结构变化，具体表现如下：一是建设用地面积不断增加，城镇化水平不断提升，土地利用规划往往没到规划年限，就完成了规划目标，建设用地大幅度增加；二是城镇规模的扩大造成耕地等农业用地被占用，城镇规模的扩大占用了城市周边较为优质的水田、旱地或者菜地；大量的农村青壮年劳动力不断向城镇转移，导致农村缺少年轻的劳动力进行耕种，出现了耕地无人耕种的现象，使得耕地逐渐向荒地转变；三是随着城镇化的快速推进，发展了一大批乡镇企业，这些企业一般多为劳动密集型企业，用工多、占地多，而且分布不符合要求，乡镇范围内企业一般规模较小，企业具备的技术设备简陋且普遍没有针对生产污水处理的设施和需要采取的防治污染措施，出现了工业生产的"三废"在不经过处理就排向土地、江河湖海等地方，造成附近环境污染，导致土地资源被污染，失去肥力。近 20 年来，东胜区城镇化速度明显加快，城镇化率不断提高，城镇用地急剧上升，1993～2005 年建设用地面积就增加了

1999.9hm^2，耕地转向非农业用途尤为突出。城市化水平的提高是促使土地利用发生变化的一个重要驱动因子。

5. 技术发展对土地利用的影响

近些年来，东胜区一直致力于农业技术的投入，为土地资源开发利用创造了良好的科技条件。农业生产领域的技术进步可以大大提高农业的集约化程度，提高粮食单产，减缓人口增长对农业用地的压力。

5.2.3　土地利用政策驱动力

政策因子因难以定量，仅能利用各种土地利用类型面积、地区政策及产值的变化对其进行间接分析。人们的观念和态度与其所受的教育、生活水平及世界观、人生观等密切相关，主观性、随意性较大，这里假定它们只与生活水平有关。

1997 年国家实施的西部大开发政策，使得东胜区基础设施建设空前加快，同时给经济带来众多发展机遇，使得建设用地面积数量逐年增加，加之国家鼓励提高城镇化水平，东胜区的城镇建设及规模有了很大发展，城镇用地不断增长。1998 年和 2003 年东胜区集中进行了两次较大规模的退耕还林，逐步将坡度大和土质差的耕地退耕还林。这些政策的实施都对东胜区的土地利用产生了很大的影响。

同时，土地整理、复垦政策对土地利用影响较大。长期以来，东胜区土地资源一直以一种自主开发、自主垦荒的方式进行，各种土地资源的潜力未得到充分发挥，开发出的土地大多地力差，产出少，广种薄收，很大程度上限制了农村经济的发展，致使部分地区群众虽有地可耕，但生活仍比较贫穷，经济发展缓慢。因此，还需进一步对这些地区未充分发挥潜能的土地进行开发整理，有步骤地调整用地结构，平整土地，提高土地集约利用率，道路、沟渠、林网等应该综合建设，恢复利用废弃土地，实行大集中、小连片式开发，通过引、提、灌等方式解决水源问题，进一步促进土地资源的潜力发挥。土地利用规划也对土地资源利用有一定的影响。土地利用规划能够明确土地利用的方向，实现统筹兼顾，调整东胜区土地利用布局，特别是严格建设用地指标管理，提高土地利用率。东胜区应该充分利用接近城市的区位优势，调整产业节后和农业内部结构，深度开发和集约利用土地资源，发展第二、第三产业，提高土地利用的经济效益。

5.3　驱动力分析

5.3.1　驱动力分析方法

运用主成分分析法，对所驱动因素进行提取和筛选，在各个指标之间相关关系分析的基础上，用较少的新指标代替原来较多的指标，而且使这些较少的新指标尽可能多地保留原来较多的指标所反映的信息。通过分析驱动因子的载荷系数，评价它们对土地利用变化过程中驱动作用的权重，即相对重要性。

将驱动因子原始数据导入到 SPSS 软件中，设置相关系数，运行程序，进行主成分分析，结果见表 5-1（插页）。

1. 总方差的解释

系统默认方差大于 1 的为主成分，所以只取前两个，前两个主成分累加占到总方差的 91.976%，并且第一主成分的方差是 13.758，第二主成分的方差是 2.797（表 5-2）。

表 5-2　解释的总方差

主成分	初始特征值			提取平方和载入		
	合计	方差的/%	累积/%	合计	方差的/%	累积/%
1	13.758	76.435	76.435	13.758	76.435	76.435
2	2.797	15.541	91.976	2.797	15.541	91.976
3	0.763	4.240	96.216	—	—	—
4	0.275	1.526	97.742	—	—	—
5	0.153	0.853	98.594	—	—	—
6	0.099	0.548	99.142	—	—	—
7	0.072	0.400	99.542	—	—	—
8	0.039	0.216	99.758	—	—	—
9	0.021	0.116	99.874	—	—	—
10	0.009	0.047	99.921	—	—	—
11	0.008	0.044	99.965	—	—	—
12	0.004	0.024	99.989	—	—	—
13	0.001	0.007	99.997	—	—	—
14	0.000	0.003	99.999	—	—	—
15	0.000	0.001	100.000	—	—	—
16	1.359E-5	7.549E-5	100.000	—	—	—

注：提取方法为主成分分析。

2. 主成分载荷矩阵

表 5-3 为主成分载荷旋转矩阵，主成分载荷是主成分与变量之间的相关关系。载荷系数越大，说明因素对变量的影响越大。可以看到，第一主成分中绝大部分驱动因子荷载都超过 0.9，它们分别是总人口（X_1）、农业人口（X_2）、地区生产总值（X_4）、人均地区生产总值（X_5）、第二产业（X_7）、第三产业（X_8）、

全社会固定资产投资（X_9）、财政收入（X_{12}）、耕地面积（X_{14}）、城镇居民可支配收入（X_{16}）、农民人均纯收入（X_{17}）。其中，生产总值、人均生产总值以及第二、第三产业产值表现了该区域经济发展程度；总人口、农业人口表现了区域人口因素；社会固定资产投资等表现了该区域政策类因素，因此第一主成分可概括为经济发展、人口和政策因素。同样地，第二主成分各驱动因子中粮食总产量（X_{15}）、人均粮食产量（X_{13}）、第一产业（X_6）、耕地面积（X_{14}）系数较大。其中，粮食总产量、人均粮食产量会涉及有机化肥施用量、农业机械总动力、农用塑料薄膜的使用量，这些主要反映农业现代化水平和科技进步因素。因此第二主成分可概括为技术因素。

表 5-3　主成分载荷矩阵表

因子 X_n	第一主成分	第二主成分
总人口 X_1	0.929	0.319
农业人口 X_2	0.960	0.069
非农业人口 X_3	0.897	0.365
地区生产总值 X_4	0.987	−0.133
人均地区生产总值 X_5	0.990	−0.113
第一产业 X_6	0.605	0.695
第二产业 X_7	0.988	−0.118
第三产业 X_8	0.985	−0.139
全社会固定资产投资 X_9	0.971	−0.163
公共财政预算支出 X_{10}	0.964	−0.204
公共财政预算收入 X_{11}	0.968	−0.171
财政收入 X_{12}	0.928	−0.141
人均粮食产量 X_{13}	−0.386	0.798
耕地面积 X_{14}	−0.951	−0.188
粮食总产量 X_{15}	−0.059	0.945
城镇居民可支配收入 X_{16}	0.993	−0.044
农民人均纯收入 X_{17}	0.994	0.015

注：提取方法为主成分分析，已提取了 2 个成分。

　　这里，主成分载荷矩阵并不是主成分的特征向量，也就是说并不是第一主成分和第二主成分的系数，我们需要另外求取主成分系数。方法即各自主成分载荷向量除以各自主成分特征值的算术平方根。

　　主成分特征向量要满足系数的平方和等于1，结果见表5-4。

表 5-4　主成分特征向量

因子 X_n	第一主成分	第二主成分	第一主成分系数	第二主成分系数
总人口 X_1	0.068	0.114	0.018 328 84	0.068 263 47
农业人口 X_2	0.07	0.025	0.018 867 92	0.014 970 06
非农业人口 X_3	0.065	0.13	0.017 520 22	0.077 844 31
地区生产总值 X_4	0.072	−0.048	0.019 407 01	−0.028 742 52
人均地区生产总值 X_5	0.072	−0.04	0.019 407 01	−0.023 952 10
第一产业 X_6	0.044	0.249	0.011 859 84	0.149 101 80
第二产业 X_7	0.072	−0.042	0.019 407 01	−0.025 149 70
第三产业 X_8	0.072	−0.05	0.019 407 01	−0.029 940 12
全社会固定资产投资 X_9	0.071	−0.058	0.019 137 47	−0.034 730 54
公共财政预算支出 X_{10}	0.07	−0.073	0.018 867 92	−0.043 712 58
公共财政预算收入 X_{11}	0.07	−0.061	0.018 867 92	−0.036 526 95
财政收入 X_{12}	0.067	−0.05	0.018 059 3	−0.029 940 12
人均粮食产量 X_{13}	−0.028	0.285	−0.007 547 17	0.170 658 68
耕地面积 X_{14}	−0.069	−0.067	−0.018 598 38	−0.040 119 76
粮食总产量 X_{15}	−0.004	0.338	−0.001 078 17	0.202 395 21
城镇居民可支配收入 X_{16}	0.072	−0.016	0.019 407 01	−0.009 580 84
农民人均纯收入 X_{17}	0.072	0.005	0.019 407 01	0.002 994 01

注：提取方法为主成分构成得分。

因此，得到第一主成分的函数表达式

$$Y_1 = 0.0189X_2 + 0.0194X_5 + 0.0191X_9 - 0.0186X_{14} + 0.0194X_{17} \quad (5\text{-}1)$$

同理，可以得到第二主成分的函数表达式

$$Y_2 = 0.202X_{15} + 0.171X_{13} + 0.149X_6 - 0.040X_{14} \quad (5\text{-}2)$$

把因子 1 和因子 2 的数值分别乘以各自的方差的算术平方根，得出各年份主成分 1 和主成分 2 的得分，结果见表 5-5。

表 5-5　主成分得分表

年份	农业人口/人	地区生产总值/万元	全社会固定资产投资/万元	耕地面积/hm²	农民人均纯收入/元	第一主成分得分	第二主成分得分
1993	64 605	81 908	61 472	50 769	368	−4.092	−2.708
1994	64 923	95 611	97 801	48 869	612	−3.874	−2.017
1995	62 411	112 125	106 653	47 155	963	−3.815	−1.585
1996	61 302	156 468	95 719	45 659	1 184	−3.570	−1.025

续表

年份	农业人口/人	地区生产总值/万元	全社会固定资产投资/万元	耕地面积/hm²	农民人均纯收入/元	第一主成分得分	第二主成分得分
1997	65 218	193 260	128 128	43 079	1 390	−3.215	−0.642
1998	2 200	243 810	136 025	41 659	1 585	−3.066	−0.097
1999	62 900	298 304	95 908	40 014	1 956	−3.098	−0.360
2000	63 000	341 644	105 809	38 645	2 188	−2.932	−0.191
2001	61 186	406 362	113 526	38 121	2 100	−2.793	−0.532
2002	60 707	563 015	133 547	37 116	2 456	−2.333	−0.461
2003	66 397	709 050	173 188	36 141	3 281	−2.037	3.489
2004	67 401	940 979	414 008	35 140	3 940	−1.563	3.633
2005	68 262	1 364 847	650 047	34 780	4 716	−0.841	1.254
2006	72 659	1 868 974	1 109 246	32 530	5 430	−0.079	0.928
2007	74 851	2 900 100	1 882 170	32 390	6 287	0.877	2.485
2008	77 000	3 900 100	2 286 895	31 570	7 241	1.910	2.244
2009	79 027	5 073 976	4 005 333	29 650	8 134	2.398	0.710
2010	80 600	6 391 682	5 000 305	27 290	8 912	3.903	0.072
2011	80 611	7 632 600	5 602 266	25 360	9 936	5.185	−0.560
2012	79 959	8 503 412	6 026 112	23 490	11 866	5.491	−1.092
2013	80 737	8 802 801	6 501 079	21 960	13 043	6.220	−1.394
2014	81 188	8 567 700	6 576 200	20 846	12 233	5.789	−1.092
2015	80 891	8 840 000	4 514 000	20 846	12 586	5.535	−0.957

　　综合上述分析结果，在经济发展方面，地区生产总值、人均地区生产总值、第二和第三产业产值、全社会固定资产投资、农民人均纯收入呈高度正相关，而耕地面积呈高度负相关，说明经济的发展变化对东胜区的土地利用变化有重要的影响。经济的发展需要土地资源的支持，尤其是优质的农业资源，耕地的大量流失是东胜区经济发展过程中面临的一个普遍问题，特别是经济发展的初期多为粗放型而不是集约型，使得经济发展的结果是非农业的城镇、工矿业用地和交通用地等建设用地迅速扩张，往往这些建设用地布局在地质条件好的种植区，这就势必会占用大量宝贵的耕地资源。从产业结构来看，随着经济的发展，人们不再满足温饱水平，开始追求土地的经济效益。由于自然和历史的原因，东胜区拥有着良好的自然和旅游资源，由于第一产业收益远低于第二、第三产业收益，城市化、工业化进程加快，带来土地利用方式的剧烈变化。

　　人口方面，总人口、农业人口、非农业人口呈高度正相关，而耕地面积呈高度负相关，人口变化是影响土地利用变化最主要的社会经济因素，也是影响土地利用变化最具有活力的驱动力（何春阳等，2002）。人口数量的增长、分布、结构、素质以及人口的迁移均影响土地利用的变化。人类通过改变土地利用的类型与结构，加强对土地的开发利用，以满足人类对生存环境的要求（王真，2007）。东胜区人口和非农人口均在逐年增长，这种增加要求居住用地的增加，使得建设用地面积不断扩张和耕地数量的大量减少，人均耕地由 0.023hm²/人下降到 0.005hm²/人。

政策方面，固定资产投资呈高度正相关，耕地面积呈高度负相关。土地利用的实践表明，政策的激励和导向在土地利用类型变化中起着关键作用。随着政策的不同，土地利用随之发生明显的变化，特别是在生态环境、水土保持方面，政府的土地利用管理政策具有直接决定性和强制性。政府为促进区域经济社会的发展及协调各个层次的利益，制定各种相关政策直接作用于土地，使土地利用主体被动实施。

现阶段是国家、社会各方面快速发展的特殊时期，随着基础设施投入的增加以及新型工业化发展所带动的工业用地的扩张，东胜区固定资产投资进入一个高峰时期，进而促使建设用地的规模也进入了新一轮扩张期。另外，轨道交通建设、防沙治沙综合治理和绿色通道建设等生态工程对土地利用变化具有明显的驱动作用，也对东胜区的可持续发展、资源可持续利用、环境可持续改善具有重要的意义。

5.3.2　耕地变化的驱动力相关分析

通过上述分析，土地利用变化与驱动因子之间存在着多元线性关系，因此引入多元线性回归模型。它是解释土地利用变化常用的一种系统分析模型。该模型要求某一地区、某一时段内的土地利用变化（因变量）与其驱动因子（自变量）之间存在线性关系，通过对可能引起土地利用变化的各种驱动因子进行多变量分析而建立的一种数学模型，以便确定土地利用变化的原因。

多元线性回归模型的基本原理是在线性回归模型中的解释变量有多个，用两个或两个以上的解释变量来解释因变量的一种模型。多元线性回归模型的一般表现形式

$$y_i = \beta_0 + \beta_1 x_{1i} + \beta_2 x_{2i} + \mu_i \qquad (5\text{-}3)$$

式中，μ_i 为随机扰动项，$i = 1, 2, 3, \cdots, n$；$\beta_0, \beta_1, \beta_2$ 为回归系数。

设 (y_i, x_{1i}, x_{2i})，$i = 1, 2, \cdots, n$ 是取自总体的一组随机样本。在该组样本下，总体回归模型公式（5-3）可以写成方程组

$$\begin{cases} y_1 = \beta_0 + \beta_1 x_{11} + \beta_2 x_{21} + \mu_1 \\ y_2 = \beta_0 + \beta_1 x_{12} + \beta_2 x_{22} + \mu_2 \\ \quad\quad\quad\vdots \\ y_n = \beta_0 + \beta_1 x_{1n} + \beta_2 x_{2n} + \mu_n \end{cases} \qquad (5\text{-}4)$$

利用矩阵运算，可表示为

$$\begin{bmatrix} y_1 \\ y_2 \\ \vdots \\ y_n \end{bmatrix} = \begin{bmatrix} 1 & x_{11} & x_{21} \\ 1 & x_{12} & x_{22} \\ \vdots & \vdots & \vdots \\ 1 & x_{1n} & x_{2n} \end{bmatrix} \begin{bmatrix} \beta_0 \\ \beta_1 \\ \beta_2 \end{bmatrix} + \begin{bmatrix} \mu_1 \\ \mu_2 \\ \vdots \\ \mu_n \end{bmatrix}$$

$$\text{记 } y = \begin{bmatrix} y_1 \\ y_2 \\ \vdots \\ y_n \end{bmatrix}, \quad X = \begin{bmatrix} 1 & x_{11} & x_{21} \\ 1 & x_{12} & x_{22} \\ \vdots & \vdots & \vdots \\ 1 & x_{1n} & x_{2n} \end{bmatrix}, \quad \beta = \begin{bmatrix} \beta_0 \\ \beta_1 \\ \beta_2 \end{bmatrix}, \quad \mu = \begin{bmatrix} \mu_1 \\ \mu_2 \\ \vdots \\ \mu_n \end{bmatrix} \quad (5\text{-}5)$$

则在该组样本下，总体回归模型的矩阵表示为

$$y = X\beta + \mu$$

$$\text{记 } \hat{\beta} = \begin{bmatrix} \hat{\beta}_0 \\ \hat{\beta}_1 \\ \hat{\beta}_2 \end{bmatrix}, \quad e = \begin{bmatrix} e_1 \\ e_2 \\ \vdots \\ e_n \end{bmatrix} \quad (5\text{-}6)$$

则样本回归模型的矩阵表示为

$$y = X\hat{\beta} + e \quad (5\text{-}7)$$

结合已有数据，依据东胜区的社会经济发展状况及数据的可得性原则，选取 1993～2014 年东胜区户籍人口（X_1）、非农业人口（X_2）、地区生产总值（X_3）、全社会固定资产投资（X_4）、第一产业产值（X_5）、第二产业产值（X_6）、第三产业产值（X_7）、粮食总产量（X_8）、城镇化率（X_9）作为自变量，耕地面积（Y_1）作为因变量构建回归方程模型，重点探讨东胜区耕地变化的主要驱动因素。分析结果如表 5-6 所示。

表 5-6　多元线性回归模型汇总表

模型	R	R^2	调整 R^2	标准估计的误差	更改统计量				
					R^2 更改	F 更改	df1	df2	Sig.F 更改
1	0.997	0.994	0.991	845.244	0.994	308.759	8	14	0.000

注：R 为多元相关系数，R^2 代表模型的拟合程度，$0 \leqslant R^2 \leqslant 1$，$R^2$ 越大，拟合效果越好。从本表中可以看出，该模型的拟合程度良好。

表 5-7 和表 5-8 所示的是回归方程的系数，根据这些系数能够得到完整的多元回归方程。以下回归值，均具有统计学意义。其中变量 X_3 不符合统计要求已排除。因而，可得到多元线性回归方程

$$Y = 154\,062.326 - 0.403X_1 + 0.504X_2 + 17.475X_4 + 0.074X_5$$
$$+ 0.002X_6 - 0.004X_7 - 0.004X_8 - 153\,659.596X_9 \quad (5\text{-}8)$$

表 5-7　多元线性回归系数 a

模型		非标准化系数		标准系数	t	Sig.
		B	标准误差	试用版		
1	（常量）	154 062.326	37 754.597	—	4.081	0.001
	X_1	−0.403	0.257	−1.949	−1.569	0.139
	X_2	0.504	0.357	2.043	1.413	0.180
	X_4	8.268E-5	0.000	0.023	0.172	0.866
	X_5	0.074	0.081	0.040	0.911	0.378
	X_6	0.002	0.003	0.314	0.858	0.405
	X_7	−0.004	0.002	−0.865	−2.369	0.033
	X_8	−0.0004	0.029	−0.005	−0.153	0.881
	X_9	−153 659.596	53 586.280	−0.753	−2.868	0.012

表 5-8　多元线性回归已排除的变量 b

模型		Beta In	t	Sig.	偏相关	共线性统计量
						容差
1	X_3	−1.729[a]	−0.410	0.688	−0.113	2.411E-5

通过上述回归方程，可以清楚地看到：耕地面积与户籍人口、第三产业产值、粮食总产量、城镇化成一定的反比，而与非农业人口、固定资产投资、第一产业产值、第二产业产值呈正相关。其中，户籍人口（X_1）、全城镇化率（X_9）呈现显著的负相关，回归系数分别为−0.403、−153 659.596，并且城镇化率（回归系数−153 659.596）显著影响耕地的变化，说明经济发展及城镇化水平的提高，加速了耕地面积的减少，使其面临严峻的挑战，不断向其他用地类型转变。另外，常住人口（回归系数−0.403）在城市中的聚集使其居住范围不断扩张，占用大量的土地资源，从而造成耕地面积的减少。

参 考 文 献

谷美婧，2010．基于 GIS 和 RS 的土地利用现状与动态分析：以内蒙古和林格尔县为例［D］．呼和浩特：内蒙古师范大学．

何春阳，周海丽，于章涛，等，2002．区域土地利用/覆盖变化信息处理分析［J］．资源科学，24（2）：64-70．

梅艳，2009．区域土地利用变化及其对生态安全的影响研究［D］．南京：南京农业大学．

王真，2007．基于 GIS 的北京市土地利用与人口变化研究［D］．北京：首都师范大学．

第6章 土地利用变化预测

6.1 研 究 方 法

6.1.1 CA 模型

元胞自动机（cellular automata），简称 CA，也译为细胞自动机、点格自动机、分子自动机或单元自动机，是一种简单的算法通过的运算模拟空间上离散、时间上离散的复杂性现象的模型（周嵩山和李红波，2012）。其特点是时间、空间、状态都离散，每个变量只取有限多个状态，且其状态改变的规则在时间和空间上都是局部的。散布在规则格网（lattice grid）中的每一元胞（cell）取有限的离散状态，遵循同样的作用规则，依据确定的局部规则作同步更新。大量元胞通过简单的相互作用而构成动态系统的演化（图 6-1）。

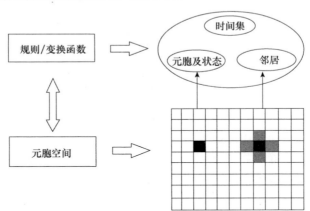

图 6-1　元胞自动机的组成

相较于一般的动力学模型，元胞自动机有它自身的特性，它不是由严格定义的物理方程或函数确定，而是用一系列模型构造的规则构成。元胞自动机由元胞（cell）、状态（state）、元胞空间（lattice）、邻域（neighbors）和规则（rule）5 部分。CA 模拟的核心是通过转换规则来决定元胞的状态变化，即 $t+1$ 时刻某元胞的状态由其 t 时刻的状态和其邻域状态所决定。可用下式表示

$$S_{t+1}=f\,(S_t,\,N) \tag{6-1}$$

式中，S 为元胞有限、离散的状态集合；N 为元胞的邻域；t 和 $t+1$ 分别为不同的

时刻；f 为局部空间内某个元胞状态的转化规则。

1. 元胞

元胞又可称为单元或基元，是元胞自动机最基本的组成部分。元胞分布在离散的一维、二维或多维欧几里得空间的晶格点上。

2. 状态

元胞具有离散、有限的状态，元胞自动机是一个动态系统，它在时间维上的变化是离散的，即时间 t 是一个整数值，而且连续等间距（周奇，2005）。假设时间间距 $dt=1$，若 $t=0$ 为初始时刻，那么 $t=1$ 为其下一时刻。同时，元胞的状态可以是 0 或 1，即 $\{0,1\}$ 的二进制形式，或是 $\{S_0,S_1,S_3,\cdots,S_n\}$ 整数形式的离散集。严格意义上，元胞上的状态只能有一个，但在实际应用中，往往将其进行了扩展。例如每个元胞可以拥有多个状态变量。本书的土地利用模拟预测是在二维元胞空间里进行的，即把土地利用空间划成统一的规则格网，每个栅格可看作一个元胞，栅格上的土地利用类型即为元胞的状态。

3. 元胞空间

元胞所分布的空间格网的集合就是元胞空间。元胞空间可以是任意维数的欧几里得空间，但主要研究的是一维和二维元胞空间。二维元胞空间的几何划分主要有 3 种，三角形网格、四边形网格和六边形网格（图 6-2）。这几种空间划分方式各有优缺点：三角形网格拥有较少的邻居模块，但计算机不便于实现；四边形网格相较直观且简单，适合计算机表达，但不能很好地模拟各向同性的现象；六边形网格可以较好地模拟各向同性的现象，但很难在计算机上表达和显示。

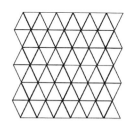
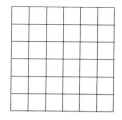
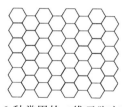

图 6-2　3 种常用的二维元胞空间结构

4. 元胞邻居

元胞邻居是指以某个元胞为中心的局部元胞空间。二维元胞自动机邻居应用较多的是冯·诺依曼（von. Neumann）型、摩尔（Moore）型以及扩展的摩尔型，如图 6-3 所示，黑色元胞是中心元胞，灰色元胞为其邻居，这样的状态组合决定了中心元胞下一时刻的状态。

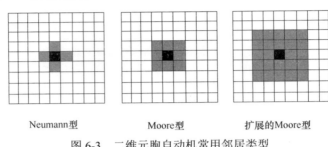

Neumann型　　　　Moore型　　　　扩展的Moore型

图 6-3　二维元胞自动机常用邻居类型

5. 规则

根据元胞当前状态及其邻居状况确定下一时刻该元胞状态的动力学函数，简单讲，就是一个状态转移函数。我们将一个元胞的所有可能状态连同负责该元胞的状态变换的规则一起称为一个变换函数。这个函数构造了一种简单的、离散的空间/时间的局部物理成分。可以记为

$$f : S_i^{t+1} = f(S_i^t, S_N^t) \tag{6-2}$$

式中，S_N^t 为 t 时刻的邻居状态组合；f 为元胞自动机的局部映射或局部规则。

CA 模型最大的优点是通过定义局部的元胞邻近关系，以及使用比较简单的作用于元胞领域上的局部转换规则，可以模拟和表示整个系统中复杂现象的时空动态变化。元胞自动机具有离散性、同步性、齐质性、局部性、时空动态性和简单性等特征，其中同步性、齐质性和局部性是元胞自动机最核心的特征。对元胞自动机进行的任何扩展都应当尽可能保留核心特征，特别是局部性特征。

然而，在实践模拟中元胞自动机作为一种动态模型，它需要不同的转换规则，不同的转换规则将会导致截然不同的预测结果，直接影响着土地利用变化模拟的结果。CA 模型难以有效地反映影响土地利用变化的社会经济环境等宏观因素，对地理现象发展的内在机制和成因理解不同。所以将 CA 模型与其他地学专业模型结合研究土地利用变化，有利于分析和模拟更加复杂的地学现象。

6.1.2　Markov 模型

马尔科夫预测方法是由苏联数学家马尔科夫（A. A. Markov）创造，它应用概

率论中的马尔科夫链理论和方法研究分析随机事件变化规律，并借此预测未来变化趋势（董璐，2015），其主要涉及以下基本概念范畴和运算原理：

（1）马尔科夫过程：在事件发展过程中，如果状态转移过程无后效性，或者说，每次状态转移都与而且只与前一时刻状态有关，则这样的过程为马尔科夫过程（陈瑞吕，2011）。

（2）状态转移概率：在事件发展过程中从某一种状态转移到下一时刻其他状态的可能性，称为状态转移概率，记为 P_{ij}。在土地利用结构预测中，其通常所指的状态就是指用地类型，如耕地、园地、草地、林地等。

（3）状态转移概率矩阵的计算：计算状态转移概率矩阵 P，即求每个状态转移到其他任何一个状态的状态转移概率 P_{ij}，其计算的基本方程为

$$P_{ij}^{(n)}=\sum_{k=1}^{n} P_{ik} P_{kj}^{(n-1)}=\sum_{k=1}^{n} P_{kj}^{(n-1)} P_{kj} \qquad (6-3)$$

$$\sum_{j=1}^{n} P_{ij}=1 \qquad (6-4)$$

式中，$0 \leqslant P_{ij} \leqslant 1$，其中 i，j 为 1，2，…，n 中的任一值；k 表示第 k 步转移概率矩阵。

Markov 模型是基于马尔科夫过程理论，而形成的预测事件发生概率的一种方法，可以根据对不同状态下的初始概率和各个状态之间的转移概率的研究，来确定各个状态的变化趋势，从而达到预测未来状态的目的。

在区域土地利用变化研究中，我们可以把这一区域的土地利用变化过程看作马尔科夫过程特定时间内的区域土地利用类型，相当于马尔科夫过程中的可能状态，它只与在之前的某一时刻的土地利用类型变化有关联，我们可以把土地利用类型之间相互转换的面积数量和比例作为状态转移概率。因此，我们对土地利用变化进行预测可以利用如下公式

$$S_{(t+1)}=P_{ij} \times S_{(t)} \qquad (6-5)$$

式中，$S_{(t)}$、$S_{(t+1)}$ 分别为 t、$t+1$ 时刻的系统状态；P_{ij} 为状态转移概率矩阵。

Markov 模型在土地利用变化预测研究中的应用是很广泛的。只有将 Markov 模型和其他模型相互结合应用到土地利用的模拟中，才能更好地发挥 Markov 模型的特点，做到取长补短。

6.2　预 测 模 型

目前，国内外已提出了一些可行的对土地利用变化的预测模型，主要有马尔科夫模型、多元统计模型、类似杜能模型和系统动力模型。各个模型根据研究方法和研究针对性的不同各有特点，鉴于前人的研究成果以及东胜区的研究现状，本书采用 CA-Markov 模型。

　　CA-Markov 模型又被称为时空马尔科夫（spatial-temporal Markov chain，STMC），它不仅仅具有 Markov 模型长期预测的优势，同时也具备了元胞自动机模拟复杂系统空间变化的能力。将 Markov 模型与 CA 模型相结合，再运用到区域土地利用研究中，便可以更好地从时间和空间两方面模拟和预测区域土地利用与土地覆盖的变化情况。

　　在土地利用/覆被的栅格图中，我们可以将每个栅格所表示的土地利用类型作为一个元胞的状态,利用 GIS 软件对转换面积的矩阵和条件概率的图像进行运算，确定元胞状态的转移情况，之后就可以开始模拟和预测某区域在特定时间内土地利用与土地覆盖格局的变化情况。其具体研究过程如下：

　　首先，将研究区内的土地利用图从矢量转换为栅格格式，使用 GIS 软件的空间叠置功能进行具体分析，得到土地类型转移的概率矩阵、转移面积的矩阵和相关的概率图像。其次，构造元胞自动机过滤器。根据距离元胞的远近情况，创建可以作用于元胞并具有显著空间意义的权重因子，以此来确定该元胞状态的改变情况。本书采用 5×5 的滤波器，也就是各个元胞周围的 25 个元胞所组成的矩阵空间对该元胞状态的改变有着非常明显的影响。确定起始时刻和 CA 的循环次数。最后，以 2014 年的土地利用格局为起始时刻，CA 的循环次数为 9，模拟出研究区在 2023 年的土地利用空间格局。

6.3　预　测　结　果

　　本书以东胜区作为研究区，以近二十几年来土地利用变化数量结构与空间格局特征为主要的研究内容，结合 Markov 模型和 CA 模型进行土地利用变化预测，揭示该区域土地利用格局变化和变化类型的特征与规律，并进一步对未来土地利用的数量和空间分布情况进行预测和分析。

　　利用 IDRISI 软件中的 Markov 模型，得出 1993 年和 2005 年两期的土地利用转移矩阵，再运用 CA-Markov 模型，预测出 2014 年的土地利用状态。将预测得出的 2014 年的土地利用状态与原有的 2014 年的土地利用状态进行比较，来测试该方法的精度，所得的 Kappa 系数为 0.48。当 0.4≤Kappa≤0.75 时，表示模拟图和实际的现状图重叠的栅格数量较多，两者的相似性较高，差异性较低，模拟精度和可信度较高，表示该方法可以投入使用。

　　运用 2005 年和 2014 年两期的土地利用转移矩阵面积文件，以 9 年为间隔，预测出 2023 年的土地利用状态（彩图 6-1）。

　　通过对上图属性表的统计、整理、计算，得出表 6-1，可以看出东胜区未来几年内仍有明显变化。具体表现为：

　　（1）在数量上，与 2014 年相比建设用地、林地和草地有所减少，减少最明显的是草地；耕地、水域用地、未利用地以及园地都有所增加，其中增加最明显的是水域用地，其次是耕地。这些变化说明东胜区有效地限制了建设用地的增长，并且将闲置的、荒废的建设用地都改变成了其他土地利用类型，比如转为耕地、未利用地等。耕地、水域用地、未利用地、园地等的增加表明东胜区更加注重生产生活和生态建设，又将闲置的、荒废的土地进行整治复垦，以便下一阶段的使用。林地和草地的减少表明东胜区不再盲目地增加林地和草地面积，进行生态环境的改善，以后的发展更加注重每个土地利用类型的协调发展，这样更加有利于促进东胜区今后的社会经济发展。

（2）在空间布局上，变化不是特别明显，东胜区地形地貌特征为地势西高东低，东部是丘陵沟壑区，西部是波状高原区，地势相对平缓，所以耕地、林地等多集中于西部，建设用地集中在区中心，中部偏东地区。东胜区未来发展的土地利用布局与现在相比变化不明显，由于受到政策和规划的影响，土地利用结构调整趋于稳定，说明相关政策和土地利用规划的实施对土地资源的可持续发展具有积极的指导作用。东胜区现在已经找到适合自己的土地利用布局，知道哪些地类在哪些区域能发挥更好的作用，以后的发展也将持续现在的空间布局，促进更高效的发展。

表 6-1　2014 年与 2023 年各土地利用类型面积比例对比

土地利用类型	2014 年面积/km²	比例/%	2023 年面积/km²	比例/%
建设用地	177.19	8.38	105.70	5.04
耕地	189.29	8.95	413.05	19.70
林地	687.76	32.55	500.60	23.88
草地	942.25	44.59	526.56	25.11
水域用地	66.76	3.16	365.17	17.42
未利用地	49.78	2.36	183.10	8.73
园地	0.21	0.01	2.54	0.12

综上所述，东胜区会向更加注重生态建设的方向发展。随着经济的发展，土地利用结构继续不断调整，但由于土地利用的特性和限制，可调整的空间和幅度都在变小，必然要求在有限的可调整范围内更加合理地配置土地资源，才可能维持土地生态系统相对的良性循环，提高土地利用最大效率和效益，实现土地资源可持续利用，同时最大限度地促进区域经济发展。

参 考 文 献

陈瑞吕，2011．计量地理学方法与应用 [M]．南京：南京大学出版社．

董璐，2015．基于 RS 和 GIS 的城市土地利用研究 [J]．城市建设理论研究（电子版），24：5279-5280．

周奇，2005．元胞自动机及其在创新扩散中的应用 [D]．大连：大连理工大学．

周嵩山，李红波，2012．元胞自动机（CA）模型在土地利用领域的研究综述 [J]．地理信息世界，5：6-10，13．

第7章 近20年景观生态变化分析

7.1 土地利用景观格局演变分析

7.1.1 土地利用景观分类与指数选取

1. 土地利用景观分类

近年来，随着经济的发展，环境问题也接踵而至，由此引发众多学者的研究，不同学者对土地利用景观类型有着不同的划分方案和研究成果。本书撰写过程中，借鉴景观异质性原理，同时结合研究区的自然地理特征，注重景观生态功能的发挥与功能区划的需要，参考了郝润梅和赵明（2006）的研究成果，确定了土地利用景观系统分类，并且完成了土地利用景观类型与土地利用类型的基数转换工作，见表7-1。

表 7-1 鄂尔多斯市东胜区土地利用景观类型与土地利用类型对照转换表

景观类型			土地利用分类系统 （二调分类系统）
一级		二级	二级
1 林地景观	乔木林景观	山地针、阔叶林景观	有林地
		平原针、阔叶林景观	有林地
		丘陵针、阔叶林景观	有林地
	灌木林景观	山地灌木林景观	灌木林地
		平原灌木林景观	灌木林地
		丘陵灌木林景观	灌木林地
2 草原景观		石质低山丘陵草原景观	天然草地、人工草地、荒草地
		黄土丘陵草原景观	天然草地、人工草地、荒草地
		山地灌丛草原景观	天然草地、人工草地、荒草地
		平原草原景观	天然草地、人工草地、荒草地
3 水域及湿地景观		河流湖泊水面景观	河流、湖泊、水库
		河岸湖滨湿草甸、沼泽景观	滩涂、沼泽
4 裸地景观		盐碱地	盐碱地
		沙地景观、裸岩景观	沙地、裸岩等
5 农田景观		农田景观	耕地及其上的沟渠、道路、田坎等
6 人工林景观		果园、苗圃等人工景观	果园、苗圃、其他人工林地
7 城乡建筑景观		城市、城镇景观	城镇用地
		乡村居民点景观	农村居民点用地
		工矿景观	工矿用地、特殊用地

注：土地利用类型中的交通用地等线状用地类型归并到所在的景观类型图斑中。

2. 土地利用景观格局指数选取

土地利用景观格局演变是在环境异常变迁与人类活动强烈干扰相互作用下的产物（王丽娟，2009），想要实现景观格局的量化分析，用简洁明了的数学方法刻画繁杂的演变进程。景观格局指数（landscape metrics）的产生恰逢其时，本书主要对土地利用景观的类型级别水平和景观级别水平进行剖析，选取以下较成熟的景观格局指数，见表 7-2。

表 7-2　研究选用的景观指数介绍表

景观指数名称	简称	单位	意义	表达式
斑块数量	NP	个	用以衡量景观破碎化程度，值越大，破碎度越高，值域范围：$NP \geqslant 1$，上限无限制	$NP = n_i$
平均斑块面积	MPS	hm²/个	表征景观破碎化程度，值越小，景观破碎化程度越大	$MPS = \dfrac{1}{N} \sum\limits_{j=1}^{N_i} A_{ij}$
斑块类型面积	CA	hm²	表征景观类型的构成特性，在一定程度上显示景观破碎化程度	$CA = \sum\limits_{j=1}^{n} a_h \times \dfrac{1}{10\,000}$
斑块面积百分比	PLAND	%	用以衡量景观中优势景观元素的指标之一，是决定景观中生物的多样性、优势物种等的重要指标	$PLAND = p_i \sum\limits_{j=1}^{n} a_{ij} / A \times 100$
斑块密度	PD	个/hm²	单位面积上的斑块数目，表征景观的破碎化程度与景观异质性程度	$PD = \dfrac{\sum n_i}{A}$
边界密度	ED	m/hm²	衡量景观被类型边界分割的程度，是景观破碎化程度的直接表征指标	$ED = \sum\limits_{k=1}^{m} e_{ik} / A \times 10\,000$
最大斑块指数	LPI	%	景观中最大斑块的面积与景观总面积的比例	$LPI = \dfrac{\max(a_{ij})}{CA}$
相似邻接比	PLADJ	%	值越大，表明该类型景观在空间上分布越连续；相反，值越小，表明该类型景观类型在空间上分布越不连续	$PLADJ = \left(\dfrac{g_{ii}}{\sum\limits_{k=1}^{m} g_{ik}} \right) \times 100$
景观形状指数	LSI	—	主要表征景观中斑块形状的复杂程度，值越大，表明在景观中不同斑块类型的聚合程度越低	$LSI = \dfrac{E_i}{MIN(E_i)}$
多样性指数	SHDI	—	表征区域内不同景观类型空间分布的均匀或复杂程度，值域范围：$SHDI \geqslant 0$	$SHDI = -\sum\limits_{i=1}^{m} (p_i \times \ln p_i)$
均匀度指数	SHEI	—	反映景观里不同景观类型的均匀程度，值趋近 1 时，表明优势度低，各斑块类型在景观中空间分布均匀，值域范围：$0 \leqslant SHEI \leqslant 1$	$SHEI = \dfrac{-\sum\limits_{i=1}^{m} (p_i \times \ln p_i)}{\ln m}$

景观指数名称	简称	单位	意义	表达式
斑块面积变异系数	AREA_CV	—	斑块面积的标准差与平均面积的比值,值域范围:$AREA\_CV \geqslant 0$	$AREA\_CV = \dfrac{\sqrt{N_i \times \sum\limits_{j=1}^{n}\left(a_j - \dfrac{A_i}{N_i}\right)}}{A_i \times 10^6}$
蔓延度指数	CONTAG	%	表征景观中不同类型景观的团聚程度,值域范围:$0 \leqslant CONTAG \leqslant 100$	$CONTAG$ $=100+\left[100\sum\limits_{i=1}^{m}\sum\limits_{k=1}^{m} p_i\left(gik \Big/ \sum\limits_{k=1}^{m} gik\right)\right.$ $\left.\ln p_i\left(gik \Big/ \sum\limits_{k=1}^{m} gik\right)\right]/2\ln m$
聚合度指数	AI	%	表征景观中不同景观要素的团聚集合程度,表明景观要素在景观中的互相分散程度,取值范围:$0 \leqslant AI \leqslant 100$	$AI = \left[\sum\limits_{i=1}^{m}\left(\dfrac{gij}{\max(gij)}\right) p_i\right] \times 100$
连接度指数	COHESION	%	用以说明景观类型的空间连通程度,值越大,表明景观的空间连通程度越高	$COHESION$ $=\left[1 - \sum\limits_{j=1}^{n} p_{ij} \Big/ \sum\limits_{j=1}^{n} p_{ij}\sqrt{a_{ij}}\right]$ $\times\left[1-1\sqrt{A}\right]^{-1} \times 100$
散布与并列指数	IJI	%	表征不同景观类型斑块的互相混置程度,值域范围:$0 \leqslant IJI \leqslant 100$	$IJI = -\sum\limits_{i=1}^{m}\sum\limits_{k=i+1}^{m}\left[\left(\dfrac{e_{ik}}{E}\right) \times \left(\dfrac{e_{ik}}{E}\right)\right]$ $\times 100/\ln(0.5[m(m+1)])$

7.1.2　景观类型尺度的格局变化分析

1.　景观类型面积变化分析

从 1993 年、2005 年、2014 年 3 期东胜区景观类型分布图(彩图 7-1、彩图 7-2 和彩图 7-3)中可以看出,在研究期内该地区的主要景观类型发生了显著变化,1993 年、2005 年以草原景观和农田景观为主,2014 年以林地景观和草原景观为主。综合彩图 7-1、彩图 7-2 和彩图 7-3 所示,1993 年、2005 年两个研究期内农田景观主要分布在该区中东部,草原景观则均匀分布;2014 年林地景观的分布范围在西部显著增加,草原景观仍然均匀分布,但覆盖度明显下降。将彩图 7-1、彩图 7-2、彩图 7-3 和表 7-3 结合分析,可以发现,在研究期内,林地景观、农田景观和城乡建筑景观面积变化最为显著。

由表 7-3 可以看出,1993~2014 年,研究区的景观类型发生了复杂的相互转移。其中,草原景观在 3 个时期的面积分别为 121 291.86hm²、80 820.07hm² 和 95 432.04hm²,面积比分别为 56.68%、37.77%和 44.59%,由此可见,该区的草原景观一直居于支配地位。至 2014 年,林地景观和草原景观的面积占总面积的 72.85%,其余景观类型面积比均在 10%以下,依面积从大至小依次为草原景观、林地景观、农田景观、城乡建筑景观、人工林景观、水域及湿地景观和裸地景观。与研究初期相比,林地景观和城乡建筑景观的面积比大幅度增加,从 8.78%和 2.46%增加至 28.26%和 8.82%;草原景观和农田景观的面积比大幅度减小,从 56.68%和23.75 减少至 44.59%和 9.04%。由 1993~2014 年景观类型转移矩阵表(表 7-4)可知,研究期内景观类型的变化主要集中在林地、农田、草原和城乡建筑 4 类景观上,有大量的草原景观转变为城乡建筑景观和林地景观,分别占现有城乡建筑景观和林地景观面积的 40.69%和 52.49%,而现有城乡建筑景观面积的 77.85%来自农田景观和草原景观的转化。可见,在土地城镇化的进程中,景观受到人类的强烈干扰,耕地和草场被吞噬,同时部分草场被开垦为耕地,用来弥补农田的丧失。

表 7-3　不同时段景观类型面积及其面积比

景观类型	面积/hm²			面积比/%		
	1993 年	2005 年	2014 年	1993 年	2005 年	2014 年
林地景观	18 780.37	34 005.88	60 471.61	8.78	15.89	28.26
草原景观	121 291.86	80 820.07	95 432.04	56.68	37.77	44.59
水域及湿地景观	10 142.96	7 158.75	5 648.85	4.74	3.35	2.64
裸地景观	3 130.51	10 264.05	5 043.67	1.46	4.80	2.36
农田景观	50 818.02	59 839.45	19 350.02	23.75	27.96	9.04
人工林景观	4 587.29	14 723.12	9 189.78	2.14	6.88	4.29
城乡建筑景观	5 254.20	7 193.90	18 869.25	2.46	3.36	8.82
合计	214 005.21	214 005.21	214 005.21	100	100	100

表 7-4　1993~2014 年景观类型转移矩阵表　(单位:$1 \times 10^2 hm^2$)

土地利用类型	草原景观	城乡建筑景观	林地景观	裸地景观	农田景观	人工林景观	水域及湿地景观
草原景观	0.19	17.35	34.88	14.28	183.36	10.98	33.36
城乡建筑景观	76.78	15.70	8.70	2.92	70.12	4.28	7.97
林地景观	317.40	10.83	126.86	8.15	97.96	16.47	19.70
裸地景观	30.05	0.56	1.30	4.63	8.05	1.82	3.39
农田景观	53.63	6.05	9.89	0.31	115.64	1.68	3.97
人工林景观	53.77	1.24	2.18	0.34	21.63	9.03	2.66
水域及湿地景观	16.25	0.47	2.49	0.41	7.26	0.86	28.04

1)草原景观格局变化分析

草原景观是东胜区的重要景观类型,面积接近研究区总面积的一半。由表 7-3、表 7-5 看出,草原景观面积由 1993 年的 121 291.86hm² 下降到 2014 年的 95 432.04hm²,

斑块面积百分比下降了 12.09%，斑块数量和斑块密度成倍增加，但斑块面积变异指数却大幅下降，说明斑块间的差异性减少。边缘密度和景观形状指数均增加，表明林地景观在研究期内形状变得复杂且不规则，受到强烈的外界干扰，尤其是人为干扰，表明该区域对草原景观的规划利用不太合理。最大斑块指数下降，表明草原景观的优势度下降，相似邻接比和聚集度指数下降，表明草原景观的分布更加分散，斑块之间的连接度降低。草原景观格局的变化，可能是因为城市总体布局调整和发展方向的变化，使原有草地大部分转变为城乡建筑景观和农田景观及人工林景观，而现有草原景观又大部分来自农田景观的转化（表 7-4），使得草原景观被分割严重，破碎度增加，连通性下降。

表 7-5　类型尺度景观格局指数表

景观类型	年份	CA 斑块类型面积	PLAND 斑块面积百分比	NP 斑块数量	PD 斑块密度	AREA_CV 斑块面积变异系数	LPI 最大斑块指数
林地景观	1993	18 780.37	8.78	7 104	3.34	869.00	0.46
	2005	34 005.88	15.89	11 678	5.48	1 851.58	2.10
	2014	60 471.61	28.26	14 111	6.68	937.90	1.06
草原景观	1993	121 291.86	56.68	8 284	3.89	4 031.77	22.16
	2005	80 820.07	37.77	12 177	5.71	2 627.21	6.84
	2014	95 432.04	44.59	16 012	7.58	2 654.07	7.77
水域及湿地景观	1993	10 142.96	4.74	6 605	3.10	1 820.00	0.59
	2005	7 158.75	3.35	4 216	1.98	865.48	0.23
	2014	5 648.85	2.64	7 916	3.75	808.87	0.11
裸地景观	1993	3 130.51	1.46	1 773	0.83	334.22	0.05
	2005	10 264.05	4.80	2 259	1.06	1 326.23	1.14
	2014	5 043.67	2.36	3 139	1.49	520.09	0.13
农田景观	1993	50 818.02	23.75	19 176	9.01	1 371.25	1.38
	2005	59 839.45	27.96	16 929	7.94	1 380.86	1.54
	2014	19 350.02	9.04	17 123	8.10	421.64	0.07
人工林景观	1993	4 587.29	2.14	2 042	0.96	601.00	0.20
	2005	14 723.12	6.88	3 618	1.70	1 204.63	1.00
	2014	9 189.78	4.29	3 254	1.54	513.29	0.17
城乡建筑景观	1993	5 254.20	2.46	6 750	3.17	1 755.21	0.44
	2005	7 193.90	3.36	7 221	3.39	2 947.14	1.14
	2014	18 869.25	8.82	9 964	4.72	5 125.54	4.44

2）林地景观格局变化分析

研究期越接近当前，林地景观越成为研究区的主要景观之一，2014 年林地景观的面积比达到 28.26%。从表 7-3 看出，林地景观面积由 1993 年的 18 780.37hm^2 变化为 2005 年的 34 005.88hm^2 再到 2014 年的 60 471.61hm^2，增加面积为研究初期的 2.22 倍，年增长率 10.57%。其斑块数量、斑块密度均有所增加，同时斑块面积变异系数由 869.00 增加到 937.90，斑块离散程度增加；最大斑块指数的增加表明该景观结构相对简单；边缘密度和景观形状指数的大幅增加表明在研究期内林地景观的形状变得更为复杂，一方面说明该区域进行了大量的植树造林，但是对林地景观的规划利用还不够合理；另一方面说明林地景观受到了强烈的外界干扰，其中人类活动的干扰最严重。相似邻接比指数和聚集度指数基本保持不变，说明林地景观的空间联系度和分散性基本保持研究初期的状态。散布与并列指数有所减少，说明林地景观对其他类型景观的依靠度下降。斑块连接度指数增加，说明斑块数量增加，空间连通度增强。

3）农田景观格局变化分析

农田景观是极其重要的景观类型，是粮食安全的重要保障。研究期内，农田景观的变更主要集中在城乡建设用地景观周围，表现为面积大幅减少，从 50 818.02hm^2 增加到 59 839.45hm^2 再下降到 19 350.02hm^2，面积以年均 2.95% 的减少率逐年锐减，从图 7-1、图 7-2 和图 7-3 可以看出，农田减少的主要原因是城市的扩张，吞噬了大量周边农田。同时，该景观整体分布也发生了显著变化，从最初的全域均匀分布到东部区分散分布再到西部区零星分布。与此同时，面积变异指数下降说明斑块间的差异性减小，离散程度降低。斑块数和斑块密度下降不明显，最大斑块指数由 1.38 下降到 0.07，大幅度的下降说明农田景观的优势度已不复存在。边缘密度由 58.43 下降到 35.84，说明在人类的利用改造下，农田景观形状变得规整。相似邻接比、聚合度指数和斑块连接度指数均下降，说明斑块的空间连接度减弱，分散分布严重。

4）城乡建筑景观格局变化分析

由表 7-3 可知，城乡建筑景观由 1993 年的 5254.20hm^2 增加到 2005 年的 7193.90hm^2 再到 2014 年的 18 869.25hm^2，年均增长率 12.34%。斑块数量和斑块密度都有所增加，说明研究区的城镇建设用地面积在研究期内不断扩张，逐渐吞噬城镇附近零星分布的农村居民点，景观破碎度增加。同时，斑块面积变异指数近 3 倍增长，说明该景观形状变化较大，趋于复杂。最大斑块指数从 0.44 增加到 4.44，说明城乡建设用地在整个景观中发挥的作用越来越大，景观优势度相应增加。景观形状指数略有降低，说明景观破碎化程度有所降低。相似邻接比、散布与并列指数、连接度指数和集聚度指数均增加，说明建设用地越发聚合连片，趋向于聚团扩张。景观斑块的空间连通性加强，说明研究区受人类活动（对城镇用地的管制规划等措施的实施）影响，使得城镇在扩张的同时吸纳了周边居民点，景观分布集中连片，斑块面积增加，也使得该景观类型的形状更加规整。

　　5）人工林、裸地和水域及湿地景观格局变化分析

　　人工林景观在研究期内呈现先增加后减少的态势，整体表现为面积增加，由表 7-4 可知现有人工林面积的 59.19% 来自草原的转化。斑块密度和斑块数量均增加，说明部分原有大块的草原被分割转变为零星小块的人工林，景观破碎度增加。同时，斑块面积变异系数的下降，说明该景观类型的形状变得规整，规模变异程度减小。最大斑块指数稍微降低，说明本来就不占优势的人工林景观的优势度进一步降低。斑块邻接比和散布与并列指数下降，说明该景观类型斑块分布分散，空间连接性减弱。景观形状指数增加，说明受人类干扰严重，形状更加复杂，可见在研究期内农民或牧民种植果园、苗圃等经济林的积极性增强，导致草原遭到大面积的开垦。

　　裸地景观的面积由 1993 年的 3130.51hm^2 增加到 2005 年的 10 264.05hm^2 再降低到 2014 年的 5043.67hm^2，斑块数量和斑块密度近 1.8 倍增加，面积变异指数增加近 1.6 倍，说明景观破碎度增加，面积大小均匀，面积离散程度减小。边缘密度和景观形状指数均下降，说明该景观类型斑块更加规整。相似邻接比、斑块连接度指数和聚集度指数均略有上升，说明斑块分布变得集聚，斑块连接性增加，景观的空间连通度增强。

　　由表 7-3 可知，水域及湿地景观面积减小，斑块密度保持不变，斑块数量却增加，说明景观破碎度增加。面积变异系数变低，斑块较为均为，离散程度降低，最大斑块指数显著降低，说明没有处于绝对主导地位的大斑块。景观形状指数降低、边缘密度变小，说明斑块形状更加规整。相似邻接比、散布与并列指数、连接度指数和聚集度指数均下降，说明斑块分布分散、连接性减弱。由表 7-4 可知，水域湿地在研究期内大量转变为草原和人工林，这些变化首先可能与人类活动密切相关，其次也可能与气候变化有关。

2. 格局指数类型特征变化分析

　　1993～2014 年，东胜区各景观类型发生了复杂的变化，但仔细观察景观要素类型的格局特征，还是有共同之处可寻。

　　1）斑块面积、数量特征（各类景观面积变化趋势不一，斑块密度、面积变异指数均呈增加态势）

　　从图 7-1 和图 7-2 可以看出，1993 年、2005 年和 2014 年各景观类型的斑块密度变化基本是一致的，其中农田景观的斑块密度最大，其次是草原景观，说明这两类景观受人类活动影响最为严重，与其他景观类型相比，破碎化程度较高。城乡建筑景观的面积变异指数最大，说明该景观的斑块面积大小差异较大，中心城区面积大，近郊周围的居民点面积较小；其次为草原景观，而最小的为裸地景观，说明裸地面积虽然小但分布较为均匀，同时水域及湿地景观、农田景观和人工林景观的面积变异指数也较小，说明研究期内在人为的利用规划下，这几类景

观的分布相对较均匀。总体而言，农田景观和城乡建筑景观的斑块密度和面积变异指数比其他景观大，说明农田景观和城乡建筑景观的规划利用有待优化。

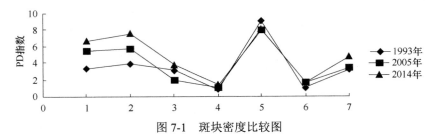

图 7-1　斑块密度比较图

注：图中的横坐标1、2、3、4、5、6、7分别代表林地景观、草原景观、
水域及湿地景观、裸地景观、农田景观、人工林景观、城乡建筑景观。

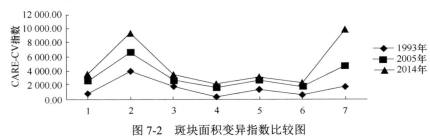

图 7-2　斑块面积变异指数比较图

注：图中的横坐标1、2、3、4、5、6、7分别代表林地景观、草原景观、
水域及湿地景观、裸地景观、农田景观、人工林景观、城乡建筑景观。

2）斑块形状特征（草原、农田景观形状变得复杂，水域及湿地和裸地景观基本维持原状，其他景观类型变化程度居中）

如图 7-3 和图 7-4 所示，各景观类型中草原景观和农田景观的边缘密度和面积变异指数最大，说明这两类景观形状复杂，受人为因素干扰严重，而水域及湿地景观和裸地景观的边缘密度较小，说明这两类景观受人为因素干扰较小，其他类型受人为因素影响则居中。可见景观边缘密度和面积变异指数相关性较大，变化态势基本一致。

3）斑块聚集散布特征（各类景观在研究期内整体上呈现先聚集后分散的特征）

如图 7-5 和图 7-6 所示，1993～2005 年，各土地利用景观的散布与并列指数和聚集度指数都呈现增长态势，2005～2014 年，又呈现下降态势，整个研究期内表现为先大幅升高后大幅下降的状态，反映出不同景观类型斑块的相似邻接比减小，相似景观斑块间的密集度有所增加。景观的分布均匀度和多样化程度下降，具体表现为各景观斑块间的联系较少，景观通达度降低。

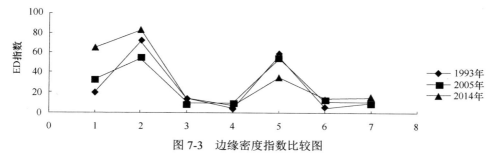

图 7-3　边缘密度指数比较图

注：图中的横坐标 1、2、3、4、5、6、7 分别代表林地景观、草原景观、
水域及湿地景观、裸地景观、农田景观、人工林景观、城乡建筑景观。

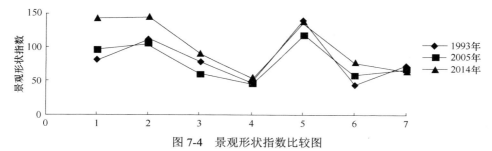

图 7-4　景观形状指数比较图

注：图中的横坐标 1、2、3、4、5、6、7 分别代表林地景观、草原景观、
水域及湿地景观、裸地景观、农田景观、人工林景观、城乡建筑景观。

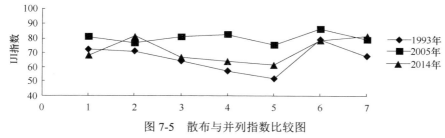

图 7-5　散布与并列指数比较图

注：图中的横坐标 1、2、3、4、5、6、7 分别代表林地景观、草原景观、
水域及湿地景观、裸地景观、农田景观、人工林景观、城乡建筑景观。

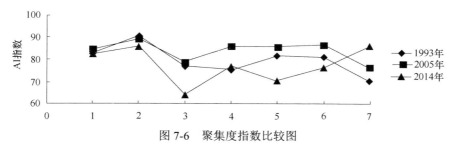

图 7-6　聚集度指数比较图

注：图中的横坐标 1、2、3、4、5、6、7 分别代表林地景观、草原景观、
水域及湿地景观、裸地景观、农田景观、人工林景观、城乡建筑景观。

7.1.3　景观尺度的格局变化分析

由表 7-6 可知,在研究期内,东胜区的景观斑块个数从 51 734 块增加到 71 519 块,增加近 2 万块,斑块的密度从 24.30 增加到 33.84,说明景观破碎度增加。最大斑块指数显著减少,说明在景观中面积占绝对优势的斑块变少。草原景观的面积百分比下降,而城乡建筑景观和林地景观的面积百分比显著增大,说明草原景观对整体景观的控制作用被其他景观类型逐渐削弱,整体景观结构逐渐复杂。边缘密度和景观形状指数均增加,说明景观类型受到多种强烈干扰,斑块形状趋于复杂。面积变异指数明显降低,说明景观中斑块间的面积值差异度缩小、离散程度降低,景观中斑块大小均匀。散布与并列、指数蔓延度指数、相似邻接比和聚集度指数都呈现下降态势,说明景观要素在研究期内空间布局零散不均匀,连接性降低,斑块分布零落,其他几种斑块的优势度显著增强只是原优势景观斑块的比例明显下降。斑块结合度在研究期内变化不大。香农均匀度增加和香农多样性指数增加,说明景观异质性程度和景观多样性水平都显著增加,同时说明研究期内人类利用土地朝着均匀多样的态势发展,主要是由于草原景观的减少和林地景观、城乡建筑景观的增加使得各景观类型面积比例趋于均衡所导致。

表 7-6　景观尺度格局指数表

年份	*TA*	*NP*	*PD*	*LPI*	*ED*	*LSI*	*AREA_CV*
	景观面积/hm²	斑块数量/个	斑块密度/(个/hm²)	最大斑块指数/%	边界密度/(m²/hm²)	景观形状指数	斑块面积变异系数
1993	214 005.21	51 734	24.30	22.16	92.66	109.09	5 746.98
2005	214 005.21	58 098	27.26	6.842	91.76	108.32	2 438.50
2014	214 005.21	71 519	33.84	7.77	117.25	136.91	2 847.33
年份	*CONTAG*	*PLADJ*	*IJI*	*COHESION*	*SHDI*	*SHEI*	*AI*
	蔓延度指数/%	相似邻接比/%	散布与并列指数/%	连接度指数/%	多样性指数	均匀度指数	聚合度指数/%
1993	53.54	85.96	65.18	99.37	1.26	0.65	86.08
2005	44.39	86.08	78.26	98.41	1.57	0.81	86.21
2014	44.67	82.27	73.45	98.25	1.47	0.75	82.39

7.2　土地利用景观生态安全格局构建研究

7.2.1　土地利用景观空间布局优化

1. 土地利用景观现状格局评价

1)确定"源点"

MCR 模型中"源点"是物种突破各阻力单元向外扩散的出发点(陈利顶等,

2006）。本书将其定义为某种土地利用景观类型通过面积扩张来吞噬另一种土地利用景观类型的出发点，1993～2005 年和 2005～2014 年土地利用景观类型图中提取的景观类型维持不变的草原、林地、农田和城乡建筑景观栅格作为"源点"，其中城乡建筑用地参考现状用地稍做修改。

2）确定阻力系数

物质运动经过某一单元时受到的阻力大小由该单元的阻力系数和运动距离共同决定，在阻力单元内部，阻力系数是一个固定数值，而运动距离随着运动发生改变。所以阻力系数的确定，关系着研究成果的科学性、合理性和可操作性，然而，目前并没有公认的方法和模型来确定阻力系数。本书大量参考和借鉴前人研究经验（景观类型的生态功能越高，物质和能量在其中循环移动受到的阻力越小，流动越容易，能量损耗越小，阻力系数就越小），具体赋值见表 7-7。

表 7-7　阻力因子指标体系

一级指标	重要性系数	二级指标	系数	阻力级别				
				1 级	2 级	3 级	4 级	5 级
自然因素	0.75	地貌类型	0.100	波状高原区	丘陵沟壑区	—	—	—
		侵蚀程度	0.100	轻度	中度	重度	极重度	—
		景观类型	0.220	草原景观	农田景观、人工林景观	林地景观、水域及湿地景观	裸地景观	城乡建筑景观
		土壤类型	0.100	栗钙土	潮土	风沙土	沼泽土	粗骨土
		降水	0.080	400.200	325.800	—	—	—
		坡度	0.150	0～8	8～15	15～25	25～35	35～90
社会经济因素	0.25	距国、省道距离/km	0.025	0～2	2～4	4～8	>8	
		距铁路距离/km	0.025	0～0.5	0.5～1.5	1.5～3	3～4	>4
		距城镇距离/km	0.200	0～1	2～3	3～5	5～8	>8

根据 MCR 的计算结果，生成综合累计阻力值与栅格数关系图，之后对关系图中数据突变区域进行识别。本书借鉴其他学者的研究成果和成功经验，认为关系图中的突变值就是阻力因子控制景观安全格局动态变化的临界值，在突变值的附近，景观安全状态的每次微弱变化都会引起阻力值的剧烈波动。因此，根据这些突变值，可以判别景观安全格局的边界，进而实现对景观安全格局的识别。

3）生成阻力面

最小累积阻力模型是指从源地穿越不同景观所耗损的能量累计之和（Knaapen et al.，1992）。本书将阻力面定义为各类景观在扩散过程中受到的阻力，同时综合考虑自然（地貌类型、坡度和降水等）和社会经济因素以反映景观的动态变化趋势，并细化到 30m×30m 的栅格，利用 ArcGIS 中的 Buffer、Cost-distance 和 Raster calculator 等工具，得到农田景观、林地景观、草原景观和城乡建筑景观的综合阻力面。在 ArcGIS 中 Reclassify 下用 Standard deviation（标准差分类法）将 4 种景观类型综合阻力面进行分区，分为安全区、中度安全区、临界安全区和不安全区 4 类，现状土地利用景观格局安全评价结果为从全域范围看，安全区集中分布在东部地区，西部和中部地区也稍有分布；中度安全区和临界安全区面积不多，但在全域均有分布；不安全区主要集中分布于中部地区。

2. 土地利用景观生态适宜性评价

土地自身条件与利用类型的匹配程度研究称为土地适宜性评价（Meng，2011），评价结果往往用来指导土地利用规划和土地资源优化配置。根据研究区的实际情况和资料的可获得性，选取土壤类型、土壤有机质、土壤侵蚀、坡度和水资源（降水和地下水）作为评价指标；选用三级制评价系统，即土地适宜类（宜耕景观、宜林景观和宜草景观）、土地适宜等（高度适宜等、中度适宜等、临界适宜等和不适宜等）和土地限制型（在土地适宜等内按其限制因素进一步划分），见表 7-8。

表 7-8　坡度分级标准表

指标	分级标准	适宜等		
		宜耕景观	宜林景观	宜草景观
坡度	<7	1	1	1
	7~15	2	1	1
	15~25	3	2	2
	25~30	4	2	3
	>30	4	3	4

注："1"为高度适宜，"2"为中度适宜，"3"为临界适宜，"4"为不适宜。

将坡度指标、土壤类型指标和土壤有机质指标的矢量图层分别转化为栅格图层，并将三者叠加，以每一栅格对应的最大值作为该栅格的适宜性等级；在农牧交错带，灌溉保证率（即水资源）往往是发展农业和牧业的主要限制因素，将全区灌溉条件等级栅格图中的 I 级作为宜耕景观、宜林景观和宜草景观的高度适宜等级；将土壤侵蚀栅格图叠加到上述成果图上，如果土壤侵蚀因子对某用地类型影响不大，那么栅格的适宜性等级不改变，如果土壤侵蚀因子为某用地类型的限制因子，那么栅格为不适宜等。

利用 ArcGIS 软件对各用地类型适宜性等级成果进行栅格统计，农田景观中高度适宜等、中度适宜等、临界适宜等和不适宜等的栅格数分别为 470 410 个、217 538 个、134 331 个和 1 524 753 个，占总数的 20.04%、9.27%、5.72% 和 64.97%。合理的农田景观利用（高度适宜和中度适宜等）集中分布在东胜区万利镇东部、泊江海子乡中部和东部的水分条件较好、灌溉保证率较高、有效土层较厚的沟谷阶地；林地景观中高度适宜等、中度适宜等、临界适宜等和不适宜等的栅格数分别为 767 321 个、751 204 个、596 239 个和 232 269 个，占总数的 32.69%、32.01%、25.40%和 9.90%。合理利用主要分布在万利镇东部、布日都镇西南部、泊江海子乡中东部和柴登乡西部的具有一定水分条件、土壤肥力一般的区域；草原景观中高度适宜等、中度适宜等、临界适宜等和不适宜等的栅格数分别为 763 640 个、646 394 个、708 410 个和 228 588 个，占总数的 32.54%、27.54%、30.18%和 9.74%。合理利用主要分布在万利镇、中心城区、布日都镇、泊江海子乡、柴登乡的全域以及罕台镇的西南部。

7.2.2　基于多目标模型的数量结构优化

选取农田景观（X_1）、林地景观（X_2）、草原景观（X_3）、水域及湿地景观（X_4）、城乡建筑景观（X_5）和未利用地景观（X_6）作为决策的变量。

经济可持续发展目标函数为

$$f_1 = \max(L) \tag{7-1}$$

$$L = \sum_{i=1}^{6} C_i X_i \tag{7-2}$$

式中，L 为各种用地景观类型获得的经济价值总和；C_i 为 i 类景观类型的单位产值系数，为该类景观产值与相应的用地规模比值。

现状土地资源得到充分利用，最大化的实现效益，使经济实现可持续发展。

公式（7-1）可转化为如下函数

$$f_1 = 117.9X_1 + 7.35X_2 + 6.05X_3 + 2.35X_4 + 6755.3X_5 + X_6 \tag{7-3}$$

生态可持续发展目标函数为

$$f_2 = \max(T) \tag{7-4}$$

$$E = \sum_{i=1}^{6} e_i X_i \tag{7-5}$$

式中，T 为各景观类型的生态安全指数和；e_i 为 i 景观类型的生态安全指数值。

土地可持续发展是指在其为人类源源不断提供物质产品的同时，自身系统也能够保持健康稳定发展。生态可持续发展目标函数要求生态安全指数 e_i 达到最大值，公式（7-4）可转化为如下函数

$$f_2 = 59.7X_1 + 64.3X_2 + 65.5X_3 + 66.3X_4 + 61.9X_5 + 62.1X_6 \tag{7-6}$$

变量 X_1（农田景观）的约束条件：耕地红线是我国确定的耕地垦殖面积的最低限制值，2009 年国土资源部提出"保经济增长、保耕地红线"，根据耕地红线计算出人均耕地红线 1.32 亩（880m²）。收集 1993～2014 年的人口数据，进行多项式关系分析，预测出 2020 年东胜区人口为 255 893 人，再结合人均耕地红线计算出 2020 年东胜区耕地红线（22 518.58hm²），另外根据农田景观生态适宜性评价结果可知，农田景观总面积不宜超过研究区内高度适宜等和中度适宜等的面积和（61 915.32hm²）。

变量 X_2（林地景观）的约束条件：2020 年的林地景观面积应小于生态适宜性评价中高度适宜等和中度适宜等的面积和（1366.67hm²），且应大于等于现状林地景观面积（60 471.61hm²）。

变量 X_3（草原景观）的约束条件：收集 1993～2014 年研究区的牲畜存栏羊单位数据，根据其多年变化趋势和变化规律，预测 2020 年存栏羊单位为 104 789 个，又查阅资料得暖季每羊单位需草原景观面积为 14.21×666.7m²，故 2020 年草原景观面积应大于 99 275.08hm²，应小于草原景观适宜性评价中高度适宜等、中度适宜等和临界适宜等的面积和（130 629.96hm²）。

变量 X_4（水域及湿地景观）的约束条件：水域与湿地具有重要的生态景观功能，如保持水土、涵养水源和调解小气候等。要想保障生态可持续发展，必须实现水域及湿地景观面积不少于现状景观面积，到 2020 年该类景观面积应至少保持现状。

变量 X_5（城乡建筑景观）的约束条件：城乡建筑景观的功能主要体现在公共环境和人类活动两方面，主要有生产、服务、管理、集散和创新等功能，查阅《东胜区土地利用总体规划（2009—2020 年）》得知规划目标年（2020 年）建设用地总规模是 20 139hm²。

变量 X_6（未利用地景观）的约束条件：未利用地景观是指现状利用或难以利用的土地，一般需要合理的整治才能实现可持续利用。结合现状土地利用景观，依据生态适宜性评价结果，未利用地景观面积应不小于草原景观和林地景观不适宜等的面积和（41 477.13hm²）。

借鉴前人研究成果，经济可持续发展目标和生态可持续发展目标的权重各取 0.5，运用极差标准化公式将各系数统一量纲、减小误差，再借助 Lindo 软件编写程序求得模型的非劣解（图 7-7）。

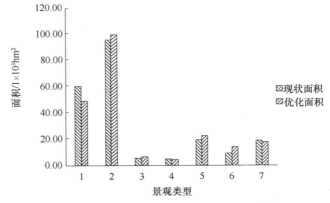

图 7-7　东胜区优化面积和现状面积对比图

注：图中"1"代表林地景观，"2"代表草原景观，"3"代表水域及湿地景观，"4"代表裸地景观，"5"代表农田景观，"6"代表人工林景观，"7"代表城乡建筑景观。

分析图 7-7 可知，多目标优化结果与 2014 年现状相比，2020 年的林地景观面积减少显著，减少了现状的 18.60%；水域及湿地景观、农田景观和人工林景观面积增加明显，分别为现状的 15.23%、16.37% 和 52.29%。其中人工林景观面积增加显著，主要原因可能是在多目标优化模型中缺少对于人工林景观的约束条件，使得优化人工林景观面积取值较大；草原景观和城乡建筑景观面积变化呈相反趋势，分别为增加 4.03% 和减少 4.56%。优化后 2020 年经济产值为 72.46 亿元，较现状明显增加。优化后，土地利用景观的生态安全水平显著增加，水域及湿地景观面积增加，与用水量较高的农田、人工林和城乡建筑景观面积的增加有直接关系。

7.2.3　土地利用景观格局调整原则

本书基于土地利用景观格局变化分析、现状景观安全格局评价、景观生态适宜性评价和多目标优化模型等研究结果，借助 ArcGIS 软件实现经济和生态可持续发展目标支撑下的土地利用景观生态安全格局构建。

农田景观调整：以景观生态安全评价和景观生态适宜性评价结果为依据，现状为农田景观且处于生态安全区或中度安全区，适宜性等级为高度适宜和中度适宜的图斑保持不变。现状为农田景观且处于临界安全区或不安全区，适宜性等级为临界适宜或不适宜，但宜林景观适宜等级为高度适宜或中度适宜的图斑应该调整为林地景观，贯彻退耕还林政策；若宜林景观适宜性等级为临界适宜或不适宜则应该调整为草原景观，贯彻退耕还草政策。如果经以上调整后，农田景观仍然未达到优化解，那么把现状为未利用地景观的图斑和宜农景观适宜性为高度适宜或中度适宜的图斑也调入农田景观（调整时高度适宜等级优先）。

林地景观调整：现状为林地景观且处于生态安全区或中度安全区，适宜性等级为高度适宜或者中度适宜的图斑保持不变；现状为农田景观且处于临界安全区或不安全区，但是宜林景观适宜性等级为高度适宜或中度适宜的图斑调整为林地景观；现状为未利用状态，宜林景观适宜性等级为高度适宜、中度适宜或临界适宜的图斑，优先调整为农田景观，满足农田景观面积要求后，剩余图斑调整为林地景观。当农田景观调整之后的面积大于优化解时，多余部分全部调整为林地景观。

草原景观调整：现状为草原景观且处于生态安全区或中度安全区，适宜性等级为高度适宜或中度适宜的图斑保持不变；现状是农田景观且处于临界安全区或不安全区，适宜性等级为临界适宜或不适宜，但宜草景观适宜性等级却为高度适宜、中度适宜或临界适宜的图斑，应该落实退耕还草政策；现状为未利用状态，宜林景观适宜性等级为高度适宜或中度适宜，但宜草景观适宜性等级为高度适宜，如果上述调整已经可以满足林地景观面积的要求，则应该调整为草原景观。如果经调整后的农田景观和林地景观面积均超过优化解的数值，则全部调整为草原景观。

城乡建筑景观调整：借助城乡建筑景观现状格局评价的中间成果（城镇中心

的缓冲区分析成果），对缓冲区内的景观进行调整。由于城乡建筑景观基本处于安全区、中度安全区或临界安全区，在调整时不必考虑该因素，现状为城乡建筑景观的图斑保持现状不变；位于临界安全区或不安全区且为临界适宜或者不适宜等的现状农田景观图斑、位于不安全区且为临界适宜或不适宜等的现状林地景观图斑以及位于不安全区且为不适宜等的现状草原景观图斑，在满足生态功能用地的前提下调整为城乡建筑景观。

7.2.4　土地利用景观生态安全格局构建

借助 ArcGIS 软件中的 Analysis tools 模块将 2014 年土地利用现状图层、现状土地利用景观安全格局评价图层和景观生态适宜性评价图层进行关联，得到一个具有现状景观类型，景观安全分区，宜农、宜林和宜草适宜性等级属性的新图层，之后依上述生态可持续发展目标下的调整规则进行优化调整。

将 2014 年的土地利用现状图层、景观生态适宜性评价图层和城乡建筑景观现状格局评价的中间成果（城镇中心的缓冲区分析成果）借助 ArcGIS 软件相关联，得到一个具有现状景观类型、建设用地景观类型和景观适宜性等级属性的新图层，在上述经济可持续发展目标下进行优化调整。

将经济可持续发展目标下的城乡建筑景观图斑镶嵌到生态可持续发展目标下的土地利用景观格局中，得到研究区土地利用景观安全格局（彩图 7-4）。

由彩图 7-4 分析研究区土地利用景观生态安全整体布局。从宏观层面看，林地景观主要分布于西部 3 个乡镇（泊江海子乡、布日都镇和铜川镇）；水域及湿地景观主要分布于库伦沟、罕台川、铜匠川、乌尔图河、桃力庙海子、侯家海子等。以上景观类型都是最重要的生态系统服务功能区，它们连通性、完整性最好，因此在生态安全格局构建时要充分考虑。这部分区域在保持自然现状发展为主体的基础上进行微调，严格限制城市发展空间的扩张，避免交通干线从生态控制区穿越和分割带来的干扰和破坏。研究区的草原景观全域均有分布，在东部丘陵台地和河沟两岸阶地及丘间洼地上分布集中；农田景观主要分布于泊江海子乡、柴登乡和罕台镇等地势较平坦、灌溉有保证的地域。在进行生态安全构建时，这两类景观可以看作是重要生态系统服务功能区，可作为以农业用地保护为主要功能的生态协调区。其他处于生态不安全区和生态不适宜区的景观斑块主要作为生态恢复区进行调整。在现实的基础上，最大限度地合理配置该区域的土地利用景观，提升生态系统服务功能，促进生态的良性循环。

从微观层面看，本书构建的土地利用景观生态安全格局，据不同景观的集中与分散状况，除了保留境内的自然植被区外，还把部分景观图斑以最适宜状态设定用途，以加强绿地生态区的保护和建设。

7.3 小 结

7.3.1 结果分析

对 2014 年现状数据、多目标优化模型结果数据和景观生态安全格局数据进行对比分析，得到结果对比分析表（表 7-9）。

表 7-9 结果对比分析表

景观类型	2014 年面积/hm²	多目标优化结果面积/hm²	景观生态安全格局下面积/hm²	变化率/%
林地景观	60 471.61	49 223.00	54 293.59	−10.22
草原景观	95 432.04	99 275.00	99 391.66	4.15
水域及湿地景观	5 648.85	6 508.96	5 512.05	−2.42
裸地景观	5 043.67	4 477.00	4 081.75	−19.07
农田景观	19 350.02	22 517.00	22 694.06	17.28
人工林景观	9 189.78	13 995.22	10 244.63	11.48
城乡建筑景观	18 869.25	18 009.04	17 787.48	−5.73
合计		214 005.22		—

结合表 7-9 和彩图 7-4 分析景观生态安全格局下面积数据，农田景观、林地景观和草原景观的面积比由 1.00∶1.31∶4.93 调整为 1.00∶2.39∶4.38，对于研究区，是一个比较理想、合理的生态景观布局结构。农田景观面积增加 3344.04hm²，草原景观面积增加 3959.62hm²，充分迎合了现阶段保护粮食安全与生态安全建设的政策。而城乡建筑景观面积减少 1081.77hm²，说明从理论研究的角度看，现阶段研究区的建设用地面积足以满足近 5 年内的经济发展用地需求，存在着"摊大饼""空心"的现状，可通过用地整合和内部挖潜来改善现状。

水域及湿地能改善景观格局，进而影响区域小环境，合理的水域及湿地面积是环境净化能力的重要保证。对其优化布局主要考虑流域的地形地貌、土壤地质、降雨强度和径流量等因素，一些国家和地区也把水域与湿地面积作为土地规划和环境管理工作的硬性指标，如美国马里兰州政府要求的最佳区域湿地面积比例为2.70%。本研究区在景观生态安全格局下水域及湿地景观面积为 5512.05hm²，占总面积的 2.57%，很接近马里兰政府的要求。可见，优化后的水域及湿地景观面积较为合理。

不同景观类型数量变化程度和空间分析程度都存在差异。变化较为显著的是农田景观和裸地景观，说明只有不断地增加优质耕地面积，才能使得粮食产量增加与人口增长相匹配，农田景观主要分布于泊江海子乡、柴登乡和罕台镇等地势较平坦、灌溉有保障的区域。而且现状未利用地没有得到很好的开垦利用，从景观生态适宜性评价结果可知布日都镇和罕台镇的裸地景观有较好的土壤、地势和水资源条件，可以合理地转化为农田景观或林地景观，在今后用地规划中应格外重视对该类景观的合理利用。草原景观数量与空间变化不大；城乡建筑景观面积减少5.73%，说明现有的建设用地数量足以满足2020年人口的需求，在未来建设用地利用中应注意内部挖潜利用，落实居民点和工矿用地的整理。

本研究的这种优化方案在最大限度地保持现有土地利用分布的情况下，主要对各类处于生态不安全区和生态适宜性评价结果为不适宜的景观斑块进行优化调整，既满足了区域经济发展所需的土地利用景观需求，又增强了区域生态系统的完整性。

7.3.2　结论

本书研究过程中，借鉴景观异质性原理，同时考虑研究区的自然地理特征，参考了郝润梅和赵明（2006）的研究成果，确定了土地利用景观系统分类，结合土地利用现状图、第一次土地调查成果扫描图及野外调查图，在计算机技术的支持下，借助ArcGIS和平台软件：①对景观格局变化进行了动态分析并建立了转移矩阵，总结了21年间研究区的景观类型演变及转移的基本特征，分析了在城镇化不断推进的过程中，景观组成和空间异质性的变化；②研究分析了人类活动对土地利用景观变化的影响，结合研究区的政策、人口、环境等因素，对现状景观生态格局进行了安全评价和景观适宜性评价；③在综合上述研究的基础上，以生态价值功能最大化为最终目的，借助Lindo软件，在《东胜区土地利用总体规划（2009—2020年）》的指导下，对现状土地利用景观格局进行调整，完成土地利用景观生态安全格局的构建。对上述问题进行系统剖析之后，得出以下几点结论：

（1）本书从土地利用景观格局演变分析入手，运用GIS技术，对1993～2014年的土地利用数据进行分类系统转换并分析，得出如下结果：在研究期内研究区的土地利用景观发生了明显变化，主要体现了"四增三减"规律，即林地景观、裸地景观、人工林景观和城乡建筑景观面积增加，而草原景观、水域及湿地景观和农田景观面积减少。城乡建筑景观面积增加最多且增长最快，年均增长率为12.34%，1993～2005年年均增长率为2.65%，而2005～2014年年均增长率高达11.31%；草原景观面积减少最多为25 859.82hm^2，年减少率为1.14%。水域及湿地面积减少2.10%，减少幅度逐年降低；裸地景观面积有所增加，林地景观面积增加明显。景观面积变化整体结果表明，研究区土地利用景观格局结构趋于不稳定，生物多样性降低，生态系统功能失调，生态环境恶化。从时间序列上看，研究区的土地利用景观格局在1993～2014年主要表现为农田景观和草原景观面积显著减少，林地景观和城乡建筑景观面积有所增加。各种土地利用景观类型动态变化因类型而异，土地综合利用程度明显提高。从空间序列上看，东胜区主要分布着城乡建筑景观，且土地利用程度较高，研究期内变化不大；而在东胜区所辖的其他乡镇，主要分布着林地、草原、农田等景观，且利用程度较低。从整体上看，研究区的土地利用景观类型基本遵循城市土地利用的景观圈层分布状态，且在研究期内发生了较大变化。

（2）利用转移矩阵分析模型对研究区土地利用景观空间转化进行分析，发现 1993～2014 年各景观类型的相互转化比较频繁。城乡建筑景观的增加主要来自于草原景观、农田景观和林地景观，其贡献率分别为 41.18%、37.60% 和 4.67%；草原景观主要向城乡建筑景观、人工林景观、农田景观转化，转化比例分别为 14.01%、9.79% 和 5.48%；调节生态系统的主要景观类型水域及湿地景观面积的 29.13% 转变为草原景观，13.01% 转变为农田景观，0.74% 退化为裸地景观。各类景观的重要转化方向是水域及湿地景观转变为草原景观，草原景观转变为裸地景观，农田景观转变为城乡建筑景观，这些都是生态恶化的重要警示，应当引起足够重视。

（3）采用景观格局指数对土地利用景观空间格局进行定量分析，为进一步研究景观格局变化趋势和构建景观生态安全格局奠定基础。研究表明，该区景观格局变化表现为水域及湿地景观、农田景观的边缘密度逐年减小，形状逐渐趋于简单，表明其受到人类活动的干扰逐年加强；林地景观、裸地景观和城乡建筑景观面积逐年扩张，斑块连片分布；由于草原景观退化、土壤裸化和水域及湿地景观面积萎缩等，景观破碎度升高，这些变化阻碍景观单元间能量、物质及营养成分的流动，景观连通性下降，影响景观格局的稳定性，进而引起生态系统功能的退化，导致生态环境恶化的趋势。

（4）现状的土地利用景观格局造就是随着时间序列演变的自然和人文综合反应的结果，其中人类活动占主导地位，与研究区区位因素呈正相关，从研究期的景观格局指数和变化趋势来看，景观格局指数的破碎度逐渐增加。城市周边的景观动态变化最为强烈，土地利用景观的破碎度在不断上升，景观异质性增强，景观结构越来越不稳定。随着经济的蓬勃发展，人类活动的影响逐渐从城镇周边扩展到全域。此外草原景观退化严重、农田景观面积大幅减少也与研究区降水不足、土壤质地有关，而不合理的利用方式也是土地生态景观退化的诱发因子，其实质是人口基数庞大、土地利用方式不当（主要为劳动密集型）以及农业技术滞后和土地适宜性不协调的矛盾所致。研究区土地利用景观格局变化的驱动因子主要有以下几个。首先，气候是决定因子。研究区属温带大陆性气候，决定了该区以草原景观为主，水资源是区域各景观类型的限制因素。1993～2014 年，草原景观整体呈现退化趋势，即由高覆盖度向中、低覆盖度转变，反映出干旱缺水和植被退化是相互联系的。此外，地形也是重要的影响因子。其次，城乡建设用地扩张是主要因子。在城镇化进程中，市区周边大量优质耕地转变为工业用地、采矿用地和城镇用地，土地利用景观结构变化显著。最后，产业结构调整也是关键因子。在研究期间，农田景观（旱地）转变为其他景观类型总面积中，大部分转变为草原景观和林地景观。另外，也有部分林地景观和人工林景观转变为农田景观，经济利益促使农业内部结构调整。退耕还林还草政策的实施，也使农田景观面积减少。

（5）利用基础数据，借助最小阻力模型，评价现状景观安全等级，综合土地景观适宜性评价，实现土地利用景观生态安全格局的构建。与现状相比，草原景观、农田景观、人工林景观面积均有所增加，变化率分别为 4.15%、17.28%和11.48%，与研究初期设定的生态功能价值最大化目标相互吻合，同时结合研究区的气候地理特征，不建议减少林地景观和草原景观的面积，因此在实践中要格外注意。考虑到本书通过理论探讨之后所构建的土地利用景观生态安全格局，很大程度上能够使研究区保持在生态安全水平线之上，在实践中，能够为该地域土地利用管理提供参考建议，指引管理者采取科学的措施缓解目前土地景观利用中的问题，但其本身并不具有土地资源利用规划的功用。

本书在研究区域选取和研究结果推广应用方面具有很强的实用性。鄂尔多斯市是典型的西部资源富聚区。近年来，依托煤炭资源，一跃成为全国的璀璨新星，在经济增长显著的同时，环境问题也接踵而至。本研究有助于认清土地生态安全现状，既为研究区实现经济稳步增长提供一些建议，又为其更好地融入"一带一路"倡议和落实"精准扶贫"工作提供一定的理论支持和科学依据，同时也为类似的区域提供一些关于生态保护的参考，借鉴推广到其他能源型城市，实现其经济增长方式的顺利转型。

研究过程中的任何一个细节，都会对结论造成重大影响，结论的不确定性可能来自于下述两个方面。首先，在数据的获得与处理方面，本书采用的 1993 年土地利用数据，是借助 ArcGIS 9.3 对土地利用调查扫描图件矢量化所得，所得的图上面积与实际面积稍有差距，因此采用面积平差的方法来处理，可能造成误差。其次，土地利用景观生态格局的演变和生态安全状态的波动，是多种因素复杂交织的结果，各因素之间关联复杂，很难实现研究结果和影响因素一一对应，使得分析结果可能不全面。

长久以来，景观生态脆弱地区的相关研究一直是学术研究的热点和政策关注的焦点，而其本身的脆弱性加之人类活动的强烈干扰，成为多种矛盾交叉，错综复杂、盘根错节的问题症结。本书以生态功能最大化为目标和着眼点，进行探讨分析，只是从理论层面迈出了钻研的第一步，但是从统筹经济、社会和环境三者的综合可持续发展立场看，仍需要从战略高度出发，着眼于社会和谐、人民幸福等多个目标，进行更深入的研究和探讨。

由于数据不完整性和研究的间断性，本书在进行景观格局动态变化分析时，采用了时间段不等距的数据源（分别为 1993 年、2005 年和 2014 年的土地利用数据），虽然也进行了详尽的探讨阐述，但是今后开展大尺度、大区域的类似研究时，区域间数据的镶嵌衔接存在困难，仍有待于数据源进一步更新完善，以便进行深入研究。

　　本书关于土地利用景观生态安全格局的构建，是在景观格局变化分析的基础上，通过土地利用景观现状格局评价和适宜性评价，实现景观空间布局优化，又结合多目标模型实现数量结构优化，最终完成土地利用景观生态安全格局构建。本书大多使用基础理论来进行优化，但是若要与经济发展相结合，仍需从研究区特有的自然、社会、经济和政策等因素的视角出发，得出综合优化模型，以增强研究成果的实用性，且研究结论与区域战略决策和土地利用规划相结合有待加强。

参 考 文 献

陈利顶, 傅伯杰, 赵文武, 2006. 源汇景观理论及其生态学意义[J]. 生态学报, 26 (5): 1444-1449.

郝润梅, 赵明, 2006. 呼和浩特市土地利用景观生态系统功能研究 [M], 北京: 中央民族大学出版社.

王丽娟, 2009. 典型河谷区大城市土地利用景观格局变化研究: 以兰州市为例 [J]. 国土资源科技管理, 26 (6): 69.

KNAAPEN J P, SCHEFFER M, HARMS B, 1992. Estimating habitat isolation in landscape planning [J]. Landscape and Urban Planning, 2323 (1): 1-16.

MENG J J, 2011. Land evaluation and land management [M]. Beijing: Science Press.

第8章 土地生态安全评价

8.1 土地生态安全评价方法

8.1.1 土地生态安全指标选取

评价因子的选取关系到整个评价过程及其结果的合理性。因此，在构建区域土地生态安全评价指标体系时，不仅要考虑区域社会经济发展状况、地方特色及定量化分析的可行性，还要考虑评价指标对区域自然、经济、社会和人文各方面的影响程度及代表性（曹新向等，2004）。本章从东胜区生态环境及土地利用结构特点出发，基于压力—状态—响应（PSR）框架模型，选取 22 个指标建立了土地生态安全评价指标体系（蔡太以等，2014）（表 8-1）。对于选取的指标分为正安全趋向性指标和负安全趋向性指标，分别用"＋"和"－"表示。正安全趋向性指标值越大，表明土地生态安全状况越好；负安全趋向性指标值越大，表明土地生态安全状况越差。

表 8-1　东胜区土地生态安全评价指标体系

目标层 A	准则层 B	因素层 C	指标层 D		
			指标内容	安全趋向性	权重
A 土地生态安全	B₁ 土地生态压力	C₁ 人口压力	D_1 人口密度	－	0.03
			D_2 人口机械增长率	－	0.03
			D_3 人口自然增长率	－	0.03
		C₂ 土地压力	D_4 原煤（碳）产量	－	0.04
			D_5 土地荒漠化率	－	0.08
		C₃ 社会经济压力	D_6 经济密度	＋	0.03
			D_7 城镇化率	＋	0.06
		C₄ 环境污染压力	D_8 废水排放总量	－	0.04
			D_9 二氧化硫排放总量	－	0.03
			D_{10} 年平均降水量	＋	0.04
			D_{11} 全年二级以上优良天数	＋	0.03
	B₂ 土地生态状态	C₅ 土地质量	D_{12} 土地征地区片价	＋	0.06
			D_{13} 耕地等别	＋	0.07
		C₆ 土地利用结构	D_{14} 林地面积比重	＋	0.03
			D_{15} 草地面积比重	＋	0.03
			D_{16} 建设用地面积比重	－	0.03
			D_{17} 水域面积比重	＋	0.12

目标层 A	准则层 B	因素层 C	指标层 D		
			指标内容	安全趋向性	权重
A 土地生态安全	B₃ 土地生态响应	C₇ 社会经济响应	D₁₈ 人均 GDP	+	0.04
			D₁₉ 污水处理率	+	0.03
			D₂₀ 新增绿地面积	+	0.05
		C₈ 系统恢复活力	D₂₁ 环保投资占 GDP 比重	+	0.06
			D₂₂ 第三产业占 GDP 比重	+	0.04

8.1.2　土地生态安全指标标准值及权重的确定

1. 数据标准化

对原始数据矩阵进行标准化，评价某区域 n 年的包括 m 个评价指标的土地生态安全情况（张军以等，2011a），则其原始指标数据矩阵为

$$X = \begin{bmatrix} X_{11} & X_{12} & \cdots & X_{1n} \\ X_{21} & X_{22} & \cdots & X_{2n} \\ \vdots & \vdots & & \vdots \\ X_{m1} & X_{m2} & \cdots & X_{mn} \end{bmatrix} \tag{8-1}$$

通过极差法对各指标进行标准化处理，不同的指标，其标准化公式也不同（王军广等，2010）。当评价指标为正指标时

$$y_{ij} = \frac{X_{ij} - \min x_j}{\max x_j - \min x_j} \tag{8-2}$$

当评价指标为逆指标时

$$y_{ij} = \frac{\max x_j - X_{ij}}{\max x_j - \min x_j} \tag{8-3}$$

式中，$\min x_j$ 为指标值最小值；$\max x_j$ 为指标值最大值；X_{ij} 为第 i 年的第 j 个指标的原始值。

标准化后样本矩阵转化为矩阵 Y

$$Y = (y_{ij})_{n \times m} \tag{8-4}$$

式中，y_{ij} 为指标原始值的标准化值，$y_{ij} \in [0,1]$。

标准化后数据见表 8-2。

表 8-2 标准化后数据

指标	2005 年	2008 年	2011 年	2014 年	指标	2005 年	2008 年	2011 年	2014 年
D_1	1	0	0.83	0.77	D_{12}	0	0.03	0.51	1
D_2	0	1	0.78	0.78	D_{13}	1	0.22	0.05	0
D_3	0.66	0.41	1	0	D_{14}	0	1	0.93	0.87
D_4	1	1	0	0.26	D_{15}	0	1	0.97	0.94
D_5	0	0.09	0.08	1	D_{16}	1	0.58	0.37	0
D_6	0	0.35	0.87	1	D_{17}	1	0.01	0	0
D_7	0.90	1	0	0.04	D_{18}	0	0.22	1	0.45
D_8	1	0.57	0.29	0	D_{19}	0.79	0	0.67	1
D_9	0.55	0.5	0	1	D_{20}	0	0.13	0.35	1
D_{10}	0	0.72	0.14	1	D_{21}	1	0.27	0	0.07
D_{11}	0	1	0.86	0.32	D_{22}	0	0.2	0.4	1

2. 指标权重的确定

在有 m 个指标、n 个评价对象的评估问题中，采用熵权赋权法确定指标权重值。

1）计算第 j 项指标在 i 个被评价对象标准化值中的比重

$$f_{ij}=\frac{y_{ij}}{\sum_{i=1}^{n}y_{ij}} \tag{8-5}$$

2）计算指标信息熵

$$H_j=-k\sum_{i=1}^{n}(f_{ij}\times\ln f_{ij})，\ i=1，2，3，\cdots，n；j=1，2，3，\cdots，m \tag{8-6}$$

式中，$k=1/\ln n$（假定：当 $f_{ij}=0$ 时，令 $f_{ij}\ln f_{ij}=0$）。

3）计算信息熵冗余度

$$d_j=1-H_j \tag{8-7}$$

4）计算指标权重

$$W_j=d_j\Big/\sum_{j=1}^{m}(1-H_j)，（W_j\in[0,1]；\sum_{j=1}^{m}w_j=1） \tag{8-8}$$

8.1.3 土地生态安全单项指标安全指数计算

土地生态安全单项指标安全指数数学模型为

$$S_i=W_j\times Y_{ij} \tag{8-9}$$

式中，S_i 为土地生态安全指数；W_j 为 j 指标的权重系数；Y_{ij} 为第 i 年第 j 指标的标准化值。

根据以上公式及相关数据，分别计算出各单项指标安全指数（表 8-3）。

表 8-3 东胜区土地生态安全各项指标安全指数

指标	2005 年	2008 年	2011 年	2014 年
D_1	0.03	0	0.02	0.02
D_2	0	0.03	0.02	0.02
D_3	0.02	0.01	0.03	0
D_4	0.04	0.04	0	0.01
D_5	0	0.01	0.01	0.08
D_6	0	0.01	0.03	0.03
D_7	0.05	0.06	0	0
D_8	0.04	0.02	0.01	0
D_9	0.02	0.02	0	0.03
D_{10}	0	0.03	0.01	0.04
D_{11}	0	0.03	0.03	0.01
D_{12}	0	0	0.03	0.06
D_{13}	0.07	0.02	0	0
D_{14}	0	0.03	0.03	0.03
D_{15}	0	0.03	0.03	0.03
D_{16}	0.03	0.02	0.01	0
D_{17}	0.12	0	0	0
D_{18}	0	0.01	0.04	0.08
D_{19}	0.02	0	0.02	0.03
D_{20}	0	0.01	0.02	0.05
D_{21}	0.06	0.02	0	0
D_{22}	0	0.01	0.02	0.04

8.2 土地生态安全综合评价

8.2.1 土地生态安全综合评价结果

虽然单项指标安全指数可以从不同的方面反映东胜区土地生态安全的现状,但是要更全面地反映该区域土地生态安全现状,还需对指标进行综合计算,土地生态安全指标综合指数数学模型为

$$T=\sum_{i=1}^{n}(W_j \times Y_{ij}) \qquad (8\text{-}10)$$

式中,T 为土地生态综合安全指数;W_j 为各指标权重;Y_{ij} 为第 i 年第 j 指标的标准化值;n 为指标数。

在计算出各单项指标安全指数的基础上计算出土地生态安全压力指数、土地生态安全状态指数、土地生态安全响应指数及土地生态安全综合指数（表 8-4 和图 8-1）。

表 8-4　2005～2014 年东胜区土地生态安全指数

年份	土地生态压力指数	土地生态状态指数	土地生态响应指数	安全综合指数
2005	0.2003	0.2200	0.0837	0.5040
2008	0.2566	0.0958	0.0395	0.3919
2011	0.1538	0.1022	0.0936	0.3496
2014	0.2489	0.1143	0.2042	0.5674

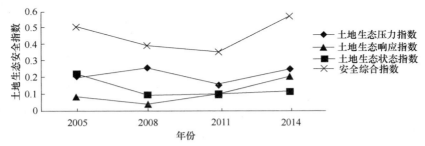

图 8-1　2005～2014 年东胜区土地生态安全变化趋势图

8.2.2　土地生态安全评价标准

根据计算所得的东胜区土地生态安全综合指数，设置了东胜区土地生态安全标准综合评价表（表 8-5），该表采用非等间距法将安全综合指数取值范围（0～1）分为 5 个安全等级，安全综合指数越大，土地生态安全状况越好，反之，则越差，并依次对 5 个安全等级的系统进行了特征描述（李玉平和蔡云龙，2007）。

表 8-5　东胜区土地生态安全标准综合评价表

安全区间/T	等级	表征状态	系统特征
0<T≤0.15	I	恶劣级	土地生态环境非常恶劣，土地生态系统结构严重不完整，土地生态服务功能严重退化，系统功能低下，生态恢复与重建很困难
0.15<T≤0.3	II	风险级	土地生态环境较恶劣，土地生态系统结构破坏较大，土地生态系统服务功能较大退化，系统功能不全，受外界干扰后恢复困难，容易发生生态灾害
0.3<T≤0.5	III	敏感级	土地生态环境较差，土地生态系统结构出现破坏，土地生态系统服务功能已有退化，但尚能维持基本功能，受干扰后易恶化，较容易发生生态灾害
0.5<T≤0.8	IV	良好级	土地生态环境较好，土地生态系统结构较完整，土地生态系统服务功能基本完善，系统功能尚好，受干扰后一般可恢复，发生生态灾害的可能性较小
0.8<T≤1	V	安全级	土地生态环境好，土地生态系统结构完整，土地生态系统服务功能完善，系统功能性强，受干扰后能恢复，很少发生生态灾害

8.2.3　生态安全等级的变化类型

1.　压力安全评价

从表 8-4 可以看出,东胜区土地生态压力指数呈先上升后下降再上升的变化趋势,从 2005 年的 0.2003 上升到 2008 年 0.2566,表明东胜区土地生态压力有所改善(负向指标,数值越小,生态压力相对越大)(张军以等,2011b)。如城镇化率(正向指标,数值越大越好)由 2005 年的 89.8%增加到 2008 年的 92.1%,增加了 2.3%,经济密度(正向指标)由 542.51 万元/km^2 增到 1543.24 万元/km^2,其主要原因是城市化水平的显著提高,造成传统劳作土地利用方式的转变,表明人类对土地资源的整体压力相对减弱。到 2011 年,由于原煤产量、二氧化硫排放量的增加,土地生态压力急剧增大。2011~2014 年,东胜区政府围绕《中华人民共和国国民经济和社会发展第十二个五年规划纲要(2011—2015 年)》和自治区"8337"发展思路,以新思维、新举措,解困局、促转型等方式促进经济发展,使得各项指标都得到明显改善。土地生态压力指数对土地生态安全的贡献率则由 2005 年的 39.7%上升到 2014 年的 43.87%。

2.　状态安全评价

东胜区土地生态状态指数虽然在 2005~2008 年有所下降,但在 2008~2014 年一直处于上升阶段,表明土地生态安全状况不断好转。其中,土地质量状态从 2005 年的 0.07 变为 2014 年的 0.06,贡献率也从 2005 年的 13.89%变为 2014 年的 11.90%;土地利用状态从 2005 年的 0.15 到 2008 年的 0.08,发生了较大变化,这是由于这 3 年间建设用地比重的明显增加(0.19~0.98)及水域面积比重的明显减少(17.95~3.37),能够反映出随着人类活动的频繁以及经济社会发展对自然环境造成了较大的影响及破坏。土地生态状态安全指数对土地生态安全的贡献率则由 2005 年的 43.65%下降到 2014 年的 20.14%。

3.　响应安全评价

东胜区土地生态响应指数不断提高,呈快速上升趋势,由 2005 年的 0.0837 提高到 2014 年的 0.2042,增加了 0.1205。从响应指数看,社会经济响应指数由 2005 年的 0.0237 提高到 2014 年的 0.1600,社会经济响应指数中的人均 GDP、污水处理率、人均绿地面积等 3 个指标在 2005~2014 年的变化情况分别为 40 725~153 502、93%~95%、6.53~14.84m^2。2014 年新增绿地面积 142 万 m^2,建成区绿地面积达到 2965 万 m^2,绿地率达到 38%,城市的整体功能日趋完善,城市人居环境日渐改善。通过分析可以得出经济发展水平、环保投入的提高和产业结构调整对土地生态安全的贡献较大。

4. 综合安全评价

东胜区土地生态安全综合指数由 2005 年的 0.5040 下降到 2008 年的 0.3919，但在 2011～2014 年呈上升趋势，主要原因是 2011 年以前经济建设、人口数量的增加及煤炭矿业的大力开采使东胜区生态环境状况日趋低下，受到严重毁损。但从 2011 年以来随着工业、建筑业在地区经济中所占比例的减少，交通运输、邮政、电信、批发零售业和旅游业所占比例的增加，大力开展产业结构升级，淘汰污染大的产业，发展污染少、集约度高的新晋绿色产业举措的奏效，使东胜区土地生态安全综合指数上升到较好的状态。根据表 8-4 可知，土地生态压力指数贡献率最高，表明东胜区的土地生态安全状况的改善主要依赖于土地荒漠化率及城镇化率（从表 8-1 权重得知）等。根据土地生态安全分级标准（表 8-5），整体土地资源生态安全状态在 2014 年已初步进入"良好级"范围，表明东胜区的土地生态系统结构已在人类活动的影响下发生了一定的变化，但在可允许范围内，系统功能尚好，受干扰后一般可恢复，发生生态灾害的可能性较小。

8.2.4　小结

东胜区作为鄂尔多斯市的经济、科技、文化、交通和信息中心，是毛乌素沙地的延伸地带，因其地质地貌特点，存在风蚀沙化的严重问题，土地生态问题显得尤为重要。东胜区土地生态安全状况评价结果显示 2008 年、2011 年的安全综合值分别为 0.3919、0.3496，土地生态安全属于"敏感级"，但在 2014 年有了明显的改善，属于"良好级"，安全综合值为 0.5674。计算结果与实际情况较为吻合，证明本书选用的评价方法具有一定的参考价值。土地生态安全是生态安全的基础和重要内容，是决定土地可持续利用、资源有效配置、可持续发展的重要指标，因此，应在社会经济发展的过程中同时兼顾环境保护，并且要定期进行土地生态安全评价，研究不同时期、不同条件下的影响因素以及土地生态安全状态。

参 考 文 献

蔡太义，马守臣，吕鹏，等，2014. 基于 PSR 模型的土地生态安全评价研究：以焦作市为例 [J]. 湖北农业科学，53（6）：1460-1464.

曹新向，郭志永，雒海潮，2004. 区域土地资源持续利用的生态安全研究 [J]. 水土保持学报，18（2）：192-195.

李玉平，蔡云龙，2007. 河北省土地生态安全评价 [J]. 北京大学学报（自然科学版），43（6）：784-789.

王军广，赵志忠，赵广孺，等，2010. 海南岛土地生态安全评价 [J]. 安徽农业科学，38（8）：4215-4218.

张军以，苏维词，张凤太，2011a. 基于 PSR 模型的三峡库区生态经济区土地生态安全评价[J]. 中国环境科学，31（6）：1039-1044.

张军以，苏维词，张婕，2011b. 2000—2009 年重庆市土地资源生态安全评价及趋势分析 [J]. 地域研究与开发，30（4）：127-131.

第9章 专 题 研 究

9.1 聚落变化的典型案例研究

9.1.1 数据来源和研究方法

1. 数据来源

以康巴什新区为研究对象，以2005～2014年康巴什新区土地利用数据库、东胜区人民政府2005～2014年工作报告、统计年鉴等为数据源，获得康巴什新区聚落用地的基本资料以及康巴什新区社会经济资料，分析2005～2014年康巴什新区聚落变化特征及其影响因素。

2. 研究方法

1）景观格局指数比较法

采用斑块数量、斑块总面积、平均斑块面积、斑块密度、最小斑块面积、最大斑块面积等聚落景观指数，通过比较3期景观格局指数的变化，实现聚落数量变化的研究（郭晓东等，2012）。

2）聚落面积指标分析法

本章主要采用反映空间规模的聚落面积指标对聚落进行等级划分以进行聚落规模等级变化研究（海贝贝，2014；罗光杰等，2011）。

$$D_i = \begin{cases} 1 & (A_i \geqslant 4\overline{A}) \\ 2 & (2\overline{A} \leqslant A_i < 4\overline{A}) \\ 3 & (0.5\overline{A} \leqslant A_i < 2\overline{A}) \\ 4 & (0.25\overline{A} \leqslant A_i < 0.5\overline{A}) \\ 5 & (A_i < 0.25\overline{A}) \end{cases} \tag{9-1}$$

式中，D_i 为第 i 个聚落斑块的等级；A_i 为聚落 i 的面积；$\overline{A}$ 为某一时期聚落斑块的平均面积。

3）核密度估计方法

核密度估计方法属于非参数密度估计的一种统计方法，是通过对区域中每个要素点建立一个平滑的圆形表面，然后基于数学函数计算要素点到参考位置的距

离，对参考位置的所有表面求和，建立这些点的峰值和核来创建平滑的连续表面，
其模型为

$$f(x,y) = \frac{1}{nh^2} \sum_{i=1}^{n} K\left(\frac{d_i}{h}\right)$$ (9-2)

式中，$f(x,y)$ 为位于 (x,y) 位置的密度估计；n 为观测数值；h 为带宽或平滑
参数；K 为核函数；d_i 为 (x,y) 位置距第 i 个观测位置的距离。

4）空间分析法及数理统计法

运用 ArcGIS 解译出聚落用地，通过比较两个时期聚落分布状况，分析聚落
形态变化。通过 Excel 和 SPSS 等统计分析软件，对土地利用、社会经济数据进行
整理、汇总、统计、分析等操作。运用相关分析、数理推导方法，分析聚落用地
变化的规律。

9.1.2 研究区聚落变化特征

1. 聚落斑块数量不断增大，空间扩展特征显著

从聚落数量和面积分析，2005～2014 年，聚落斑块数量从 254 个增加到 1418
个，增加了 1164 个，聚落斑块总面积增加了 48.10km²，占全区总面积的比重从
2.4%增加到 6.3%，平均聚落斑块面积增加了 4690.58m²，最大、最小聚落斑块面
积也均有大幅度的增加（表 9-1）；从空间扩展动态上看，2005～2014 年年均扩展
速度为 5.34km²，年均扩展强度为 0.59，每年的建设用地绝对扩张量持续上升；
从扩展方向上看，将康巴什新区地理坐标中心点定为扩展研究中心，然后以正北
左右 22.5°按照顺时针依次划分 4 个象限 8 个方向，每个方向 45°范围，数出每
个方向上的聚落数量并计算两年差值，最后结果为向东扩展最为明显，其次，为
向北和向西，向南扩展数量很少（图 9-1）；从类型上看，2005 年聚落数量共有 254
个，其中，乡村聚落有 248 个，占总聚落数量的 97.64%，城市聚落仅有 6 个，占
总聚落数量的 2.36%；到 2014 年，聚落数量增加到 1418 个，乡村聚落斑块
有 742 个，占总聚落数量的 52.33%，城市聚落有 676 个，占总聚落数量的 47.67%。
由于人口的增加，乡村聚落和城市聚落数量都有增长，尤其是城市聚落的增长
明显。

表 9-1 康巴什新区 2005 年和 2014 年聚落景观指数比较

年份	斑块数/个	斑块总面积/m²	平均斑块面积/m²	斑块密度/（个/km²）	最小斑块面积/m²	最大斑块面积/m²
2005	254	9 045 716.75	35 613.06	0.66	6.70	7 373 959.86
2014	1 418	57 150 559.54	40 303.64	3.74	18.44	29 313 237.28
差值	1 164	48 104 842.79	4 690.58	3.08	11.74	21 939 277.42

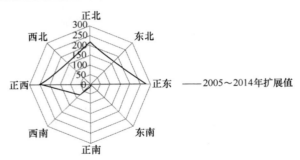

图 9-1　2005～2014 年康巴什新区聚落扩展方向示意图

2. 聚落规模等级变化具有相对稳定性

研究结果表明，聚落规模等级变化不仅具有稳定性，还具有一定的相对性，其稳定性主要体现在以下两个方面。

1）各等级聚落占总体聚落的构成比例相似

近 10 年来，康巴什新区聚落除了 2014 年的等级 4 这个特例外，聚落规模越大，聚落斑块数量越少，等级 5 的聚落斑块数量优势明显（图 9-2）。

2）聚落分布位置具有一定的稳定性

如空间规模较大的聚落多集中于中部，等级 5 基本呈全域内均匀分布，这种等级分布特征在研究期内基本得以保持；其相对性表现在：从各个级别的聚落数

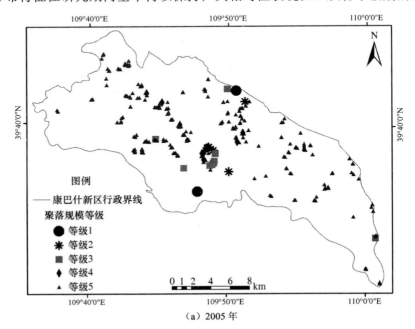

（a）2005 年

图 9-2　2005 年和 2014 年康巴什新区聚落规模等级分布图

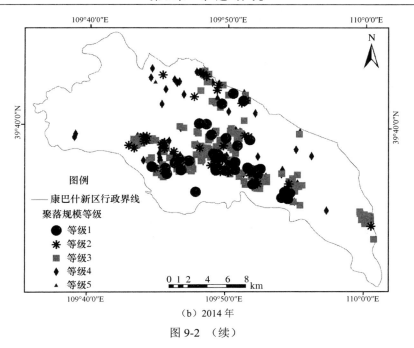

（b）2014 年

图 9-2 （续）

量比例变化来看（图 9-3），等级 1、2、3、4 都呈上升趋势，等级 5 呈下降趋势。较大规模的聚落斑块比例的增加，表明人们生产生活水平的提高以及研究区社会经济的快速发展。小规模聚落斑块所占比例逐渐减少是由于其具有很强的不稳定性，在一定的发展阶段内，受到经济收益的刺激、人口数量的变化、社会发展的影响等，会造成小规模斑块的迅速增加，但是由于其他 4 个等级比例的增加，其所占比例也会明显减少。

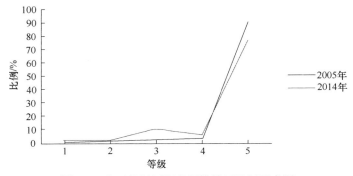

图 9-3　康巴什新区聚落规模等级比例示意图

3. 聚落密度增长明显，利于土地集中管制与高效利用

随着城市化的发展，康巴什新区大部分聚落向市区集中，城市聚落的变化最为

明显。运用 ArcGIS 10.1 分别解译出康巴什新区 2005 年和 2014 年的乡村聚落和城市聚落斑块，再运用 feature to point 模块，提取出每个聚落斑块的中心点，采用 Kernel density 方法（陈诚和金志丰，2015）生成康巴什新区聚落密度分布图（图9-4），从图中可以看出，2014 年全区聚落密集核心区的密度为 2005 年的 5.37 倍，2005 年该

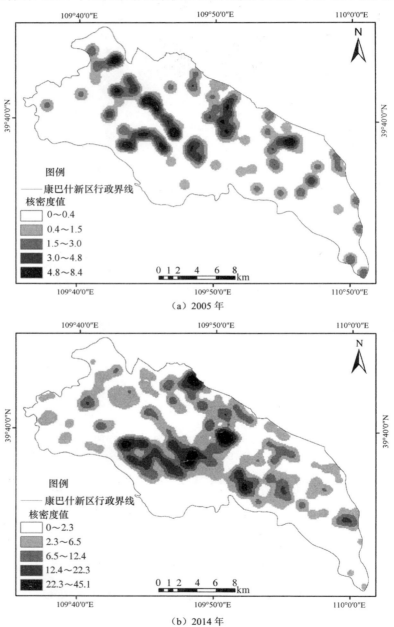

图 9-4　2005 年和 2014 年康巴什新区聚落密度分布图

区聚落密度分布特征为分散式，有多个密集区，多分布在该区西部，城市、乡村聚落没有关联，乡村聚落在该区整个范围内均有少量分布，造成了土地的分散、闲置和集约节约度的低下。2014 年聚落密度发生了很大的变化，从西部地区向中南部地区集中，乡村聚落向城市聚落集中，提高了土地利用效益，形成了城乡一体化发展的美好局面。

4. 聚落斑块向水域表现出明显的空间集聚特征

近 10 年来水域对康巴什新区聚落斑块空间分布的影响非常明显。本章通过运用 ArcGIS 10.1 中的缓冲区分析功能，以 500m 为间隔做缓冲分析，统计运算得到不同水域缓冲区内的聚落分布情况（表 9-2）。可以看出，随着与水域距离的增加，聚落斑块数量迅速减少，2014 年尤为显著，2005 年的聚落斑块数量随距水域距离的增加呈周期性变化，但总体趋势为向水域集中。距水域 1000m 以内，是聚落斑块最为密集的区域，2005 年分布于 1000m 以内的聚落斑块数量所占比重接近 55%，2014 年增长至 63.82%，充分表现出聚落沿水域集聚的趋向性。水域附近地形平坦、水源丰富、土壤肥沃、利于耕种，为人们的生产生活提供充足的条件。需要说明的是，2014 年聚落数量在距水域 1000~1500m 距离内迅速减少，但聚落总面积却大幅度增加，这是因为在距水域 1000~1500m 距离内有大量城市聚落，城市聚落规模普遍较大，造成了聚落总面积的增加。

表 9-2　2005 年和 2014 年不同水域缓冲区聚落面积与数量统计表

距水域距离/m	聚落总面积/km²		聚落斑块数量/个		聚落斑块数量百分比/%	
	2005 年	2014 年	2005 年	2014 年	2005 年	2014 年
0~500	0.60	11.74	100	564	39.37	39.77
500~1000	0.19	7.78	38	341	14.96	24.05
1000~1500	7.74	33.10	45	248	17.72	17.49
1500~2000	0.18	2.84	15	119	5.91	8.39
2000~2500	0.23	1.21	22	84	8.66	5.92
2500~3000	0.09	0.35	17	50	6.69	3.53

5. 聚落形态逐渐由散漫型向集聚型转变

从 2005 年和 2014 年康巴什新区聚落密度分布图中可以看出：2005 年康巴什新区聚落形态为散漫型，聚落在全区范围内零星分布，除了中部几个乡村聚落规模较大外，其他乡村聚落规模普遍很小，城市和乡村聚落之间也没有交叉；2014 年虽仍有一些乡村聚落零星分布，但大体上可视为集聚型聚落形态，聚落沿着道路网团状分布，房屋比较集中，平面形态多为不规则多边形（郭晓东，2007），有的乡村聚落分布于城市聚落中间，强化了城乡经济社会联系，有利于促进城市带动乡村的发展。

9.1.3　聚落变化影响因素分析

1. 自然因素是聚落变化的基本因素

自然因素是影响聚落变化最基本的因素，聚落作为土地利用中常见的一种用途，它的变化经常会受到当地的地形条件、自然环境条件等的影响，其主要表现在以下几个方面。

1）地形

康巴什新区的西部地形起伏较大，不利于居住，中南部以及北部沿河一线相对平缓，地形起伏较小，耕地质量好，所以大部分聚落分布在中南部以及北部。

2）水资源

通过观察康巴什新区 2005～2014 年的聚落空间变化，可以明显地看出聚落主要向水域附近集中。水源丰富地区不仅生产生活方便，自然环境良好，而且也是经济、交通发达地区，聚落密度较高而且规模较大。

3）土地资源

由于土地资源的稀缺性，聚落形态由散漫型向集聚型转变，提高了康巴什新区的土地利用率，耕地质量等级提高，促进了农村土地管理制度改革，改善了土地生态环境。

2. 经济因素是聚落变化的决定性因素

自 2004 年 5 月康巴什新区全面开工建设以来，首先，该区经济发展迅速，人民生产生活水平明显上升，人均住房要求提高，促进了聚落的变化；其次，随着大量建设房屋，房地产价格持续上涨，更多投资者变成投机者，买入崭新房屋只有一个目的，即等高价时抛出。用了 5 年时间就建成的康巴什新区，目的是要成为鄂尔多斯发展最快的市中心，但如今却导致商品房大量库存。这种供过于求的发展模式终究是不合理的，现在的康巴什新区正在努力解决"空城风波"，使聚落空间分布格局更加合理，这不仅促进了城市化的进程，而且对该地区可持续发展起到了不可低估的作用。

3. 社会因素是影响聚落变化的主导因素

1）人口因素

2005 年康巴什新区人口共计 0.7 万人，2010 年 5.8 万人，是"十五"末的 8 倍（康巴什新区政府门户网，2011），2011 年 7.0 万人，2013 年 10.3 万人，2014 年 15.3 万人。人口的快速增长，引起了康巴什新区聚落数量和分布在空间上的增加与扩散。首先，人口的增长产生新的住房需求，住房需求的增加必然导致聚落数量的增加。其次，人口增长导致粮食需求的不断增加，人们寻找地形平坦、土壤肥沃、利于农耕的土地居住，聚落的分布也随之产生一些特点，比如，在水域附近集中分布，中部地势平缓地区大量分布等。再次，在近 10 年的发展过程中，农村人口外出就业、道路建设以及农业产业结构调整带动了聚落的巨大变化，这些在聚落变化过程中也起到了重要作用（李阳兵等，2012）。

2）政策与规划

政策与规划是影响聚落发展与变化的极为重要的因素（闵婕和杨庆媛，2016）。康巴什新区是鄂尔多斯市为解决"大工业、小城镇"发展矛盾，顺应城市形态由"单一中心"向"组团式"演变的发展趋势，把康巴什新区与东胜城区、伊金霍洛旗阿勒腾席热镇的建设改造统筹考虑，拉开城市发展框架，实现工业化与城市化互动互促，规划建设的新城区。政府主导推进城市化快速发展的过程中，尊重自然、延续历史，充分考虑对几千年来形成的人居环境和聚落格局的承继（李小建等，2015）。康巴什新区的发展为贯彻落实"8337"发展思路、"十个全覆盖"工程、推进新型城市化建设积累了经验和提供了借鉴，成为鄂尔多斯市推进城市化、实现现代化的重要引擎，大部分农民顺应城市化进程，纷纷向市区集中，在一定程度上减缓了乡村聚落的扩张，但是一些富裕家庭为了改善当前的居住条件，增加用地面积，导致乡村聚落仍在外溢式扩展，同时聚落空心化问题也日益凸显。

9.1.4 研究结论与讨论

1. 结论

康巴什新区近 10 年来聚落的发展变化可以总结为以下几点。

（1）随着人口数量和需求的增长，聚落斑块数量存在明显的变化，2014 年的人口数量接近 2005 年的 6 倍。

（2）康巴什新区聚落斑块密度从 2005 年的 0.06 个/km^2 到 2014 年的 3.74 个/km^2，聚落形态从 2005 年的散漫型到 2014 年的集聚型，这些变化不仅有利于土地的充分利用，也有利于推进当地的城市化进程。

（3）聚落规模等级构成比例和分布位置都具有稳定性，各个等级之间又有相对性。

（4）聚落向水域集聚的趋势很明显。截至 2014 年，全区 60%以上的聚落都分布在距水域 1000m 以内，这个数字还会持续上升。

（5）聚落发展变化的影响因素十分复杂。在康巴什新区聚落的空间变化过程中，自然因素、经济因素和社会因素都发挥着不可忽视的作用，但是最主要的影响因素为人口因素。在 10 年间，康巴什新区人口增加了将近 22 倍，促进了聚落斑块的变化和城市新区的发展。

2. 讨论

研究表明，近 10 年康巴什新区通过自然、社会、经济等因素的相互影响，聚落在数量、规模、密度等方面变化都非常明显。在城市新区建设背景的影响下，康巴什新区应以聚落空间演变特征和影响因素为基础，寻找适合当地的聚落空间演变规律，建立适宜聚落发展的优化调控手段和模式，深化和扩展聚落理论研究，促进土地适度集约化发展，为其他地区的聚落研究以及发展提供经验和借鉴，从而实现区域的可持续发展。

9.2　矿山地质环境保护治理研究

9.2.1　研究目的

改革开放以来，矿产资源的大规模开发利用为我国的经济发展贡献了巨大力量，但是因矿山开采而造成的生态环境破坏问题也日趋严重（图 9-5），例如压占破坏土地、大气污染、水体酸化、生物多样性丧失、自然景观破坏，并威胁到人类健康（刘亦晴和许春冬，2017）。矿山被大规模开采，矿山周围生态环境十分脆弱，矿山复垦从无到有，并在矿山环境治理过程中所起的作用日益显

（a）典型毛乌素沙地特征　　　　　　　　（b）典型丘陵区水土流失特征

（c）典型泥沙河流特征

图 9-5　典型生态环境问题

著。矿山复垦是指针对矿山企业在建设开采过程的各种活动造成破坏的土地，采取整治措施使其恢复到可利用状态的工作。国土资源部发布的《全国矿产资源规划（2016—2020 年）》中指出，矿山复垦工作要做到新建和生产矿山基本不欠新账，历史遗留矿山地质环境问题的恢复治理率大幅提高，矿区土地复垦率不断提高。

东胜矿区是内蒙古自治区重要的矿业基地，煤炭资源极其丰富，也是全国 13 个亿吨级煤炭能源基地之一。从 20 世纪七八十年代开始，煤田浅部私挖乱采现象严重，2004 年以后，为响应国家煤炭产业政策，提高了矿井产量和机械化程度及资源利用率，对部分煤层埋藏较浅的地方进行了露天开采，2008 年国家实施了保证金制度，并对小型矿山进行了关闭、整合和扩建，提高了煤矿的生产能力。东胜矿区矿业开发历史悠久，改革开放的 40 余年里，矿业已经成为东胜区的经济支柱产业，21 世纪以来，受煤炭资源市场的影响，矿业开发一拥而上，大规模开采矿山，而且多数矿山重开采轻治理，矿业开发和矿山地质环境保护不协调，引发了许多例如占用和破坏土地、破坏地形地貌景观、引发地质灾害等矿山地质环境问题（刘鑫，2015）。因此保护和治理矿山地质环境已成为东胜区面临的一个重要现实问题。

为了贯彻党的十八大生态文明建设精神，明确"十三五"期间东胜区矿山地质环境保护与治理的工作目标和任务，有效保护和恢复矿山生态环境，东胜区国土资源局制定了《东胜区矿山地质环境保护与治理规划（2016—2020 年）》，促进东胜区矿产资源的合理开发利用与经济社会、资源环境的协调发展。

9.2.2　东胜区矿山地质环境现状与保护治理现状

1. 矿产资源

1）矿产资源概况

东胜区大地构造位于华北地台鄂尔多斯台向斜东胜隆起区中东部，区内晚古生代新生代地层发育齐全，构造简单，无岩浆活动，是沉积型矿床形成的有利地带。东胜区最主要的矿产资源为煤炭，且煤质较好，主要为不黏煤，属优质动力煤、气化煤及民用煤。其次为非金属矿产资源，以耐火黏土、砖瓦用黏土、石英砂为主，且分布范围广，埋藏浅，开采技术要求简单。除此之外，东胜区内石油、天然气、油页岩及铀矿，泥炭及煤炭资源中所伴生的锗、镓等稀有分散元素，均有一定资源潜力，但地质研究程度较低。目前东胜区主要矿产资源储量见表 9-3，从中可以清楚地看到，煤的储量最多，达到 1 929 381.72 万 t，基础储量很大，所以煤矿是东胜区主要开采矿种，且开发利用强度高。其次，油页岩储量可观，具有一定的潜力。

表 9-3　东胜区主要矿产资源统计表

序号	矿产名称	资源储量单位	储量	基础储量	资源量	查明资源储量
1	煤	矿石：万 t	534 555.77	890 949.14	1 038 432.60	1 929 381.72
2	天然气	矿石：亿 m³	—	—	14 000～17 000	—
3	油页岩	矿石：万 t	—	—	17 272.60	17 272.60
4	耐火黏土	矿石：万 t	126.10	210.10	1 322.80	1 532.90
5	石英砂	矿石：万 t	—	20.01	—	20.01
6	砖瓦用黏土	矿石：万 m³	48.60	1 006.46	—	1 006.46
7	建筑用砂	矿石：万 m³	—	723.12	—	723.12
8	矿泉水	万 m³/d	0.03	0.03	—	0.03
9	泥炭	矿石：万 t	—	7.40	—	7.40

2）矿产资源开发历史与现状

　　自 20 世纪七八十年代开始，东胜区煤田私挖乱采现象严重（图 9-6），据资料统计，仅东胜区铜川镇的煤田就达到 1000 多家，进入 90 年代末期，当地政府对小煤窑进行了整顿，关闭了大量的小煤窑，留下 1/3 较为正规的小煤矿，开采煤层为最上部一两层煤，开采方式为房柱式开采、炮采，木柱支护，农用车运输，矿灯照明，以自然扩散式通风为主，采矿回采率 36%～40%，生产技术落后，资源浪费严重。2004 年以后，当地政府对小煤矿进行了整合、技改、扩建，留存煤矿数量约为 20 世纪 90 年代的 1/10，对部分煤层埋藏较浅的地方进行了露天开采，主要采用单斗-汽车工艺，地下开采的煤矿因为机器设备的更新，采用长壁综合机械化采煤法，通风方式采用中央并列式通风系统，机械抽出式通风方式。通过以上的技术改进方法不断提高矿井安全生产条件和安全生产管理水平，从而提高煤矿的生产能力。

图 9-6　矿区挖损图

2013 年以来，随着矿业市场的逐步规范，矿业政策的进一步强化，东胜区矿业开发利用势头有所放缓，逐步进入稳定发展期。根据《东胜区矿产资源总体规划（2008—2015 年）》统计，东胜区煤矿年设计采矿能力达到 3650 万 t，实际生产原煤 3892 万 t；砖瓦黏土年设计采矿能力可达 150 万 t，实际产量为 147.72 万 t；石英砂产量 1.48 万 t；建筑用砂产量 18.35 万 m³；建筑石料用灰岩产量 4.32 万 m³；泥炭产量 8.7 万 m³。截至 2015 年年底，东胜区共有矿山 72 家，矿权总面积约 438.71km²。其中煤矿 34 家，矿权面积约 435.75km²；非金属矿山 38 处，矿权面积约 2.96km²。大型矿山 9 家，全部为煤矿，占矿山总数的 12.5%；中型矿山 15 家，其中煤矿 13 家，占矿山总数的 20.8%；小型矿山 48 家，其中煤矿 12 家，占矿山总数的 66.7%。露天开采矿山 58 家，其中煤矿 20 家，占矿山总数的 80.6%；井工开采矿山 14 家，全部为煤矿，占矿山总数的 19.4%。目前生产矿山 24 家，其中煤矿 11 家，处于停产矿山 42 家，其中煤矿 23 家，关闭矿山 6 家，全部为非金属矿山。

2. 矿山地质环境现状

东胜区矿业开发引发的地质环境问题主要表现为占用和破坏土地资源、破坏地形地貌景观、引发地质灾害、破坏含水层（图 9-7）。占用与破坏土地资源是东胜区分布最普遍，也是影响最大、最严重的矿山地质环境问题。东胜区因矿山露天开采煤炭及灭火工程形成的采坑总面积约 1579.51hm²，排土场占用土地面积约 3772.32hm²；东胜区个别井工开采煤矿存在矸石场，煤矿矸石堆占地面积约 26.33hm²；因煤矿开采形成的地面塌陷区面积达 1369.84hm²；非金属矿山固体废弃物占用土地面积约 9.57hm²。矿山的露天开采直接造成了地形地貌景观的破坏（王新玲和查有志，2011），使原始丘陵破损、岩石裸露并直接破坏地表植被，地下采矿以地面塌陷的形式破坏地形地貌景观，直接导致植物根系拉断，使植物枯

图 9-7 矿区破坏图

萎死亡，青杨树沟、哈什拉川、巴隆图沟等地的采矿活动也对原始行洪沟及河道的地貌造成很大的影响。

东胜区矿山开采引发的地质灾害主要为地面塌陷，是历史小煤窑房柱式及巷道煤层自燃形成的地面塌陷坑，目前这种历史遗留的塌陷坑只存在于个别矿山，大多数已经被露天剥离开挖或已被填埋治理，现存塌陷坑平均直径 1～10m，深度 2～10m，伴生裂缝多呈杂乱型分布，宽度一般为 5～50cm，主要分布在煤层埋藏浅、露头较多的沟谷区域，数量较多，分布不集中，由于部分巷道内着火，塌陷不稳定，危害性比较大。地下采空后形成的地面整体沉陷在井工煤矿几乎都存在，整体沉陷深度为 1m 左右，并伴有拉长裂缝，裂缝延伸较长，多呈平行状分布，宽度一般为0.01～1.50m，深度 0.1～1.5m，在平坦地区裂缝较窄，多为 0.01～0.10m，综采形成的地面沉陷很快稳定，造成的危害较轻。东胜区各矿区大部分矿山无地下疏干水，只有极个别矿山间断性有疏干水，且水量较少，因此东胜区矿业开发对含水层破坏较轻。

3. 矿山地质环境治理现状

近年来，东胜区人民政府及国土资源管理部门高度重视矿山地质环境保护工作，并设有地质环境管理人员，形成了上下协调的工作机制，组织管理体系及法律法规较为健全，严格执行矿山地质环境恢复治理保证金制度，矿山企业编制矿山地质环境保护与治理恢复方案，由企业法人自筹资金开展各项治理工程。从技术、资金、要素、政策和发展 5 方面协调治理，在开采之前，控制性治理流动沙地（图 9-8），使脆弱的生态环境具有一定抗开采扰动能力，对矿区进行大范围水土保持治理，提升区域整体生态功能。

图 9-8　采后风沙区防治效果

　　针对矿井周边裸露高大山地，优化水土保持整地技术，建设"两山一湾"周边常绿林与"两纵一网"公路绿化，建成生态廊道，形成矿区常绿林景观（图 9-9）。

图 9-9　公路绿化与生态常绿林景观

　　东胜区共有 34 家煤矿企业，依据"谁破坏，谁治理"原则，从 2008 年起，16 家煤矿企业完成了首次治理，包括排土场、矸石堆、地面塌陷区。治理情况见表 9-4。

表 9-4　东胜区矿山地质环境治理现状表

类型	排土场	矸石场	地面塌陷	
			综采形成的塌陷	历史遗留问题
治理面积/hm²	2 347.39	3.55	2 053.19	—
治理费用/万元	18 600.40	80	2 326.4	—
治理方法	平整规划、沙柳网格内穴种植灌木，种植耐干旱易成活树种及草种	平整后覆土，网格内种植沙打旺等草种及沙柳、沙棘等灌木	进行填埋，定期检测	由矿山企业自行治理

4. 矿山地质环境监测现状及评估

1）矿山地质环境监测现状

　　根据实地调查，东胜区内的煤矿基本实施了矿山地质环境动态监测，对不同的监测对象按时进行了动态监测。每个矿山均配置 1～2 台监测设备，主要监测对象为地面塌陷，矿山生产时派出 5～6 人，10～15 天进行一次监测，在采矿过程中及时记录和描述地表出现的裂缝位置、宽度的变化，塌陷的形态和时间，并及时上图，记载每次观测时工作面开采的相应位置、实际采出厚度、工作面推进速度、顶板陷落情况、煤层产状、地质构造、水文条件等有关情况，填报每次监测数据，及时对存在安全隐患的边坡进行治理。

2）矿山地质环境现状评估

矿山地质环境现状评估依据全面兼顾、突出重点、均一性、以人为本、定性评估等原则，以地貌类型、开采矿种基本相同且矿山分布相对集中的矿区作为评估单元，在每个评估单元内地质环境问题视为均匀分布，以东胜区行政区划范围内矿山地质环境影响区域为评价范围，选取矿山地质灾害、矿山地下含水层破坏、矿山地质地貌景观影响破坏、矿山占用土地资源破坏作为评价因子，根据《矿山地质环境调查技术要求（修改稿）》中给定的"矿山地质环境影响程度分级表"（表 9-5），将各个基本评价单元存在的矿山地质环境问题按其影响程度分级，运用 GIS 图层叠加分析法对各个评价单元的影响程度分级图层叠加，采取上一级别优先原则进行综合评估分区，评估结果见表 9-6。

表 9-5 矿山地质环境影响程度分级表

影响程度分级	地质灾害	含水层	地形地貌景观	土地资源
严重	1. 地质灾害规模大，发生的可能性大；2. 影响到城市、乡镇、重要行政村、重要交通干线、重要工程设施及各类保护区安全；3. 造成或可能造成直接经济损失大于 500 万元；4. 受威胁人数大于 100 人	1. 矿床充水，主要含水层结构破坏，产生导水通道；2. 矿井正常涌水量大于 10 000m³/d；3. 区域地下水水位下降；4. 矿区周围主要含水层（带）水位大幅下降，或呈疏干状态，地表水体漏失严重；5. 不同含水层（组）串通水质恶化；6. 影响集中水源供水，矿区及周围生产、生活供水困难	1. 对原始的地形地貌景观影响和破坏程度大；2. 对各类自然保护区、人文景观、风景旅游区、城市周围、主要交通干线两侧可视范围内地形地貌景观影响严重	1. 占用破坏基本农田；2. 占用破坏耕地大于 2hm²；3. 占用破坏林地或草地大于 4hm²；4. 占用破坏荒地或未开发利用土地大于 20hm²
一般	每一项均低于严重级别定性指标，对应的评估因素定位为一般级别			

注：分级确定采取上一级别优先原则，只要有一项要素符合某一级别，就定为该级别。

表 9-6 东胜区矿山地质环境现状评估表

序号	评估区名称	主要开采矿种	评估因子分级				分区结果
			地质灾害	含水层	地形地貌景观	土地资源	
1	万利矿区	煤、砖瓦用黏土	一般	一般	严重	严重	严重区
2	铜川-塔拉壕矿区	煤、砖瓦用黏土	一般	一般	严重	严重	严重区

万利矿区主要存在地面塌陷、露天开采、固体废弃物占用破坏土地资源及地貌景观破坏问题；铜川-塔拉壕矿区主要存在火区、露天采坑、排土场占用破坏土地资源及地貌景观破坏矿山地质环境问题。

9.2.3 矿山地质环境治理设计

1. 矿山土地复垦

矿山土地复垦必须符合土地利用总体规划，并与其他规划相协调，因地制宜，治理区与矿山土地复垦区的确定与当地环境条件协调，按照"边开采，边治理"的原则，根据东胜区矿山地质环境影响现状评估结果，依据东胜区土地利用总体规划，分析复垦区自然条件和社会条件，并考虑工程施工难易程度以及技术可行性等因素，对适宜复垦为耕地、林地和草地的确定最终复垦方向为林地，对适宜复垦为草地的确定最终复垦方向为草地。

2. 矿山地质环境动态监测

矿山企业是地质环境监测的主体，矿山企业成立专门的监测机构，对本矿区范围内负责的地质环境进行监测，并填写监测调查表（张进德等，2008）。根据矿山地质环境问题的分布和变化特征，建立旗县级矿山地质环境动态监测网，建立东胜区矿山地质环境监测数据库，对矿区损毁土地及土地复垦、固体废弃物堆放及其综合利用、采空区地面沉（塌）陷、地裂缝、露天采场边坡地质灾害、矿区井工水、矿区水土环境污染等方面进行实时监测。

3. 治理工程原则

治理工程确定遵循的原则有：对矿山地质环境重点治理区内正在生产但存在历史遗留问题的老矿区安排治理工程；对矿山地质环境重点治理区内政府强制性关闭的矿山安排治理工程；对不属于重点治理区，但位于城镇周边或主要交通干线两侧，治理后环境效益明显的闭坑、无主矿山安排治理工程；矿山地质环境治理工程与《鄂尔多斯市矿山地质环境保护与治理规划（2016—2020 年）》和《鄂尔多斯市综合治理工作实施方案（2015—2017 年）》相结合（图 9-10）。根据确定的原则，将矿山地质环境重点治理区内的无主闭坑矿山在规划期内安排治理工程，确定东胜区矿山地质环境治理工程 6 项，将 3 项治理工程安排在近期进行治理，另 3 项安排在远期。

（a）治理后第 1 年　　　　　　　　　　　　（b）治理后第 2 年

图 9-10　治理后第 1 年、第 2 年景观

4. 治理方法研究

矿山地质环境治理工程主要包括矿山地质环境问题的预防、矿山地质灾害的

防治、损毁土地的复垦和矿区地质环境恢复等。为了指导东胜区矿山地质环境治理工程的实施，明确技术路线、提高技术含量、降低工程成本、确保治理成效，针对东胜区矿山地质环境问题，将一些运用较普遍、技术较成熟的治理方法进行归纳。

1）露天采矿场治理

东胜区主要矿产资源为煤、砖瓦用黏土矿、泥炭和石英砂矿，大部分是露天开采，形成大大小小的采坑，破坏了大量土地资源。依据矿山开发利用方案，露天矿坑具备内排条件后自上而下实行内部排土，排弃高度按统一标高进行排弃；不能实行内排的采坑，按照统一标高进行坑底整平。采坑四周布设防风抑尘网，缓解对周边环境污染。采坑边坡进行边坡整治工程，削坡后达到安全稳定角度；不宜进行削坡的陡立边坡，可进行垫坡处理，消除地质灾害隐患，采坑底部、边坡覆土恢复植被。非金属采矿坑治理过程中石英砂、泥炭、砖瓦用黏土矿采坑治理应按原有地势进行随坡整平，如有少量固体废弃物，可回填至采坑底部，上部根据实际情况，进行种草绿化、恢复植被。

2）排土场（废石场）治理

排土场治理首先对其边坡进行人工坡整形，为了体现整体治理效果，个别矿山还可对各边坡进行六棱空心砖铺设，然后覆土恢复植被。为防止雨季雨水冲刷治理边坡形成冲沟，破坏边坡治理效果，可在环采坑顶部修建横向截流渠、在坡面修建纵向排水渠。另外对多家矿山进行集中连片治理，学习连片综合治理的方法和技术。

3）地面塌陷（沉陷）治理

地面塌陷（沉陷）和地裂缝主要采取回填的方式进行治理，回填过程中利用周围堆积的固体废弃物采用随坡就势的方式进行填埋、平整、压实，然后覆土恢复植被。

4）工业场地治理

对废弃矿井的治理包括，对井口裸露、未采取任何安全措施的废弃竖井，采取填埋、盖板封堵措施进行治理。对深度小于30m的废弃矿井，用废石土直接填堵、夯实即可；对深度大于30m，井壁为硬质岩的废弃矿井，应回填井筒后在井口加盖钢筋混凝土盖板，然后覆土掩埋；对深度大于30m，井壁为第四系松散堆积物或软质岩的，首先在井筒内不同深度实施多点爆破，然后回填夯实。斜井型、平硐型废弃矿井井口为硬质岩的，采用砖砌、石砌方式封闭井即可；井口为软质岩或第四系松散堆积物的，采用多点爆破的方式炸塌井口后填土覆盖，井口封闭后，在井口周围设置警示牌。

对于矿区内废弃建筑拆除，拆除后的固废集中堆放或回填采坑和地面塌陷处，然后进行场地平整、覆土并恢复植被。治理洗煤厂方面，由于洗煤厂对周边环境影响严重,建议洗煤厂厂区建设全封闭式的防风抑尘网,缓解对周边环境的影响,使生态效应、经济效益、社会效应协调发展(图 9-11)。

(a)巴图塔矿复垦为沙柳林基地建设初期(2000 年)　　(b)巴图塔矿复垦为沙柳林基地(2010 年)

(c)洗煤厂治理　　　　　　　　(d)哈拉沟煤矿复垦为茶园式大果沙棘林

(e)煤田弃土场-柳桩措施稳固滑坡体治理后第一年　　(f)煤田弃土场-柳桩措施稳固滑坡体治理后第两年

图 9-11　生态、社会、经济效益协调发展

5. 治理工程投资估算与资金筹措

规划期内安排的矿山地质环境动态监测费用,由政府和矿山企业共同投入的方式筹措。规划期内安排的 6 项矿山地质环境治理工程费用和矿山地质环境动态监测费用,由政府投入为主,辅以矿山企业参与积极吸纳社会资金的方式筹集资金。在国家投入大量资金进行矿山地质环境治理工作的情况下,地方政府和矿山企业要积极配合,保证项目资金及时到位,并专款专用。

1)矿山地质环境动态监测费用

由政府和企业共同投资,开展全区矿山地质环境动态监测。其中,政府方面,手机监测网建设,需要费用约 150 万元,规划期内(2016～2020 年)每年维护费用约 20 万元,共需费用约 250 万元;企业方面,煤矿每年监测费用 170 万元,非金属矿每年监测费用 34 万元，规划期内（2016～2020 年）共需费用约 1020 万元。

2）矿山地质环境治理工作量及治理工程费用

规划期内确定的 6 项矿山地质环境治理工程，治理面积约 5.236 62km²，主要治理的内容有：固体废弃物清运、固废堆和高陡边坡整形、土地平整。按照《内蒙古自治区矿山地质环境治理工程预算定额标准（试行）》《内蒙古自治区建设工程费用定额》（DYD15-801—2009）等有关规定，结合东胜区实际情况，对治理工程进行投资估算，规划期内安排的 6 项矿山地质环境治理工程总费用约为 1677.72 万元。

6. 国家水土保持科技示范园建设

按照园区基础条件、基本功能、扩展功能、园区管理等评定标准和建设指标，形成了建设区、生产区、公益区、核心区。采取植物措施、工程措施和管理措施，建设与完善了水土保持植物示范、工程示范、产业示范、水土保持监测示范、科普宣传示范等内容（图 9-12）。其中水土保持植物示范的建成区以园林景观为主，主要栽植景观树种有国槐、垂柳、丁香等；丘陵沟壑区以乔灌混交、针阔混交为

（a）鱼鳞坑示范

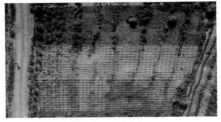

（b）水平阶示范

（c）植物根系观测

（d）沙障示范

（e）径流监测

（f）植生袋护坡示范

图 9-12　水土保持科技示范

主，种植油松、山杏、沙棘、紫穗槐等树种；风沙区以灌草结合为主，种植沙柳、杨柴等沙生植物，撒播沙米、沙蒿等草籽；采煤沉陷区以水土保持经济林为主，主要种植沙棘、野樱桃、文冠果等树种。

9.2.4　实施保障措施

1.　加强管理，建立责任机制

东胜区人民政府对所辖行政区域内的矿山地质环境保护与治理负总责。区政府成立以主管区长为组长，区国土资源局及相关部门领导为成员的"东胜区矿山地质环境保护与治理工作领导小组"。国土资源部门要监督矿山企业按照"开发利用方案"进行开采，依据"治理恢复方案"进行矿山地质环境治理恢复。

2.　全面落实矿山地质环境治理相关法规及制度

全面落实《内蒙古自治区矿山地质环境治理办法》和《内蒙古自治区矿山地质环境治理保证金管理方法》，采矿权人必须依法履行矿山地质环境治理恢复的义务，要按规定的时间和数量缴纳矿山地质环境治理恢复保证金。保证金由国土资源部门负责收取。矿山地质环境分期治理工程验收合格，应将保证金的相应部分返还给采矿权人，其余部分可抵缴下期应缴纳的保证金（陈艺月，2016）。矿山闭坑，采矿权人按规定履行了矿山地质环境治理恢复义务，政府将退还该保证金及利息；采矿权人逾期不进行矿山地质环境治理或经治理未达到《矿山地质环境保护与治理恢复方案》要求的，限期整改，限期整改后仍达不到要求的，由收缴保证金的国土资源部门通过向社会公开招标等形式，使用保证金对矿山地质环境进行治理恢复（史璇，2009）。

3.　强化执法手段

加强对矿山企业的监督管理，对不按规定缴纳保证金、不按规定编制矿山地质环境保护与治理恢复方案的矿山企业，不予办理采矿权许可证延续、变更和贷款抵押备案登记手续。按照《内蒙古自治区矿山地质环境治理保证金管理方法》的规定，区国土资源局要与矿山企业签订《矿山地质环境治理责任书》，对未履行责任书约定、在 3 年治理周期内不进行矿山地质环境治理恢复的矿山企业，依法暂时收回采矿许可证，责令限期治理。逾期仍不治理或者治理后验收不合格的，责令停止生产，使用保证金进行矿山地质环境治理。

4.　严格矿山地质环境治理恢复项目管理

矿山地质环境保护与治理工程立项、设计、施工必须由具备相关资质的单位承担,区国土资源局负责全区矿山地质环境治理恢复项目的监督管理,主要包括国家、自治区财政支持项目的立项、设计审查,协助自治区国土资源厅对国家、自治区财政支持项目的验收,矿山地质环境保护与治理要做到"还清老账,不欠新债",对造成矿山地质环境严重破坏的矿山企业,要及时治理,拒绝治理的要依法从严处理。

5. 建立矿山地质环境动态监测制度,实施信息化管理

建立矿山地质环境动态监测制度,及时掌握矿山地质环境状况的动态变化,便于采取有效的防治措施,对重点矿山应建立矿山地质环境信息监测站,实行区、站联网,在全区范围内形成一个比较完整的矿山地质环境动态监测体系。根据矿山地质环境保护与治理规划等有关基础资料,利用 RS、GIS 等先进技术建立矿山地质环境数据库和图形库,为政府和行政主管部门决策提供科学依据。

6. 拓展多元化的投资渠道,完善市场化运作机制

一是对计划经济时期遗留的、难于落实治理责任人的矿山,申请国家、自治区两权价款治理,恢复矿山地质环境。二是对于新建、在建的矿山和现有生产矿山,按照"谁破坏、谁治理"的原则,矿山地质环境治理由矿山企业负责,并依法缴纳矿山地质环境治理保证金。三是与土地复垦、土地整理相结合,多元化筹措资金进行矿山地质环境治理,治理后享有废弃矿山的二次资源和取得矿地复垦后土地使用权等作为回报。

7. 加强媒体监督及宣传教育,鼓励公众参与

新闻媒体要对矿山地质环境治理开展情况进行舆论监督,对正面典型及时予以宣传,对治理不力的矿山予以曝光。加强对采矿权人和矿山作业人员的教育及培训,提高采矿权人矿山地质环境保护意识,自觉履行矿山地质环境治理恢复的义务。重点对矿区及周边居民展开相关法规和科学知识的宣传,告知其应有的权利和义务,拓展和畅通群众举报投诉渠道,完善公众参与的规则和程序,采用多种方式,听取公众意见,接受群众监督。

9.2.5 小结

矿山地质环境保护与治理是落实科学发展观,实现可持续发展的必然选择,是西部大开发战略的重要组成部分,对西部生态环境具有重要意义(祝英普和胡凯,2012)。十九大报告指出,"人与自然是生命共同体,人类必须尊重自然、顺应自然、保护自然",这为地质工作指明了方向。要坚持以十九大精神为指引、为动力,以为国家钻探找矿为己任,践行绿色理念,强化环保意识,走绿色勘查道路,坚持在保护中勘查、在勘查中保护。东胜区矿产资源丰富,矿山地质环境问

题类型、发生频率及危害程度、受灾对象迥异。其中以地质地貌景观破坏、采空塌陷、排土场占用破坏土地等环境问题尤为突出，成为影响东胜区生态建设的主要因素。根据东胜区矿山地质环境现状，按照十九大要求，为促进经济社会的全面协调可持续发展，必须加强矿山地质环境恢复治理工作。因此，开展矿山地质环境保护与治理规划编制任务势在必行。

9.3　土地生态环境质量评价典型案例研究

9.3.1　数据来源

以东胜区为研究对象，以 2005～2014 年东胜区土地变更调查成果数据库中导出的矢量文件为数据源，参考东胜之窗上的相关数据资料、《城市用地分类与规划建设用地标准》（GB50137—2011）以及部分文献检索资料数据，结合东胜区土地退化数据、水资源数据、污染负荷数据，分析东胜区土地生态环境质量，并做出评价。

9.3.2　评价指标体系构建

为贯彻《中华人民共和国环境保护法》，加强生态环境保护，评价我国生态环境状况及变化趋势，2015 年 3 月 13 日国家环保总局发布并实施了《生态环境状况评价技术规范（HJ192—2015）》，并于同年 3 月 13 日试行。该技术规范规定了适用于县域、省域和生态区的生态环境现状及动态趋势的年度评价指标体系、计算方法和分级标准（萨仁其其格，2011）。

1.　生态环境状况评价指标体系

生态环境状况评价是利用生态环境状况指数反映区域生态环境的整体状态，指标体系包含生物丰度指数、植被覆盖度指数、水网密度指数、土地胁迫指数、污染负荷指数 5 个分指数，分指数分别反映被评价区域内生物的丰贫、植被覆盖的高低、水的丰富程度、遭受的胁迫强度，以及承载的污染物压力。

2.　评价指标的权重及计算方法

1）生物丰度指数的权重及计算方法
生物丰度指数（I_{bio}）是指衡量被评价区域内生物多样性的丰贫水平。
（1）生物丰度指数的权重见表 9-7。

表 9-7　生物丰度指数的权重

类别	林地	草地	水域	耕地	建设用地	未利用地
权重	0.35	0.21	0.28	0.11	0.04	0.01

（2）计算方法：

$$I_{bio}=\frac{A_{bio}\times(0.35\times S_f+0.21\times S_g+0.28\times S_w+0.11\times S_a+0.04\times S_c+0.01\times S_u)}{S_r} \quad (9\text{-}3)$$

式中，A_{bio} 为生物丰度指数的归一化系数，参考值为 511.264 213 106 7；S_f 为林地面积；S_g 为草地面积；S_w 为水域面积；S_a 为耕地面积；S_c 为建设用地面积；S_u 为未利用土地面积；S_r 为评价区域面积。

2）植被覆盖指数的权重及计算方法

植被覆盖指数（I_{veg}）是指评价区域植被覆盖的程度，利用评价区域单位面积归一化植被指数（$NDVI$）表示。

（1）植被覆盖度指数的权重见表 9-8。

表 9-8 植被覆盖度指数的权重

类别	林地	草地	耕地	建设用地	未利用地
权重	0.38	0.34	0.19	0.07	0.02

（2）计算方法：

$$I_{veg}=\frac{A_{veg}\times(0.38\times S_f+0.34\times S_g+0.19\times S_a+0.07\times S_c+0.02\times S_u)}{S_r} \quad (9\text{-}4)$$

式中，A_{veg} 为植被覆盖度指数的归一化系数，参考值为 121.165 124。

3）水网密度指数的计算方法

水网密度指数（I_{wat}）是指评价区域内水的丰富程度，河流长度、水域面积和水资源量与评价区域的面积比。

$$I_{wat}=\frac{\left(\dfrac{A_{riv}\times\text{河流长度}}{S_r}+\dfrac{A_{lak}\times\text{水域面积}}{S_r}+\dfrac{A_{res}\times\text{水资源量}}{S_r}\right)}{3} \quad (9\text{-}5)$$

式中，A_{riv} 为河流长度的归一化系数，参考值为 84.370 408 398 1；A_{lak} 为水域面积的归一化系数，参考值为 591.790 864 200 5；A_{res} 为水资源量的归一化系数，参考值为 86.386 954 828 1；S_r 为评价区域面积，当计算值大于 100 时，则取 100。

4）土地胁迫指数的权重及计算方法

土地胁迫指数（I_{lan}）是指评价区域内土地质量遭受胁迫的程度，利用评价区域内单位面积上水土流失、土地沙化、土地开发等胁迫类型面积表示。当土地胁迫指数大于 100 时，则取 100。

（1）土地胁迫指数的权重见表 9-9。

表 9-9 土地胁迫指数的权重

类型	重度侵蚀	中度侵蚀	建设用地	轻度侵蚀
权重	0.4	0.2	0.2	0.2

（2）计算方法：

$$I_{lan}=\frac{A_{ero}\times(0.4\times 重度侵蚀面积+0.2\times 中度侵蚀面积+0.2\times 建设用地面积)+0.2\times 轻度侵蚀面积}{S_r} \tag{9-6}$$

式中，A_{ero} 为土地胁迫指数的归一化系数，参考值为 236.043 567 794 8；S_r 为评价区域面积。

5）污染负荷指数的权重及计算方法

污染负荷指数（I_{pol}）是指评价区域内所受纳的环境污染压力，用单位面积上接纳的污染物总量表示，当污染负荷指数小于 0 时，则取 0。

（1）污染负荷指数的权重见表 9-10。

表 9-10　污染负荷指数的权重

污染指标	二氧化硫（SO_2）	化学需氧量（COD）	固体废物	其他土地胁迫
权重	0.4	0.2	0.2	0.2

（2）计算方法：

$$I_{pol}=\frac{(A_{so_2}\times 0.4\times V_{so_2}\times A_{YFC}\times 0.3\times V_{YFC})}{S_r}+\frac{A_{COD}\times 0.3\times V_{COD}}{P} \tag{9-7}$$

式中，A_{so_2}、A_{YFC}、A_{COD} 分别为二氧化硫、烟（粉）尘和 COD 的归一化指数，参考值分别为 0.064 866 028 7、4.090 445 932 1、4.393 739 728 9；V_{so_2} 为二氧化硫排放量；V_{YFC} 为烟（粉）尘排放量；V_{COD} 为 COD 排放量；P 为区域年均降水量；S_r 为评价区域面积。当计算值大于 100 时，则取 100。

3. 生态环境状况评价方法

用生态环境状况指数（ecological index，EI）表示，数值范围为 0～100。

1）各项评价指标的权重

各项评价指标的权重见表 9-11。

表 9-11　各项评价指标的权重

指标	生物丰度指数	植被覆盖指数	水网密度指数	土地胁迫指数	污染负荷指数
权重	0.35	0.25	0.15	0.15	0.10

2）生态环境质量指数（ecological quality index，EQI）

$$EQI=0.35\times 生物丰度指数+0.25\times 植被覆盖指数+0.15\times 水网密度指数+0.15\times(100-土地胁迫指数)+0.10\times(100-污染负荷指数) \tag{9-8}$$

3）生态环境质量分级

根据生态环境状况指数，将生态环境质量分为 5 级，即优、良、一般、较差和差（表 9-12）。

表 9-12　生态环境质量分级表

级别	优	良	一般	较差	差
指数	$EQI \geqslant 75$	$55 \leqslant EQI < 75$	$35 \leqslant EQI < 55$	$20 \leqslant EQI < 35$	$EQI < 20$
状态	植被覆盖度高，生物多样性丰富，生态系统稳定，最适合人类生活	植被覆盖度较高，生物多样性较丰富，适合人类生活	植被覆盖度中等，生物多样性一般，较适合人类生活，但偶尔有不适合人类生存的制约因子出现	植被覆盖较差，严重干旱少雨，物种较少，存在限制人类生存的因素	条件较恶劣，多数为戈壁、沙漠、盐碱地，人类生存环境恶劣

4）生态环境质量变化幅度分级

生态环境质量变化幅度分为 4 级，即无明显变化、略有变化（好或差）、明显变化（好或差）和显著变化（好或差）（表 9-13）。

表 9-13　生态环境质量变化幅度分级表

级别	无明显变化	略有变化	明显变化	显著变化
变化值	$|\Delta EQI| \leqslant 2$	$2 < |\Delta EQI| \leqslant 5$	$5 < |\Delta EQI| \leqslant 10$	$|\Delta EQI| > 10$
描述	生态环境质量无明显变化	如果 $2 < \Delta EQI \leqslant 5$，则生态环境质量略微变好；如果 $-5 \leqslant \Delta EQI < -2$，则生态环境质量略微变差	如果 $5 < \Delta EQI \leqslant 10$，则生态环境质量明显变好；如果 $-10 < \Delta EQI < -5$，则生态环境质量明显变差	如果 $\Delta EQI > 10$，则生态环境质量显著变好；如果 $\Delta EQI < -10$，则生态环境质量显著变差

9.3.3　生态环境状况评价

1.　土地利用现状分析

土地覆盖信息提取根据中华人民共和国住房和城乡建设部和中华人民共和国国家质量监督检验检疫总局于 2010 年 12 月 24 日联合发布的《城市用地分类与规划建设用地标准》（GB50137—2011），进行了土地类型划分。标准规定分类要按土地使用的主要性质进行划分，采用大、中、小 3 级分类体系进行用地分类，包括城乡用地分类、城市建设用地分类两部分，共分为 10 大类，44 中类，59 小类。其中 10 大类包括建设用地、水域、居住用地、公共管理与公共服务用地、商业服务业用地、工业用地、物流仓储用地、交通设施用地、公用设施用地、绿地。本书中采用的用地类型包括耕地、草地、林地、水域、城镇用地、建设用地、园地及未利用地 8 类，具体土地利用/覆盖遥感信息提取结果及各地类面积见彩图 9-1～彩图 9-4 和图 9-13。

2.　生态环境状况评价

根据《生态环境状况评价技术规范（HJ192—2015）》，结合表 9-7～表 9-13，将

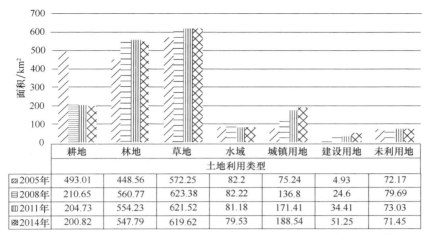

图 9-13 2005～2014 年鄂尔多斯市东胜区各土地利用类型面积柱状图

图 9-13 解译得到的各地类面积代入生物丰度指数、植被覆盖指数、水网密度指数、土地胁迫指数、污染负荷指数公式，并分别进行计算，得到对应的指数值，最终得到 2005～2014 年东胜区生态环境质量指数，从而对其进行动态评价。

评价结果显示，2005 年的生物丰度指数最大，为 83.95；2005～2014 年生物丰度指数有较大变化，从 2005 年的 83.95 减少到 2014 年的 74.64，原因是水域面积、耕地面积的减少，水域面积在生物丰度指数计算公式中权重达到 0.28，更主要的是东胜区是一个缺水的地区，水域面积的较大变化对生物丰度指数影响明显。东胜区是鄂尔多斯市经济、政治和文化中心，人口相对集中，致使耕地、林地、草地等生态类型面积较大，在全区总面积中所占比例依次为 10.99%、20.89%、23.05%。此外，未利用土地面积的减少与建设用地面积的增加趋势较一致，表明 2005～2014 年东胜区经济建设力度较大，人类活动频繁，对生态环境压力较大。2008 年的植被覆盖指数值最大，为 22.46。2005～2014 年植被覆盖指数从 20.40 增加到 22.15，增加了 1.75。东胜区属典型的半干旱大陆性气候，冬季严寒，夏季燥热，受水分条件的限制，植物的生长和植被多样性也会受影响。水网密度指数从 2005 年的 31.39 减少到 2014 年的 26.77，减少了 4.62。这主要是因为水域面积从 2005 年的 370.59km^2 减少到 2014 年的 79.53km^2。水网密度指数能充分反映区域生态环境分布特征和气候分布特征，水网密度指数较大，说明气候环境适宜人口居住。东胜区轻度侵蚀土壤面积从 2005 年的 767.59km^2 减少到 585.33km^2，减少了 182.26km^2，2005、2008、2011、2014 年中度侵蚀面积分别为 664.02km^2、528.71km^2、456.98km^2、398.67km^2，重度侵蚀面积从 2005 年的 342.11km^2 减少到 2014 年的 313.33km^2，侵蚀面积持续减少，土地退化指数总体呈上升趋势，从 2005 年的 39.80 减小到 2014 年的 31.04。这主要归功于从 2008

年开始的退耕还林、退耕还草政策的施行。污染负荷指数主要由 SO_2、COD、氮氧化物和降水量计算得出，2005 年、2014 年 SO_2 的排放量分别为 42 765t、20 217t，2005、2008、2011、2014 年年均降水量分别为 220.3mm、386.9mm、252.3mm、450.8mm。

9.3.4 结论

　　东胜区土地生态环境质量的评价结果显示（表 9-14），东胜区生态环境质量处在"一般"水平，其植被覆盖度、生物多样性中等，虽然较适合人类生活居住，但偶尔存在制约因子限制人类生存。2005、2008、2011、2014 年 EQI 分别为 52.06、52.48、49.58、53.11，从总体趋势来看，东胜区土地生态环境质量逐年改善，主要原因在于植被覆盖指数的增加以及土地胁迫指数、污染负荷指数的逐年减少，并且这 3 个指数对 EQI 的平均贡献率为 16.86%，28.8%，33.77%。根据生态环境质量变化幅度分级表（表 9-13），2005～2008 年 EQI 变化值为 0.42，无明显变化，2008～2011 年，ΔEQI 为 -2.9，属于 $-2 > \Delta EQI \geqslant -5$，生态环境略微变差。2011～2014 年，$\Delta|EQI|$ 为 3.53，属于 $2 < \Delta EQI \leqslant 5$，生态环境状况略微变好。但 2005～2014 年，$\Delta|EQI|$ 为 1.05，这表明土地生态环境质量总体上无明显变化，土地生态系统结构较完整，服务功能基本完善。

表 9-14　2005～2014 年东胜区生态环境状况及其变化

年份	生物丰度指数	植被覆盖指数	水网密度指数	土地胁迫指数	污染负荷指数	生态环境质量指数
2005	83.95	20.40	31.39	39.80	61.59	52.06
2008	75.89	22.46	26.21	39.01	27.75	52.48
2011	75.23	22.28	27.40	39.31	55.35	49.58
2014	74.64	22.15	26.77	31.04	29.12	53.11

9.4　城市建成区扩展典型案例研究

9.4.1　数据准备与信息提取

1. 数据准备

1）遥感数据

　　国内外城市扩展研究大多借用遥感影像高空间分辨率和高光谱分辨率来实现，建成区的时空扩展变化可以通过遥感影像来反映。遥感影像相比人工调查有高效、迅速、时间尺度跨度大等优点，能够及时、准确、省时地获取城镇用地情况。本节基于 Landsat 系列卫星的遥感影像数据对东胜区进行城市扩展研究。因为 Landsat 系列卫星的轨道是太阳同步的近极地圆形轨道，能够保证遥感观测条件的基本一致，有利于图像的对比。基于以上原因，常将 Landsat 系列卫星的遥感影像数据作为研究城市空间、形态、模式、结构、特征变化的信息数据源。基于对东胜区建成区结构、形态的变化研究目标提取不同年份的建成区外界轮廓。本节选用 1993 年、2000 年、2008 年 Landsat 4-5 TM，以及 2015 年 Landsat 8 OLI_TIRS 4 期影像数据作为基础研究数据。

2）专题数据

本节主要借用和参考以下专题数据：

（1）东胜区行政区划图（1993 年、2000 年、2008 年、2015 年）。

（2）历年鄂尔多斯市城市规划数据：

《鄂尔多斯市东胜区控制性详细规划修编（2010 年）》；

《鄂尔多斯市东胜区铁西三期控制性详细规划（2010 年）》；

《鄂尔多斯市城市总体规划（2003—2020 年）》——鄂尔多斯市域城镇空间结构与职能分工规划图；

《鄂尔多斯市城市总体规划图文说明（2004—2020 年）》；

《鄂尔多斯市城市总体规划（2004—2020 年）》——东胜区总体规划图；

《鄂尔多斯市城市总体规划（2009—2020 年）》——东胜片区土地使用规划图；

《鄂尔多斯市城市总体规划（2009—2020 年）》——鄂尔多斯市综合交通规划图；

《鄂尔多斯市城市总体规划（2009—2020 年）》——居住用地规划图；

《鄂尔多斯市城市总体规划（2010—2020 年）》；

《鄂尔多斯市城市总体规划（2021—2030 年）》；

（3）《内蒙古统计年鉴（1993—2014 年）》和《鄂尔多斯统计年鉴（2000—2014 年）》。

2. 建成区扩展信息提取

1）数据预处理

建成区扩展信息提取必须要对图像数据进行预处理。图像预处理能够消除图像无关信息，增强对研究有利的有用信息，从而使研究内容更加精确、可靠。图像的预处理主要有几何校正（几何精校正、图像配准等）、图像合成、图像融合、辐射校正等操作。其预处理图像技术流程见图 9-14。

本节采用 1993 年、2000 年、2008 年 Landsat 4-5 TM，以及 2015 年 Landsat 8 OLI_TIRS 4 期影像数据进行图像预处理操作。通过地理空间数据云下载数据。图像预处理主要有以下步骤：第一，对下载的数据在 ENVI 软件中进行多波段融合，在对遥感数据的处理过程中人眼分辨率对单波段分辨能力有一定的局限性，通常需要借助假彩色合成增强对遥感图像的识别，进而进行分析研究。第二，对已有

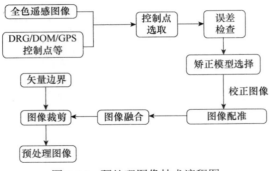

图 9-14　预处理图像技术流程图

数据进行图像的彩色合成。本节主要利用 4、3、2 波段对植被水体敏感特性进行标准假彩色合成。图像处理过程中首先进行图像的配准操作，使图像能够在相同的坐标投影下进行地物融合。图像融合能够将单波段或者多波段信息根据需要提取有利信息，改善解译精度、增强计算机可靠性、提高空间和光谱分辨率，综合提高图像质量。经过图像融合能够消除图像数据的冗余、增强图像透明度、改善图像解译过后的精度等特征，有利于对研究内容的精确研究。第三，对图像进行几何纠正。几何纠正是对卫星采集信息过程中由于飞行轨道、自然等因素造成图像相比原来地物发生畸变而进行的一种误差校正操作。

2）遥感信息解译

遥感影像的解译过程是根据遥感影像进行目标地物信息获取的操作过程。解译大致分为目视解译和计算机解译。目视解译具有操作简单、精度高、与目标地物对比明显的特征，但需要借助操作人员的自身专业技能。计算机解译效率高，但是存在同物异谱和异物同谱的误差。本节首先将东胜区遥感影像在 ENVI 4.2 中监督分类，然后在 ArcGIS 10.1 中对遥感实物进行目视解译，以此获取建成区面积、分布等参数。

3）遥感信息提取

首先，利用 ENVI4.2 软件进行遥感影像分类，通常利用计算机通过对影像中各类地物的光谱信息和空间信息进行分析，选择特征，将图像中的每个像元按照某种规则或者算法划分不同类别，然后与实际地物作对比，提取信息。一般分类主要有监督分类和非监督分类。本书采用 ENVI 4.2 软件中监督分类选择建成区和非建成区两个训练区进行最大似然分类对建成区有一定的大致轮廓感官。大致明确所研究的建成区范围。其次，在 ArcGIS 10.1 软件中利用相同地物间像元特性相同或者类似的特点对 4 期遥感影像进行东胜区建成区轮廓的提取、处理、出图等操作。在进行图像解译和提取过程中，根据影像的像元亮度、色调、纹理等特点，借助遥感影像监督分类和实物地类比较获取目标地物，从而进行东胜区建成区扩展中轮廓的提取。

9.4.2 东胜区建成区扩展分析

1. 建成区扩展数量特征分析

通过借鉴《中国城市年鉴》《内蒙古统计年鉴》《鄂尔多斯统计年鉴》，以及东胜区国土资源局、东胜区城市建设局等 1993～2015 年基础数据得出历年建成区面积统计（表 9-15），利用东胜区建成区历年扩展的数量特征对 1993～2015 年建成区面积变化、建成区年际变化和建成区年内扩展率动态研究。对历年城市建成区面积统计的结果进行分析比较，得出 1993～2015 年东胜区建成区面积变化示意图（图 9-15）、1993～2015 年东胜区建成区年际面积变化示意图（图 9-16）、1993～2015 年东胜区建成区年际扩展率变化示意图（图 9-17）。

表 9-15　1993～2015 年东胜区建成区面积变化与扩张率

年份	面积/km²	年内扩展面积/km²	年内扩展率/%
1993	12.00	0.00	0.00
1994	12.30	0.30	2.50
1995	12.90	0.60	4.88
1996	15.00	2.10	16.28
1997	15.60	0.60	4.00
1998	16.00	0.40	2.56
1999	16.80	0.80	5.00
2000	18.20	1.40	8.33
2001	21.00	2.80	15.38
2002	23.00	2.00	9.52
2003	30.10	6.90	30.00
2004	31.00	0.90	2.99
2005	40.00	9.00	29.03
2006	44.10	4.10	10.25
2007	46.23	2.13	4.83
2008	48.70	2.47	5.34
2009	56.73	8.03	16.49
2010	63.24	6.51	11.48
2011	69.81	6.57	10.39
2012	75.26	5.45	7.81
2013	81.33	6.07	8.07
2014	87.23	5.90	7.25
2015	92.70	5.47	6.27

东胜区建成区面积在 1993～2015 年从 12km² 直接增长到 92.7km²，面积扩展接近最初的 8 倍，年均扩展面积达 3.67km²，年均扩展率达 10%。由图 9-15 发现

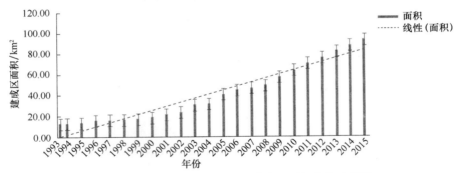

图 9-15 1993～2015 年东胜区建成区面积变化示意图

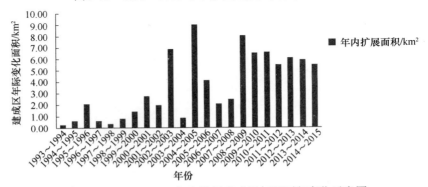

图 9-16 1993～2015 年东胜区建成区年际面积变化示意图

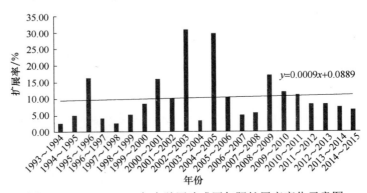

图 9-17 1993～2015 年东胜区建成区年际扩展率变化示意图

建成区发展大致分 3 个阶段，1993～2001 年建成区面积基数相对较小，扩展较平缓，1993 年初约为 12km^2，2001～2006 年进入快速发展阶段，2007 年以后建成区面积扩展迅速，且进入高速发展阶段，基数面积大，2015 年年底东胜区建成区面积已超过 90km^2。由图 9-16 发现城市年际扩展面积在 2008～2015 年出现快速发展，2008 年以后呈现稳定发展态势，同时 2006 年以后的城市扩展远比 1993～2001 年扩展快，这可能是由于经济社会发展等因素造成的。由图 9-17 发现年际扩展率总体慢慢下降，呈现先缓慢增长后达到高峰再逐渐降低的趋势，说明随着时间的变化城市发展逐渐成熟，扩展面积虽然体量大，但相比期初发展速率有所下降。

根据以上数据和图表，可以将 1993～2015 年东胜区建成区扩展时序变化大约分为 3 个阶段。第 1 阶段是 1993～2000 年城市发展缓慢阶段，第 2 阶段是 2000～2008 年城市快速发展，第 3 阶段是 2008～2015 年城市高速发展。1993～2001 年，扩展面积仅为 9.2km²，2000～2008 年扩展面积达 30.5km²，2008～2015 年扩展面积达 44km²。根据相同的时间尺度下城市扩展面积的大小能够反映城市扩展的快慢，发现城市扩展过程中需经历的过程，发现城市发展有一定的规模效应，规模带来城市的快速发展。

2000 年撤伊克昭盟设鄂尔多斯市，通过图 9-18 不难发现鄂尔多斯市在 2000～2010 年城市发展迅猛，而东胜区作为市中心在发展过程中所占的比例非常高，根据图 9-19 反映出城市职能对城市发展产生的巨大影响。

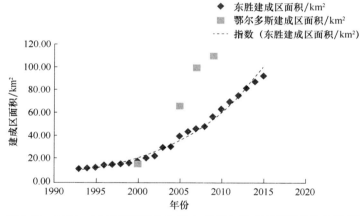

图 9-18　2000～2015 年东胜区与鄂尔多斯市建成区面积变化比较图

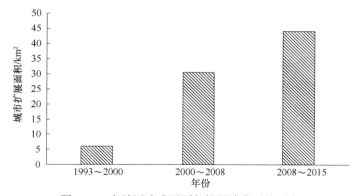

图 9-19　东胜区建成区面积扩展阶段对比研究

2. 建成区扩展速度分析

在建成区扩展的过程中建成区面积的变化必然伴随着扩展速度的变化，因此通过对建成区扩展速度的分析一般能够反映发展阶段的快慢，通过发展阶段快慢进而分析影响发展的因素，为今后的发展规划提供参考。建成区扩展速度研究根据属性分为绝对速度和相对速度，也可以根据建成区面积年均增长速度来研究扩展速度。

1）建成区扩展绝对速度与相对速度

建成区扩展绝对速度主要利用函数模型借用人口的增长来进行测算，从而得出已知函数。绝对速度一般采用异速增长法则（鲍丽萍和王景岗，2009）。函数为

$$A = ap^b \tag{9-9}$$

式中，A 为建成区面积；p 为地区农业人口；a、b 为待定系数。

利用 1993～2015 年的建成区的扩展统计数据建立数学模型进行分析。得出函数模型结果为 $A = 0.63p^{1.35}$，$R^2 = 0.097$。根据 Y. Lee 研究设定的判断标准，属于城市人口增长速度小于城市建成区面积相对增长速度。

建成区扩展相对速度主要通过城市扩展环比增长速度与城市扩展环比发展速度两项指标表示。建成区扩展过程中有一定的阶段性和波动性，按照近似研究时间尺度进行计算，分析结果如表 9-16 所示。1993～2015 年建成区环比增长速度达到 30.57%，环比发展速度达到 775.50%，相比 1993 年有了飞速的扩展。1993～2000 年环比增长速度仅 7.38%，环比发展速度仅 151.67%，在研究时间尺度里发展较慢，属于发展缓慢阶段。值得注意的是 2000～2008 年的环比增长速度为 20.94%、环比发展速度为 267.58%，明显大于 2008～2015 年的环比增长速度 12.91%、环比发展速度 190.35%。由此分析出东胜区发展速度由缓慢到快速再到缓慢发展，呈现波动式发展。

表 9-16　1993～2015 年东胜区建成区扩展阶段环比速度情况

时期	1993～2000 年	2000～2008 年	2008～2015 年	1993～2015 年
环比增长速度/%	7.38	20.94	12.91	30.57
环比发展速度/%	151.67	267.58	190.35	772.50

2）建成区年均扩展速度

扩展速度反映一定研究阶段研究区建成区年平均扩展面积情况（表 9-17）。东胜区扩展速度在 1993～2000 年、2000～2008 年、2008～2015 年分别为 0.89km²/a、3.81km²/a、6.29km²/a。1993～2015 年的扩展速度为 3.67km²/a。可以看出东胜区城市扩展属于稳定持续增长情况。

表 9-17　1993～2015 年东胜区建成区扩展速度情况表

时期	1993～2000 年	2000～2008 年	2008～2015 年	1993～2015 年
城市扩展速度/(km²/a)	0.89	3.81	6.29	3.67

3. 建成区形态变化分析

建成区往往是指城市主要建设地域集中连片的城区。建成区范围内一般拥有连片建设、公共设施（交通、行政、医院、教育）完备的特点。城市建成区的划定需要考虑地形地貌等自然要素和行政划分界线的特点。城市建成区的划定特点、自然地形地貌和政府决策的影响通常会很大程度上造成建成区的形态变化。建成区是城市地域内主要人口日常活动的主要场所，研究建成区的形态对人类活动发展和城区发展预测具有重要的意义，可以为城市功能分区和城市总体规划提供一定的参考依据，促进城市的良性、科学发展。建成区一般受社会形态和物质环境的影响，在城市发展过程中在城市聚集地形成并发展为功能、结构逐渐完善的地理空间区域。

建成区形态根据不同的影响因素有不同的划分。根据城市交通轴线划分大致有放射形、环形、带形、方格形、扇形等多种形态。同时借鉴前人研究，城市形态还可以大致分为集中式、分散式、集中分散式。本节通过对 1993 年、2000 年、2008 年、2015 年 4 期的遥感影像进行解译等处理，分别提取东胜区 4 个阶段的建成区和城市主干交通分布情况，进行叠加处理，分析 1993～2015 年东胜区城市形态变化。结果发现 1993～2015 年东胜区建成区不断地进行扩展，不同的发展阶段形态变化不一。因此，值得研究它的形态变化，为以后规划提供参考依据。

根据 1993 年遥感影像提取的建成区面积和交通主干道形态发现，当时的东胜区还是比较集中的集中式形态（图 9-20 和图 9-21）。从交通主干道可以看出建成

图例
▢ 1993 年建成区
▨ 2000 年建成区
▤ 2008 年建成区
▦ 2015 年建成区

0　1.6　3.2　　6.4 km

图 9-20　4 期建成区面积形态变化叠加示意图

图例
— 1993年建成区主干道
— 2000年建成区主干道
— 2008年建成区主干道
— 2015年建成区主干道

0 1.2 2.4   4.8 km

图 9-21　4 期建成区交通主干道变化示意图

区内交通还是相对落后，交通主干道的分布也影响着城市形态的发展。根据资料发现此时东胜区还是当时伊克昭盟的盟政府所在地，属于伊克昭盟的中心城区。由于特殊的历史背景使得城区面积相对较小，同时最重要的是当时东胜区政治、经济、文化地位所产生的作用使得建成区集中发展。

　　根据 2000 年遥感影像提取的建成区面积和交通主干道形态，同时对比 1993 年数据发现，建成区面积和交通主干道的形态变化不是很明显，还是处于集中式发展（图 9-20 和图 9-21）。此时的建成区在西北、西南、东南 3 个方向出现了局部的形态扩展，交通主干道变化相对较小。出现这种形态变化的原因大致有以下几个方面：第一，1993～2000 年建成区面积的扩展和交通主干道的延伸相对较小，可能是由于经济和人口的原因使得建成区建设投入少，限制了建成区的发展，此阶段东胜还是属于伊克昭盟的盟属所在地。第二，通过遥感影像发现在东胜的东北、东南方向是起伏的丘陵沟壑区，由于丘陵沟壑区的存在，使得地形地貌等主要自然因素限制了建成区的发展，只能沿西北、东南方向沿沟壑区延伸，同时向西南方向及有利于城市扩展的方向扩展。第三，考虑交通因素发现，在沿西北、东南方向沟壑区有一条交通线，这条交通线使得沿线周边具备发展的条件，同时便于联系外界并且此处容易建设工矿仓储用地，使城市建成区扩展。

　　根据 2008 年遥感影像提取的建成区面积和交通主干道形态，同时对比 2000 年数据发现，建成区面积和交通主干道的形态有了明显的变化，由 2000 年的相对集中式变成了相对分散的分散式（图 9-20 和图 9-21）。建成区的形态与 2000 年相比出现了在西北、正西、西南、正东方向相对明显的 4 块扩展区域。出现这种形态变化可以大致有以下几个方面的原因：第一，2000 年撤伊克昭盟设鄂尔多斯市，东胜区为鄂尔多斯市主城区，但是从 2004 年开始，鄂尔多斯市规划康巴什新区，鄂尔多斯市主城区开始形成东胜区、康巴什新区两个核心城区，且两个核心城区相距比较远。东胜区逐渐向康巴什新区发展，东胜区形态由 2000 年的集中式逐渐发展成分散式。同时分析发现康巴什新区已经扩展了一定的规模，由于规划所赋予康巴什新区的职能，使得康巴什新区具有一定的向心力作用，促进其发展，同时东胜区在西南方向逐渐向康巴什新区扩展，可以推测康巴什新区建成区形态发展处于集中式。第二，由于包神铁路经过东胜区边界，使得东胜区在正西方向扩展成新区，为东胜区主要扩展区域，同时沿西北、东南方向受地形限制，但有巴府公路的经过，使得东胜区沿次方向延伸扩展。可以分析出东胜区形态变化由集中式转变为分散式。

根据 2015 年遥感影像提取的建成区面积和交通主干道形态，同时对比 2008 年数据发现，建成区面积和交通主干道的形态出现了更为明显的变化，扩展面积几乎相当于 2008 年的一倍，同时主干交通网更加密集（图 9-20 和图 9-21）。2015 年康巴什新区的影响更为明显，建成区在西南向扩展明显，同时在交通干线的影响下东南向也扩展明显，在地形因素的影响下城区沿丘陵沟壑区纵深延伸扩展。至今发现建成区整体出现分散形式，对于分区出现相对集中形态。

综上所述，基于遥感信息和主要交通干道形态，同时结合周边社会情况，从 1993~2015 年的建成区面积和交通主干道分析，发现在城市扩展的过程中主要有以下因素的影响：第一，建成区扩展必须有良好的地形等自然因素，显然丘陵沟壑区不适宜城市的发展。第二，建成区的扩展必然受交通主干道的影响，或者扩展间接带动城区交通干道的延伸，这两者必定存在联系；第三，政府的规划对于建成区扩展具有决定性作用。正是由于政府对康巴什新区的规划建设使得康巴什新区对东胜区有很强的向心力作用，使得城市在此向心力的带动下逐渐扩展。通过分析可以看出东胜区属于分散式又呈现集中式，这也反映了中国城市"摊大饼"的城市扩展现象。同时发现城市的扩展过程中呈现阶段性，城市形态也逐渐发生动态变化。早期的城市发展一般选择最有利的自然、社会条件，然后集中连片地向外扩展，当扩展过程中由于地形等自然因素的限制又向相对有利的条件扩展，此时城市形态容易由集中式逐渐转向分散式扩展，接着受交通社会因素的影响，克服条件逐渐形成新的建成区，最后城市在各种向心力的作用下功能、结构逐渐完善，城市建成区形态又由团块分散式转向集中式。东胜区的发展应该是各城市扩展过程的一个缩影，符合城市建成区扩展的内在规律。

4. 建成区扩展模式分析

城市空间扩展过程中有多种基本扩展模式。基本模式主要有同心圆圈层扩展模式、由单中心到多中心扩展模式、星状扩展模式、带状扩展模式、网结状扩展模式、散珠状扩展模式、复合型扩展模式、串珠状扩展模式、远距离异地扩展模式（陈玉光，2010）。不同的研究视角下，扩展模式有不同的分类方法。本节主要借鉴几何分析法和非均衡法，同时结合基本扩展模式来对 1993～2015 年东胜区城市建成区扩展模式分析。几何形态模式分析法主要有同心圆、扇形、多核心、格状等多种模式；非均衡法主要有轴线扩展、跳跃组团式扩展、低密度连续蔓延扩展等多种模式。结合影响分析同时按大致相等时间尺度分为 3 个阶段进行东胜区建成区的城市扩展研究。分别为 1993～2000 年、2000～2008 年、2008～2015 年 3 个扩展时间段，用这 3 个时间尺度进行东胜区 1993～2015 年城市扩展内在规律研究，为以后预测城市扩展方向提供一定的参考依据。

　　根据图 9-22 进行 1993～2000 年的东胜建成区扩展模式研究，研究发现城市扩展主要扩展方向分别是西北、西南、东北，同时正南方向也有少量的扩展。参照基本扩展模式主要有以下结论：参照几何形态模式分析法发现此阶段扩展模式接近扇形扩展，可以看出以主城区为中心根据不同的张力逐渐沿不同方向有不同程度的扩展，结合图 9-22、图 9-23 可以看出城市扩展在一定程度上受交通主干道的影响，城市中心沿交通主干道逐渐向外扩展。由于东胜区沿西北、东南方向受丘陵沟壑地形及城区水域的影响使得建成区扩展往有利于其发展的方向扩展，并不全部呈现完整形态的扇形模式，而是分散的枝状、片状模式。参照非均衡分析法结合图 9-22、图 9-23 发现，东胜区主要沿城市交通主干道扩展并且呈现不断填充扩展模式。同时如果不受地形等自然因素限制，加上该城区中心具有极强的极化作用，该地区将按照同心圆模式进行扩展。

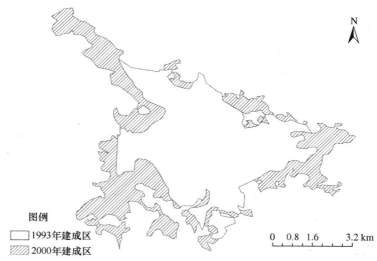

图例
☐ 1993年建成区
▨ 2000年建成区

0　0.8　1.6　　　3.2 km

图 9-22　1993～2000 年东胜区建成区面积形态变化叠加示意图

　　根据图 9-23 进行 1993～2000 年的东胜建成区扩展模式研究，研究发现城市的主要扩展方向分别是西北、正西、正东 3 个方向，同时沿着正南、西北东南方

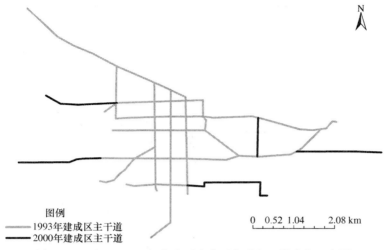

图 9-23 1993～2000 年东胜区建成区交通主干道变化示意图

向有少量扩展。参照几何形态模式分析法发现此阶段扩展模式接近同心圆发展的扇形扩展模式，此阶段是在原来的基础上进行了扩展，西北、正东方向是 1993～ 2000 年枝状、片状模式下的延伸，由于受地形因素影响，东南、西北方向同时沿丘陵沟壑区扩展，西南方向改变成正西方向扩展，因此总体认为该阶段扩展主要是扇形模式扩展。参照非均衡法结合图 9-24、图 9-25，发现该城区大体按照交通主干道扩展模式进行扩展。

图 9-24 2000～2008 年东胜区建成区面积形态变化叠加示意图

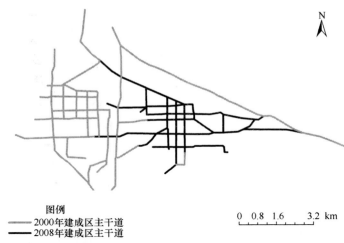

图例
———2000年建成区主干道
———2008年建成区主干道

0 0.8 1.6   3.2 km

图 9-25　2000～2008 年东胜区建成区交通主干道变化示意图

　　根据图 9-26、图 9-27 进行 2008～2015 年的东胜建成区扩展模式研究，研究发现城市的主要扩展方向分别是东北、正西、西南、正东方向扩展，同时发现沿着东南西北方向有少量扩展，正南方向也存在一定的扩展。参照几何形态模式分析法发现此阶段扩展模式接近扇形模式，同时开始由核心区逐渐向星形扩展模式发展。该模式往往是受地形等自然因素、社会政治因素等综合影响形成的。按照非均衡法发现，该阶段扩展依然按照交通主干道轴向扩展模式扩展，同时可以看出沿交通干道有一定的跳跃组团式扩展和低密度延伸填充扩展。

图例
▨2008年建成区
▨2015年建成区

0 1.6 3.2   6.4km

图 9-26　2008～2015 年东胜区建成区面积形态变化叠加示意图

　　综合分析发现，按照不同研究角度 1993～2015 年东胜区建成区扩展模式主要有：按照几何形态分析法发现建成区扩展大体呈现扇形扩展模式；按照非均衡法

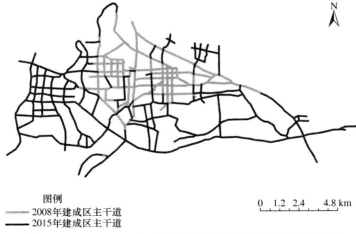

图例
——2008年建成区主干道
——2015年建成区主干道

0 1.2 2.4   4.8 km

图 9-27　2008～2015 年东胜区建成区交通主干道变化示意图

发现建成区扩展大体呈现沿交通主干道轴向扩展模式。

5. 建成区扩展特征分析

借用空间象限分析法对东胜区 1993～2015 年建成区扩展特征进行分析研究。以 1989 年伊克昭盟对东胜区的规划为参考，将当时的规划中心作为 1993～2015 年的扩展研究中心，然后以正北左右 22.5° 按照顺时针依次划分 4 个象限 8 个方向，每个方向 45°。在此基础上采用 ArcGIS 软件，利用叠加中擦除、相交功能进行各方向面积扩展的裁剪，同时利用 CAD 软件中填充量算面积功能进行相互验证，最终得出 1993～2015 年东胜区建成区扩展特征，得出结果见表 9-18、图 9-28～图 9-32。用这种方法很好地分析出各个方向的城区扩展，对城区的扩展特征因素分析更加清晰明了。

表 9-18　1993～2015 年东胜区建成区各方向扩展情况表　　（单位：km²）

方向	1993～2000 年		2000～2008 年		2008～2015 年		1993～2015 年	
	扩展面积	年均扩展面积	扩展面积	年均扩展面积	扩展面积	年均扩展面积	扩展面积	年均扩展面积
正北	0.179	0.026	1.598	0.200	3.630	0.519	5.632	0.256
东北	0.393	0.056	1.687	0.211	3.617	0.517	5.964	0.271
正东	1.368	0.195	3.463	0.433	17.189	2.456	22.648	1.029
东南	0.230	0.033	0.549	0.069	2.464	0.352	3.344	0.152
正南	0.445	0.064	2.023	0.253	0.315	0.045	3.099	0.141
西南	1.687	0.241	2.114	0.264	6.082	0.869	10.388	0.472
正西	1.201	0.172	5.747	0.718	18.327	2.618	26.165	1.189
西北	2.020	0.289	7.884	0.986	4.256	0.608	15.434	0.702

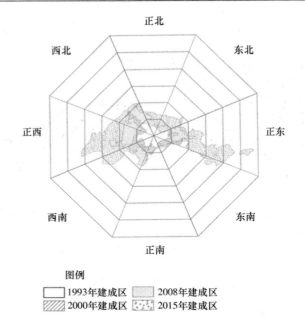

图例

1993年建成区　　　　2008年建成区

2000年建成区　　　　2015年建成区

图 9-28　1993～2015 年东胜区建成区扩展空间分析图

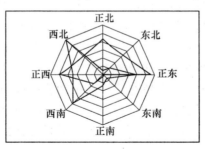

图 9-29　1993～2000 年东胜区建成区
扩展方向示意图

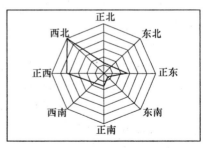

图 9-30　2000～2008 年东胜区建成区
扩展方向示意图

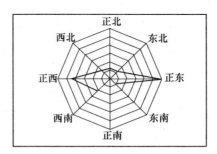

图 9-31　2008～2015 年东胜区建成区
扩展方向示意图

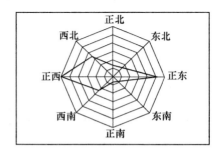

图 9-32　1993～2015 年东胜区建成区
扩展方向示意图

由表 9-18 可以看出 1993～2000 年东胜区西北、西南方向扩展强度较大，扩展面积分别达 2.020km²、1.687km²，在正北、东南方向扩展面积最小，扩展面积仅 0.179km²、0.230km²。2000～2008 年东胜区西北、正西方向扩展强度较大，扩展面积分别达 7.884km²、5.747km²，在东南、正北方向扩展面积最小，扩展面积仅 0.549km²、1.598km²。2008～2015 年东胜区正西、正东方向扩展强度较大，扩展面积分别达 18.327km²、17.189km²，在正南、东南方向扩展面积最小，扩展面积仅 0.315km²、2.464km²，可以看出此阶段是东胜区的扩展迅速的时期，远高于前两个阶段。从 1993～2015 年整体来看，东胜区在正西、正东方向发展迅速，正南、东南方向发展较为缓慢。

9.4.3　东胜区建成区扩展的影响因素分析

建成区的扩展是城市发展过程中的必然规律。在城市扩展的初期会出现乡村人口逐渐迁移至城镇导致城镇人口增加，最直接的表现是建成区面积数量的扩展，同时由于人口的不断集聚，相对原来乡村来讲，城市则是各种资源的集中利用消耗地，进而加重水资源、土地资源利用、环境等诸多自然问题，由于人口带来的一系列的居住交通、城市就业等社会问题，城市的政治、经济所赋予的职能等原因给城市的扩展过程带来诸多问题。通过对主要建成区的扩展因素进行分析不仅起到对城市扩展过程中各种状况的了解，分析掌握其具有的内在规律，在未来城市的发展规划中尽量避免各种不利因素进而使城市良性发展，同时可以调解和预测未来城市的发展方向，为城市布局提供依据。通过对扩展因素的分析研究，使城市在资源利用、社会经济、人口增长控制等方面得到优化。本节对城市扩展过程中不同阶段由于自然资源、社会经济、人口等诸多因素带来的一系列影响进行了详细地分析，希望能够对城市良好扩展提供参考依据。

1.　主动力因素分析

1）数据来源与方法

借鉴 1993～2014 年《内蒙古统计年鉴》、2015 年、2016 年东胜区政府工作报告和政府经济报告、鄂尔多斯市城市总体规划（2011—2030）等现有资料采用 Pearson 相关分析方法，利用两个数据集合是否在一条线上衡量定距变量间的线性关系的原理对东胜区建成区 1993～2015 年扩展的主导因素进行关联度分析。相关系数越大，说明两因素间的关联度越强，影响因素因子作用越强。相关系数越接近 −1 和 1 则关联度越强，若越接近 0 则关联度越弱，通常判断关联度强弱见表 9-19。

表 9-19　关联度分级表

关联度范围	0.0～0.2	0.2～0.4	0.4～0.6	0.6～0.8	0.8～1.0
关联度强弱	极弱相关或者无关	弱相关	中等程度相关	强相关	极强相关

2）指标选取

通过对东胜区建成区扩展的影响因素分析发现，影响因素有人口影响因素、社会经济因素、交通条件因素、自然地貌因素、城市政策与导向因素等，在选取指标因素时考虑综合性、主导性、易操作等原则对东胜区建成区的主动力因素进行分析（表 9-20、表 9-21）。选取指标则按照人口和经济两大类 9 小类进行分析。结果如下：人口因素：X_1＝总人口/人、X_2＝非农业人口/人；经济因素：X_3＝地区生产总值/万元、X_4＝第一产业/万元、X_5＝第二产业/万元、X_6＝第三产业/万元、X_7＝全社会固定资产投资/万元、X_8＝公共财政预算收入/万元、X_9＝公共财政预算支出/万元。

表 9-20　东胜区建成区规模扩展因素指标表

影响因素	影响因素二级分类	影响因素具体指标
人口因素	人口数量	总人口/人
		非农业人口/人
经济因素	经济水平	地区生产总值/万元
	产业结构	第一产业/万元
		第二产业/万元
		第三产业/万元
	社会投资水平	全社会固定资产投资/万元
	公共财政支出	公共财政预算收入/万元
		公共财政预算支出/万元

表 9-21　东胜区建成区规模扩展因素原始数据表

建成区面积/km²	总人口/人	非农业人口/人	地区生产总值/万元	第一产业/万元	第二产业/万元	第三产业/万元	全社会固定资产投资/万元	公共财政预算收入/万元	公共财政预算支出/万元
12.00	148 100	83 500	66 083	3 653	36 637	25 793	61 472	6 341	18 433
12.30	150 900	86 000	88 960	7 086	46 158	35 718	97 801	7 345	19 355
12.90	154 700	92 300	107 971	8 037	59 188	40 746	106 653	6 908	6 704
15.00	163 600	102 300	145 538	10 578	85 899	49 061	95 719	8 579	9 722
15.60	170 000	106 800	179 372	11 630	127 795	54 296	128 128	11 789	11 599
16.00	175 200	113 000	239 629	15 194	158 291	66 144	136 025	14 690	13 505
16.80	183 900	121 000	285 345	8 021	187 079	90 245	95 908	22 247	15 469
18.20	190 473	190 473	358 068	7 786	249 218	101 064	105 809	29 813	17 355
21.00	197 177	134 753	396 700	7 121	271 548	118 031	113 526	26 602	29 437
23.00	205 500	144 793	490 159	11 755	318 084	160 320	133 547	32 578	30 874
30.10	219 403	166 114	620 122	16 498	370 117	233 507	173 188	43 008	45 364
31.00	226 285	184 279	940 979	18 951	445 720	476 308	414 008	52 857	59 098
40.00	230 579	188 822	1 364 847	16 629	536 160	812 058	650 047	133 390	82 236
44.10	237 319	196 191	1 868 974	16 350	735 581	1 117 043	1 109 246	154 857	113 900

续表

建成区面积/km²	总人口/人	非农业人口/人	地区生产总值/万元	第一产业/万元	第二产业/万元	第三产业/万元	全社会固定资产投资/万元	公共财政预算收入/万元	公共财政预算支出/万元
46.23	243 429	209 463	2 900 100	19 515	1 146 100	1 734 485	1 882 170	217 333	204 710
48.70	248 311	216 044	3 990 627	21 000	1 538 969	2 430 658	2 286 895	329 108	313 774
56.73	253 127	222 027	5 073 976	21 000	2 004 708	3 048 268	4 005 333	452 769	399 503
63.24	260 175	232 875	6 391 633	18 151	2 506 852	3 866 630	5 000 305	755 527	531 816
69.81	263 024	226 714	7 632 638	13 903	2 998 822	4 619 913	5 602 266	1 008 378	755 714
75.26	263 046	223 388	8 503 350	14 700	3 366 826	5 121 824	6 026 112	778 736	810 425
81.33	268 908	226 782	8 802 777	14 800	3 282 877	5 505 100	6 501 079	966 700	930 501
87.23	274 148	192 960	8 567 700	15 500	3 239 700	5 312 500	6 576 200	800 600	936 700
92.70	286 000	204 812	8 838 900	14 500	3 294 000	5 530 400	—	809 100	937 500

注："—"表示数据未找到。

3）数据分析

利用 SPSS19.0 对东胜区 1993～2015 年建成区面积与城市扩展因素因子间进行 Pearson 相关性分析，得出东胜区建成区扩展面积与影响因素因子的相关系数矩阵（表 9-22）。

表 9-22 1993～2015 年东胜区建成区扩展面积与影响因素因子的相关系数矩阵表

系数	建成区面积	总人口	非农业人口	生产总值	第一产业	第二产业	第三产业	全社会固定资产投资	公共财政预算收入	公共财政预算支出
建成区面积	1.000	0.941	0.820	0.975	0.559	0.973	0.975	0.960	0.940	0.960
总人口	0.941	1.000	0.935	0.871	0.728	0.876	0.866	0.825	0.833	0.828
非农业人口	0.820	0.935	1.000	0.761	0.745	0.771	0.753	0.735	0.743	0.691
地区生产总值	0.975	0.871	0.761	1.000	0.456	0.999	1.000	0.996	0.981	0.991
第一产业	0.559	0.728	0.745	0.456	1.000	0.462	0.451	0.445	0.440	0.372
第二产业	0.973	0.876	0.771	0.999	0.462	1.000	0.998	0.995	0.982	0.988
第三产业	0.975	0.866	0.753	1.000	0.451	0.998	1.000	0.996	0.980	0.992
全社会固定资产投资	0.960	0.825	0.735	0.996	0.445	0.995	0.996	1.000	0.982	0.990
公共财政预算收入	0.940	0.833	0.743	0.981	0.440	0.982	0.980	0.982	1.000	0.973
公共财政预算支出	0.960	0.828	0.691	0.991	0.372	0.988	0.992	0.990	0.973	1.000

根据表 9-22 得知，建成区面积与城市扩展因素因子相关系数的大小结果：地区生产总值（X_3）＝第三产业（X_6）＞第二产业（X_5）＝全社会固定资产投资（X_7）＝公共预算支出（X_9）＞总人口（X_1）＞公共财政预算收入（X_8）＞非农业人口（X_2）＞第一产业（X_4）。可以看出东胜区城市扩展与地区生产总值、第三产业产值、总人

口有极强的相关性，同时与第一产业有中等相关性。这些因素在不同程度上给城市扩展带来影响。

2. 人口因素

城市扩展过程中必然少不了人类的参与，正是由于人类的不断参与使乡村人口不断地向城市集聚，才使得城市形成和发展。由于有了人类的参与使得城市在有限的土地面积下必须进行不断的建设、扩展来满足大量城市人口的居住、商业、交通等日常需求，同时人类的参与赋予了在有限的土地资源下人类的社会经济地位。当大量乡村人口涌入城市时，使得城市为了满足人类各种不同的需求而需要进行不断地扩展。城市扩展过程中由于人类的参与需要满足人类的居住、交通、公共服务设施等需求必须进行城市土地利用扩展，从而使城市不断扩大发展。城市的扩展一般表现为内涵式扩展和外延式扩展。内涵式扩展一般表现为对城市土地的集约利用，加大城市的紧凑度；而外延式扩展则是在人口不断增长的过程中对土地供应的必然需要，不能通过土地集约利用解决。城市的扩展必须满足城镇人口的日常需求，因此人口的增长会直接影响城市的发展规模。人口的增长不仅使得土地利用的需求加大、建成区扩展，同时会带来商业经济、政治、娱乐、文化、教育、体育等一系列满足人们精神需要的软服务。因此可以看出人口的增长是城市建成区扩展的最主要、最直接的影响因素。

1）东胜区人口变化情况

根据统计发现 1993 年东胜区总人口只有 148 100 人，但是至 2013 年年底东胜区总人口已增加至 268 908 人，人口增加整整一倍，这样的人口增长必然导致建成区的快速扩展。从图 9-33 发现，东胜区总人口与城镇人口出现阶段性的变化。东胜区总人口与城镇人口在 1993～2000 年同步增长，2000～2010 年快速同步上

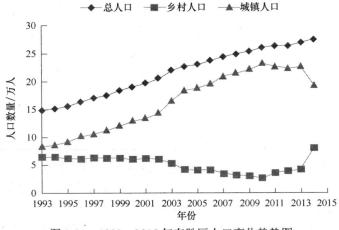

图 9-33　1993～2015 年东胜区人口变化趋势图

升，说明这阶段人口由于一些原因增加迅猛，并且从斜率可以看出城镇人口年均增长率是稍高于总人口增长率，然后在 2010 年这几年总人口呈现增长但是城镇人口在慢慢下降，同时发现发展初期城镇人口和乡村人口相差不大，但到发展后期城镇人口数量远大于乡村人口。由表 9-23 得出乡村人口从 1993 年的 64 600 人减少到 42 126 人，同时城镇人口由最初的 83 500 人增加到 226 782 人，变化特别明显，在城市建成区有限的扩展范围下人口密度逐渐增大，从而得出城市扩展的水平增加。

表 9-23 1993～2015 年东胜区人口变化表   （单位：人）

年份	总人口	乡村人口	城镇人口
1993	148 100	64 600	83 500
1994	150 900	64 900	86 000
1995	154 700	62 400	92 300
1996	163 600	61 300	102 300
1997	170 000	63 200	106 800
1998	175 200	62 200	113 000
1999	183 900	62 900	121 000
2000	190 473	60 400	130 073
2001	197 177	62 424	134 753
2002	205 500	60 707	144 793
2003	219 403	53 289	166 114
2004	226 285	42 006	184 279
2005	230 579	41 757	188 822
2006	237 319	41 128	196 191
2007	243 429	33 965	209 464
2008	248 311	32 267	216 044
2009	253 127	31 100	222 027
2010	260 175	27 300	232 875
2011	263 024	36 310	226 714
2012	263 046	39 658	223 388
2013	268 908	42 126	226 782
2014	274 148	81 188	192 960
2015	—	—	—

2）人口增长对建成区扩展的影响

根据图 9-33、表 9-23 发现 1993～2015 年东胜区在发展过程中总人口和城镇人口呈现增长的趋势，同时结合图 9-16，发现人口的增长与城市建成区面积数量扩展存在一定的相同变化趋势。一般人口规模的变化会直接影响城市的各类用地建设面积、城市建筑面积和城市所需公共设施的需求等。人口的不断变化必然会使得人类呈现不同的需求，即人口结构的变化使城市需要建设学校、居住用地、养老院等，同时人口会直接影响经济的发展，人口的不断增加，会使得城镇更加集聚发展，使得为适应经济发展要求而不得不去建设相应的设施而进行城市扩展。可以说人口的增长直接影响了城市的扩展规模。

3. 经济发展因素

经济基础决定上层建筑，任何建设必然离不开经济因素，经济直接影响城市扩展速度及规模，因此城市的扩展不可不考虑经济因素。城市所具有的经济能力将决定城市发展的规模。城市是一个经济综合体，相对乡村来讲，城市往往更加集聚，同时城市提供了大量的就业岗位；在公共设施如教育、医疗、生活、文化等方面具有明显的优势，基础设施更加完备。人们往往追求更高的经济利益、更好的生活条件，必然会往城市集聚，在满足自身的同时带动城市的发展，也同时为城市的经济发展做出一定的贡献。城市经济的发展是各种因素综合作用的体现，城市经济具有多种复杂性，会受到国家体制政策、人类行为意识等多种因素影响。经济的增长必然会带动城市的发展。在城市扩展的过程中对经济因素的研究必然会为城市规划者提供一定的规划依据，在扩展过程中尽量符合经济发展规律，使得城市良性发展。

1）东胜区经济发展情况

结合 1993～2014 年《内蒙古统计年鉴》、2014 年东胜地区国民经济和社会发展统计公报、2015 年东胜区经济运行分析的经济统计指标对主要经济指标进行分析总结。

（1）地区生产总值分析。地区生产总值一般反映该地区的综合经济实力和市场规模。在研究地区生产总值中需要考虑其变化情况，一般主要从市场规模、地区生产总值变化具体数值、地区人均生产总值和地区生产总值增长率出发进行研究。由图 9-34 发现，1993～2015 年东胜区在地区生产总值规模上发生了翻天覆地的变化，据统计 1993 年地区生产总值仅 66 083 万元，但到 2015 年达到8 838 900 万元，短短 22 年地区生产总值增加了 130 多倍，可见市场规模扩大的程度。同时发现 1993～2005 年地区生产总值相对较低，在 2005 年突破 100 亿元大关，到 2009 年突破 500 亿元大关，直到 2015 年地区生产总值达 900 亿元，东胜区地区生产总值整体呈现增长趋势。由图 9-35 发现，1993～2015 年东胜区年际地区生产总值相对有一定程度的波动，大体呈现先增加到顶峰后逐渐降低的趋势。1993～2002 年增加相对平缓，但 2004～2009 年地区生产总值直线增加直到 2009 年达到增长顶峰后逐渐呈现增长减缓趋势。由此可以看出，2004～2009 年相比以前是快速发展阶段，且到 2009 年以后呈现一定规模的增加。

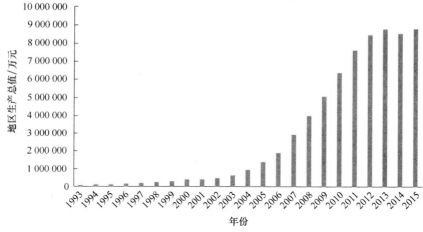

图 9-34　1993~2015 年东胜区地区生产总值示意图

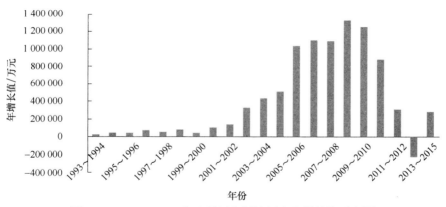

图 9-35　1993~2015 年东胜区年际地区生产增长值示意图

人均地区生产总值一般反映一个地区的总体生活水平，反映该地区的人均购买力和消费水平。由图 9-36 可以看出，从 1993 年的 4463 元到 2004 年的 41 583 元，东胜区人均地区生产总值增加相对平缓，从 2004~2009 年增加到 117 453 元，可以看出这期间社会经济得到飞速发展，人均生活水平得到快速提高和改善，人均地区生产总值呈现缓慢增长趋势。表明经济不可能一直飞速发展，一般都受它的内在规律影响和调控。

（2）三次产业结构分析。三次产业是根据人类社会活动而进行的大体社会分工认识，因此认识分析产业结构有十分重要的意义。分析国民经济问题产业结构属于第一要位。产业结构分析能够认识到中国实际国情和产业结构调整以后提升的方向。据图 9-37 可以看出，三次产业都处于增长趋势，说明社会经济在向前发展，在 1993~2000 年三次产业增长相对缓慢且比重相差不多，2000~2004 年第二产业增长高于第三产业和第一产业，说明这段时间工业发展高于服务业和农业。

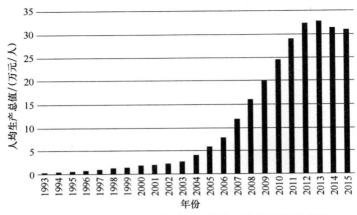

图 9-36　1993～2015 年东胜区人均地区生产总值示意图

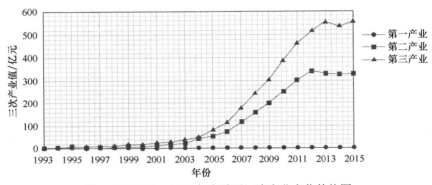

图 9-37　1993～2015 年东胜区三次产业变化趋势图

2004 年以后服务业较工业发展迅猛，整体来讲服务业、工业均在快速发展，但到 2012 年后工业平缓发展，2013 年服务业呈现减缓趋势。

据图 9-38 分析发现，东胜区第一产业比重一直很低，并且从 1993 年开始逐年减少。从 2007 年开始第一产业在东胜区相对没有发展，开始转变成以第二、第三产业为主。1993～2002 年第二产业占主导地位并且呈现先增加后减少的趋势，峰值在 1999 年左右达到 70% 左右，2004 年以后第二产业与第三产业比重相对稳定，说明此时社会发展相对稳定，并且第三产业占主导产业，占总产业结构的 60%。

（3）公共财政收入与支出分析。公共财政就是政府将集中控制的社会资源投入到社会公共建设和服务上，满足公共服务需求，全社会固定资产投资则是用货币来建造购置固定资产，在社会建设过程中具有重要意义，因此研究公共财政和全社会固定资产投资对研究城市扩展关系具有十分重要的意义。

据图 9-39 显示，1993～1997 年东胜区公共财政预算支出大于公共财政预算收入，说明这段时间东胜区有一定的公共设施建设扩展，接着几年公共预算收入大于公共预算支出。总体上讲，公共预算收入与公共预算支出维持在 50% 左

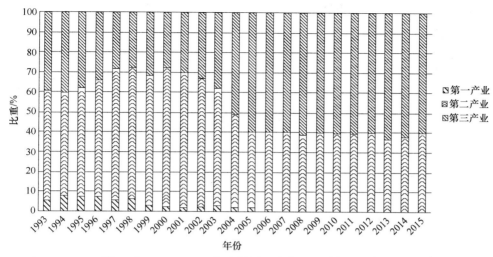

图 9-38　1993~2015 年东胜区三次产业比重变化示意图

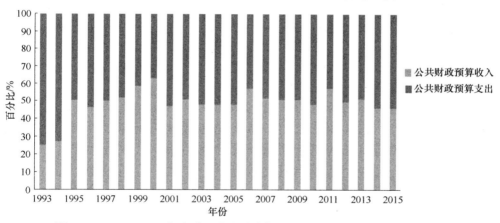

图 9-39　1993~2015 年东胜区公共财政收入与支出百分比堆积柱状示意图

右，保持相对平衡。

据图 9-40 显示，1993~2003 年东胜区全社会固定资产投资稍大于公共财政预算支出，这说明该阶段处于城市公共财政建设时期。自 2003 年以后全社会固定资产投资增长率远远高于公共财政预算支出，说明此阶段并非主要建设公共设施服务，还有其他需求的建设。

2）经济发展对建成区扩展的影响

城市是人类不断聚集形成的复杂综合体，城市空间正是这样一个可以满足人们日常活动的区域空间，在此空间内包括大量的经济活动。城市的扩展必然少不了经济活动的参与，城市扩展规律与经济波动有密切的关系。通过分析经济主要指标在时序上的变化与城市扩展面积变化，得出经济对城市扩展的影响规律。

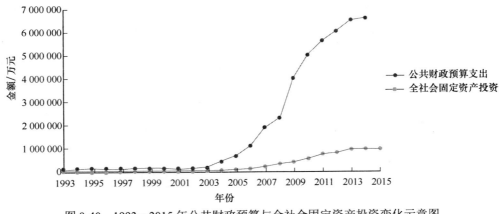

图 9-40　1993～2015 年公共财政预算与全社会固定资产投资变化示意图

（1）地区生产总值与建成区扩展分析。地区生产总值反映了该地区的总体经济实力和市场规模，是研究一个区域发展的重要经济指标，与城市扩展有十分密切的关系。在建成区扩展数量分析中可以看出，2002 年以后城市年际扩展面积剧增，与 2002 年以后东胜区地区生产总值增加过程基本相符（图 9-34）。一个区域的城市扩展与地区生产总值变化存在一定的密切关系，可以理解为经济的增长是促进城市建成区扩展的内在直接动因。

（2）三次产业与建成区扩展分析。根据图 9-38 发现，在 2000 年以前第一产业相对较低，2000～2004 年第二产业稍高于第三产业，2004 年以后第三产业和第二产业逐年增加且第三产业增长率远高于第二产业。对比建成区扩展数量可以发现建成区的扩展在 2004 年以前相对较少，但第三产业增长后，城市建成区扩展面积急剧增加，这与建成区扩展存在一定的关联。因此，经济的产业结构变化是城市扩展的驱动力，符合一般城市发展规律。

第一产业往往是一个城市起步发展不可或缺的，在城市扩展初期农牧业具有代表性优势，随着城市具有一定的规模，第二产业即工业逐渐展现出优势进而取代第一产业，开始进行厂房等基础设施建设，占用大量的耕地和草地，第二产业的经济效益远高于第一产业，城市扩展加剧。随着第二产业由于资源等其他因素的限制，并且第二产业带来的直接经济效益使得第三产业即服务业开始展现活力，迅速发展并且逐渐占主导地位，第三产业包括的旅游、文化、餐饮、体育、服务等行业迅速发展进而对建成区面积扩展的需要，这些行业的需求用地面积远大于工业，第三产业的发展促进城市建成区的飞速扩展。因此，可以得出建成区的扩展必然会呈现阶段性，然后进行第一产业、第二产业、第三产业的时序演替，最终建成区内以第三产业占主导地位、第二产业次之，最终第一产业远离建成区。

（3）公共财政与建成区扩展分析。研究发现公共财政的投入与建成区也存在一定的内在规律，一般城市的发展离不开公共建设，在初期一般主要进行已有建成区的投入建设，随着城市的发展，公共财政逐年增加，可以看出建成区的扩展离不开公共财政的支持，公共财政的支出增加也一定程度上反映了城市扩展规模。

4. 自然环境因素

在城市的扩展过程中必定直接或间接受到自然环境的影响和制约，两者之间存在一定的内在关系。城市是人类聚集生活的场所，所需要的资源必须满足日常生活，不然必定会受到一定程度的限制，不可能持续扩展。自然环境要素是人类生存的基本物质条件，这些条件决定了城市的扩展规模、速率、方向、时间、主导产业等，城市的扩展必定适合人类的生存需求。结合东胜区的实际情况，分析自然环境因素对东胜区建成区的扩展研究。

1）地形地貌因素与建成区扩展

在分析东胜区形态扩展中发现由于丘陵沟壑区的限制，使得该地区发展一般只能沿交通线缓慢发展，同时由于地形的限制使得东胜区的发展沿西北东南向受限，只能规划其他发展区域，东胜区东部山多坡陡，南北部大多沟壑切割，因此从发展来看，这些方向只是局部扩展，并且根据遥感影像这些方向一般用于工矿仓储等用地，正西方向地势平坦，相对适合城市发展，因此建成区主要向西方向扩展。由于地形空间限制，使得整个城市城区规划不得不重新布局，在城市逐渐饱和情况下选择了距东胜区南 23km 的康巴什新区，使得东胜区在规划新区以后往南有少量扩展。

2）水资源因素与建成区扩展

水资源是人类日常生活必不可少的自然环境要素，水资源往往限制了城市发展的规模和方向。东胜区水资源主要来源为大气降水和浅层地下水，水资源紧张，这是限制东胜区发展不得不考虑的因素，如果水资源得不到解决，东胜区扩展必然受到影响。经过分析东胜区向正西扩展同时逐渐往南靠近康巴什新区发展。

5. 其他作用因素

1）城市规划与政策对建成区扩展的引导

城市规划和政策是政府通过宏观引导和调控改变城市的发展大体方向，根据鄂尔多斯城市总体规划（2003—2020）确定鄂尔多斯中心城市由单一转向多中心，规划康巴什新区，同时规划确定东胜中心主城区向西发展来看，至今城市的发展主要是向正西和靠近康巴什新区方向扩展。规划必定会依据合理的自然、交通等条件，因此总体规划的整体布局可以说是引导控制城市建成区发展的驱动力。

2）开发区建设与建成区扩展

东胜区建成区的扩展主要从 2000 年以后有了较大的发展，东胜区在 2003 年成立了东胜经济技术开发区，同时包神铁路、高速、国道的建立使得交通条件发生了巨大变化，使得 2004 年以后东胜区扩展十分迅速，在康巴什新区的大力建设下，至 2015 年东胜区扩展几乎是 1993 年的 8 倍。

综合考虑，东胜区的扩展因人口、经济、自然环境、社会政策、规划等诸多因素综合诱导而成。城市的发展是一个社会对其作用的综合反映，东胜区位于鄂尔多斯市特殊的政治、经济、交通地位，对东胜区未来的扩展方向和规模的研究必定有重要价值。

9.4.4　建成区规模数量预测

1. 传统数量分析模型预测

通过对在一定时间尺度下已知数据的简单拟合进行趋势分析，而对东胜区建成区进行简单的城市扩展预测。研究所采用的简单模型为

$$U_q = \frac{S_{(i+q)} - S_i}{S_i} \times \frac{1}{T_{(i+q)} - T_i} \times 100\% \tag{9-10}$$

$$V_q = \frac{S_{(i+q)} - S_i}{T_{(i+q)} - T_i} \tag{9-11}$$

式中，U 为研究区研究时间尺度范围内的建成区扩展率；S 为建成区面积；T 为研究时间；i 为研究初始年份；q 为研究的时间尺度；V 为研究区研究时间尺度范围内的建成区扩展面积。

利用已知数据进行散点图趋势分析处理得到图 9-41 和图 9-42。

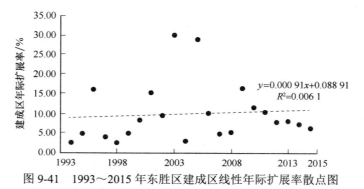

图 9-41　1993～2015 年东胜区建成区线性年际扩展率散点图

该模型对建成区扩展进行分析具有操作简便的特点，只能对研究区扩展趋势进行大概的预测，很明显对扩展阶段的各个影响因素不能得到充分的考虑。通过以上模型对建成区扩展率和扩展面积进行统计分析、散点图模拟发现，R^2 分别为 0.0061、0.5244，由此可以看出通过常规的模拟线性分析预测城市扩展面积变化并不可靠，只能对城市的规模进行大致的分析。

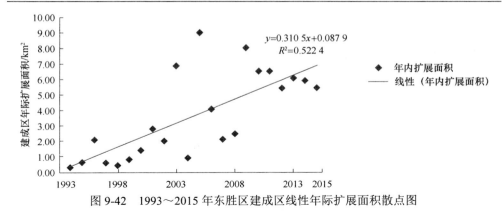

图 9-42 1993～2015 年东胜区建成区线性年际扩展面积散点图

2. 优化组合模型预测

通过对传统模型进行城市扩展预测发现，预测精度存在一定的误差。传统预测模型对城市的扩展参考因素几乎忽略，只是对城市扩展的具体数量进行了简单分析。针对城市扩展中扩展因子间相互影响的特点，进行回归分析往往是研究多变量相互影响的常用方法，但是简单的数量间进行回归分析很难符合多变量的独立影响特性，因此对多因素建立优化组合模型进行城市扩展预测十分必要。

优化组合模型预测是通过使用回归分析分别对因变量和自变量间的关系进行精度拟合，然后根据精度高低进行多因素组合预测的方法。

$$Y = a_1 y_1(x_1) + a_2 y_2(x_2) + \cdots + a_m y_m(x_m) \tag{9-12}$$

$$\sum_{i=1}^{m} a_i = 1, \ a_i \geqslant 0, (i=1, 2, \cdots, m) \tag{9-13}$$

式中，Y 为使用优化组合后建成区面积；y 为一元线性回归后建成区面积；x 为影响因素；m 为影响因子。

一元线性回归模型为

$$y_m = a_m + b_m x_m, \ (m=1, 2, \cdots, m) \tag{9-14}$$

式中，y 为一元线性回归后建成区面积；x 为影响因素；m 为影响因子；a、b 为常数。

根据对建成区主要驱动力的分析，选取地区生产总值、第二产业、全社会固定资产投资、总人口 4 大因子（表 9-24）进行优化组合分析。

表 9-24 东胜区建成区扩展预测影响因子表

建成区面积/km²	地区生产总值/亿元	第二产业/亿元	全社会固定资产投资/亿元	总人口/万人
Y	x_1	x_2	x_3	x_4

分别构建东胜区建成区面积与地区生产总值、第二产业、全社会固定资产投资、

总人口4大因子一元线性回归在个体95%置信区间散点精度拟合图（图9-43）。

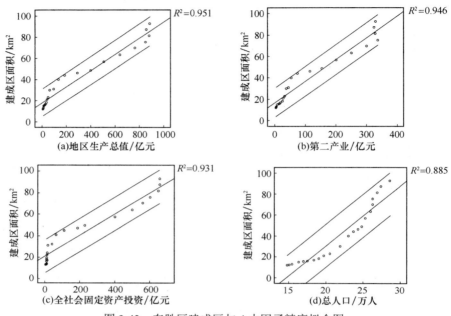

图9-43　东胜区建成区与4大因子精度拟合图

经计算得出模型为

$$y = 17.936 + 0.076x_1 \tag{9-15}$$

$$y = 16.608 + 0.203x_2 \tag{9-16}$$

$$y = 19.737 + 0.099x_3 \tag{9-17}$$

$$y = -84.122 + 5.713x_4 \tag{9-18}$$

建成区面积与4大因子精度拟合见表9-25。

表9-25　东胜区建成区面积与4大因子精度拟合表

回归模型	R^2	残差平方和	Sig.
y_1	0.951	776.925	0.000
y_2	0.946	848.556	0.000
y_3	0.931	1 077.844	0.000
y_4	0.885	1 815.026	0.000

通过选取精度拟合度高的数据同时考虑实际，结合多种参考资料赋予影响因子一定比重得出优化组合模型方程为 $Y = 0.25y_1 + 0.2y_2 + 0.15y_3 + 0.4y_4$。根据数据分析预测2019～2020年东胜区地区生产总值、第二产业、全社会固定资产投资、总人口分别为690亿元、30.2万人；690亿元、31.1万人；760亿元、32.3万人；800亿元、33万人；结合优化组合模型分析得出 Y 分别为98.6km²、102.6km²。通

过优化组合以及进行权重赋值预测可以使影响因子与研究目标相互预测并检验是否具有可能性。由于在进行遥感处理过程中存在一定的判读和操作统计等失误，可能存在一定的误差。

9.4.5　结论与讨论

1.　结论

1）建成区扩展数量稳定增长

数据显示东胜区城市扩展 3 阶段建成区城市面积逐步增加。1993～2000 年、2000～2008 年、2008～2015 年、1993～2015 年城市建成区扩展面积数量扩展明显；城市扩展规模分别达 9.2km^2、30.5km^2、44km^2、80.7km^2；年均扩展率分别达 10.92%、20.93%、12.92%、30.58%。可以看出在 2000 年以后东胜区城市扩展迅速。城市建成区扩展面积数量能够反映城市规模和城市发展健康情况。因此可以认为东胜区建成区城市发展属于稳定持续健康发展。

2）建成区扩展速度正异速增长

东胜区 1993～2000 年、2000～2008 年、2008～2015 年、1993～2015 年环比增长速度分别达到 7.38%、20.94%、12.91%、30.57%；环比扩展速度分别达 151.67%、267.58%、190.35%、772.50%；城市扩展规模分别达到 1.31km^2、3.81km^2、6.29km^2、3.67km^2。得出东胜区 2000～2008 年城市发展速度大于 1993～2000 年、2008～2015 年。同时 1993～2015 年东胜区城市高速发展，城区扩展明显。扩展速度能够显示城市发展的活力。因此可以看出 2000～2008 年东胜区城市建设活力大。

3）建成区扩展形态集中和分散交替演替发展

1993～2015 年，东胜区城市扩展形态发展经过团块的集中式、集中式—分散式的形态发展，东胜区的发展按照集中和分散交替形态不断扩展变化。东胜区符合城市的扩展中内涵式和外延式扩展模式。

4）建成区扇形和轴向模式发展

根据扩展模式方式的不同得出不同的结论。按照几何形态分析法和非均衡法分析，1993～2015 年东胜区城市扩展模式分别为扇形模式和沿交通主干道轴向扩展模式。

5）建成区正西扩展

1993～2015 年东胜区整体向正西和正东方向扩展明显，但整体倾向正西方向发展，同时自 2004 年建设康巴什区以来城市有向康巴什发展的趋势。在期间各个方向均有扩展，1993～2000 年、2000～2008 年、2008～2015 年建成区主要扩展方向分别为西北、西南，正西，正东、正北方向。

6）建成区扩展影响因素分析

城市扩展影响因素是多样的。人口增长是城市扩展的主要驱动力。经济投入是城市扩展的外在表现形式。交通条件是城市扩展的主要倾向。地形地貌、自然资源等是城市扩展的主要限制因素。政策导向、城市规划是城市扩展的指导方针。

7）建成区扩展主动力分析

通过对人口和经济两大类9小类指标的相关分析最终得出城市扩展主要动力影响因素大致顺序为地区生产总值＝第三产业＞第二产业＝全社会固定资产投资＝公共预算支出＞总人口＞公共财政预算收入＞非农业人口＞第一产业。

8）建成区扩展规模数量预测分析

在传统数量统计模型分析的基础上同时结合优化组合模型进行分析预测，在一元线性回归的符合精度拟合条件下，结合鄂尔多斯市城市总体规划（2011—2030）等数据支持，选取地区生产总值、第二产业、全社会固定资产投资、总人口4大因子对优化组合模型进行权重赋值，运用回归分析法对2019~2020年东胜区建成区规模进行预测。经过对影响因素和建成区多次调试最终结果预测2019~2020年东胜区城市扩展面积分别为98.6km^2、102.6km^2。

2. 讨论

本节存在以下几点不足：①在收集资料过程中，遥感影像的精度和城市扩展轮廓的提取精度存在一定的不足；借鉴参考资料、统计年鉴、政府工作报告统计人口、经济、地形地貌、交通条件存在一定的不足；②对已有数据的处理过程存在一定的人为误差，同时处理方法存在一定的局限性；③对城市扩展因素的选取和因素的动态分析存在一定的不足；④在进行主动力因素分析时对因子的选取以及在预测的过程中优化模型赋值操作上存在误差。

9.5 城乡建设用地适宜性评价典型案例研究

9.5.1 数据来源和研究方法

主要采用文献资料分析法、模型软件综合分析法和实证分析法。其中，模型软件主要包括：

1. 多因子综合评价模型

该方法是指考虑影响评价的全部因素，并给出相应参评因子量化分级标准或内涵，赋予相应权重分值，计算并对各评价单元上影响因素的分值进行加权得到综合得分，从而得到分类等级。其模型为

$$P_j = \sum_{i=1}^{n} F_{ji}(g, w) \tag{9-19}$$

式中，P 为总分值；i 为第 i 个指标；j 为第 j 个评价单元；g 为指标得分值；w 为指标权重；n 为指标总数。

2. 空间分析方法

综合运用 ArcGIS、MAPGIS 软件，基于 GIS 技术支持，应用其空间分析、裁剪、重分类、叠加、合并、统计等功能获取土地利用变化信息，分析城乡建设用地等相关数据；GIS 空间基本分析主要有空间信息量算、缓冲区分析、空间拓扑叠置分析、网络分析、邻近区分析及空间连接、空间统计分析等。对研究区地形地貌、坡度、坡向等地质信息进行分析处理；并运用 SPSS、Microsoft Office 软件对基础数据进行统计分析等。

9.5.2 城乡建设用地现状

根据研究区 2015 年土地变更调查资料，研究区土地总面积为 214 005.21hm²，其中建设用地面积 18 912.48hm²，占土地总面积的 8.84%。城乡建设用地中城镇用地为 12 873.2hm²，占建设用地总面积的 68.07%；农村居民点用地 1718.64hm²，占建设用地总面积的 9.09%。交通运输用地占 9.61%，独立工矿用地、水利设施用地及特殊用地规模较小。研究区各乡镇城乡建设用地利用现状具体情况见表 9-26。

表 9-26　评价区城乡建设用地利用现状

分布	城镇用地		农村居民点用地	
	面积/hm²	比例/%	面积/hm²	比例/%
泊江海子镇	2 178.51	16.92	662.78	38.56
罕台镇	2 143.94	16.65	620.43	36.10
铜川镇	1 189.9	9.24	435.43	25.34
市区	7 360.85	57.18	0.00	0.00
合计	12 873.2	100.00	1 718.64	100.00

评价区域内建成区主要分布在评价区政府所在地、各个镇中心周边，建设强度大，对用地分割程度大；109 及 210 国道两侧开阔地建有居住民房，建设强度较大；局部地区为果园和农田，整个区域工程设施较低，对用地分割程度较小，其他地区基本无大面积建筑覆盖，为农用地、林地或是未利用地。

9.5.3 城乡建设用地适宜性影响因素分析

选择评价因子时要选取显著稳定的指标，不宜过多，避免重复且要考虑因子间的相互联系与作用。鉴于此，本节结合研究区实际情况，从自然环境因素、社会经济区位因素、生态环境因素和限制因素等多方面着手分析城乡建设用地适宜性影响因素。

1. 自然条件因素

1）地表沉陷影响

地表沉陷主要有崩塌、滑坡、沉降、塌陷等，构造运动影响建筑稳定性及安全，对未来城乡建设用地的布局有一定的制约作用。根据距离矿区的远近划分区域。将研究区地表沉陷影响范围分为 5 个等级：0～500m 区域、500～1000m 区域、1000～1500m 区域、1500～2000m 区域、2000m 以外区域（图 9-44）。

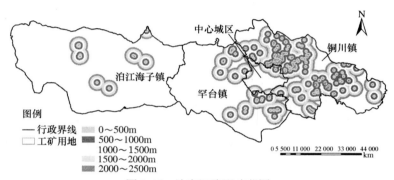

图 9-44　地表沉陷影响范围

2）地质灾害危险性

地质灾害危险性包括地震、地裂缝、采空塌陷等，对城乡建设用地的布局有一定的制约作用。根据灾害度划分区域，将研究区分为地灾危险度一级区（危险性大），地灾危险度二级区（危险性中等）和地灾危险度三级区（危险性小）（彩图 9-5）。

根据相关地震资料，研究区无破坏性地震记载，属于弱震区的预测范围，地震因素对研究区影响不大。研究区主要地质灾害分布在鄂尔多斯高原东胜煤田地面塌陷区和低山丘陵区，崩塌、滑坡、泥石流和地面塌陷造成的威胁很大。其他灾害主要为干旱、洪涝。研究区旱季和雨季集中，极易发生春旱和洪涝灾害，其中洪涝灾害对建筑的影响最大。洪水除危害农作物外，还破坏房屋、建筑、水利工程设施、交通设施、电力设施等，并造成不同程度的人员伤亡（何振德和金磊，2005）。

3）地形因子

地形因子有坡向、坡度、坡位和高程 4 个因素。本节采用坡度和高程来反映地形因子。坡度是影响研究区城镇建设发展的重要控制指标之一，根据《城市规划原理》（第 5 版），地面坡度的大小往往影响着土地的使用和建筑布置，如地形坡度过大，势必要进行大量开掘，增加工程成本（吕兴栋，2012）；地形坡度过缓，则不利于排水，会造成洪涝和积水。因此坡度是用地评价考虑的一个必要因素，本节将坡度划分为 5 个等级：<2°、2°～6°、6°～15°、15°～25°、25° 以上。

高程往往对于土地利用、开发与建设，对土地的适宜性起着决定性作用。通过分析 DEM 高程数据，将研究区高程数据划分为 5 个等级：1245～1351m、1351～1397m、1397～1437m、1437～1481m、1481～1613m 及以上。

2. 社会经济因素

1）区位因素

区位因素很重要，交通区位及城市服务设施条件决定了研究区的交通便捷程度和各种社会设施的可达性。

（1）距镇中心距离。土地的开发利用和城镇发展应考虑与镇中心的位置关系，即离镇中心越近的区域越有发展建设的条件。本节参考相关文献中适宜性评价指标与分级方案，按照距镇中心 0～1000m、1000～2000m、2000m～5000m、5000m 以上进行缓冲区分析，如图 9-45 所示。

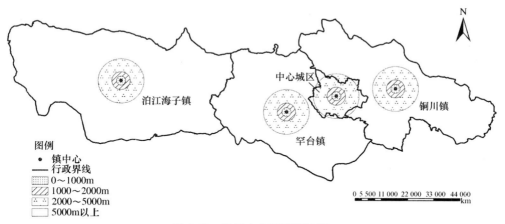

图 9-45 距镇中心距离缓冲图

（2）距主要道路距离。对建设用地开发利用而言，对内对外交通建设至关重要。实践表明，城乡布局的选择应更倾向于交通是否方便这一特征。因此，本节对距主要道路的距离进行划分，划分结果为 0～500m、500～1000m、1000～1500m、1500～2000m、2000m 以上，制作缓冲区图层，如彩图 9-6 和图 9-46。

2）人口密度

人口对土地利用有着至关重要的作用，城乡人口的增加必将引起交通用地、

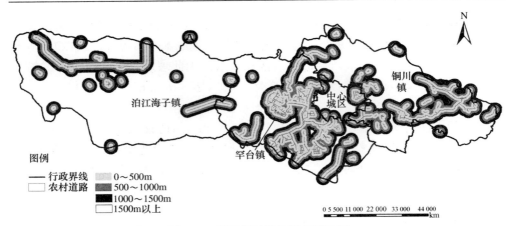

图例
— 行政界线　　[0~500m]
□ 农村道路　　[500~1000m]
　　　　　　　[1000~1500m]
　　　　　　　[1500m以上]

0 5 500 11 000　22 000　33 000　44 000
km

图 9-46　距现状村道的距离缓冲图

公共设施用地等需求的增加。根据 2016 年全国主要城市人口密度排名，鄂尔多斯市人口密度为 22.31 人/km²。本节参照人口分布等级划分，将研究区人口密度（人/km²）分为 4 个等级：20~30，30~40，40~50，50 以上（图 9-47）。其中，中心城区人口最为集中，密度最大；泊江海子镇和罕台镇密度较大；铜川镇人口密度最小。

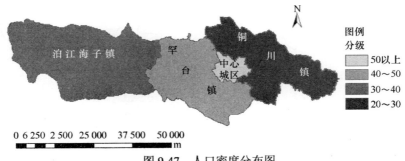

图例
分级
[50以上]
[40~50]
[30~40]
[20~30]

0 6 250 2 500　25 000　37 500　50 000
m

图 9-47　人口密度分布图

3）现状居民点

现状居民点影响城乡建设用地的布局，现状居民点主要分为农村居民点、建制镇居民点及城镇居民点。

3. 生态环境因素

生态环境因素是影响城乡建设用地适宜性的一个重要因素。本节主要从土壤侵蚀强度、矿产压覆情况来分析。

1）土壤侵蚀强度

运用土壤侵蚀数据对土地现状进行分析，衡量某区域土壤侵蚀程度，从而为生态环境建设起到指导作用。查阅《土壤侵蚀分类分级标准》可知，风力侵蚀和水力侵蚀的强度各分 6 个级别（表 9-27 和表 9-28）。

表 9-27　风力侵蚀的强度分级

级别	床面形态（地表形态）	植物覆盖度/%（非流沙面积）	风蚀厚度/（mm/a）	侵蚀模数/［t/（km²×a）］
微度	固定沙丘、沙地和滩地	>70	<2	<200
轻度	固定沙丘、半固定沙丘、沙地	50~70	2~10	200~2 500
中度	半固定沙丘、沙地	30~50	10~25	2 500~5 000
强烈	半固定沙丘、流动沙丘、沙地	10~30	25~50	5 000~8 000
极强烈	流动沙丘、沙地	<10	50~100	8 000~15 000
剧烈	大片流动沙丘	<10	>100	>15 000

资料来源：土壤侵蚀分类分级标准 SL190—2007。

表 9-28　水力侵蚀的强度分级

级别	平均侵蚀模数/［t/（km²×a）］	平均流失厚度/（mm/a）
微度	<200，<500，<1 000	<0.15，<0.37，<0.74
轻度	200，500，1 000~2 500	0.15，0.37，0.74~1.90
中度	2 500~5 000	1.90~3.70
强烈	5 000~8 000	3.70~5.90
极强烈	8 000~15 000	5.90~11.1
剧烈	>15 000	>11.1

资料来源：土壤侵蚀分类分级标准 SL190—2007。
注：本表流失厚度系按土的干密度 1.35g/cm³ 折算，各地可按当地土壤干密度计算。

研究区属于风力侵蚀类型区，"三北"戈壁沙漠及沙地风沙区中的内蒙古高原草原中度风蚀水蚀区，研究区土壤侵蚀强度等级见彩图 9-7，分为轻度侵蚀（Ⅱ级）、中度侵蚀（Ⅲ级）、强度侵蚀（Ⅳ级）、极强度侵蚀（Ⅴ级）4 个级别。

2）矿产压覆

矿产资源的埋藏和开发涉及城乡各类用地的利用及城镇建设布局。自然资源部颁布通知规范了建设项目压覆矿产资源相关工作：建设用地选址不能压覆重要矿产。因此，矿产压覆是需要考虑的因素之一，应该尽可能地予以避让，以保障区域可持续发展。研究区矿产主要分布在万利镇和铜川镇（彩图 9-8），选作建设用地时要特别注意评估和选择。

3）水资源影响因素

研究区地表水系较少，地下水多为降水渗入。加之地形隆起对碎屑岩承压水的运动起着控制作用，构成了地下水的南北分水岭。研究区大部分属于水位浅、水量贫乏开采区，西南部和东北部水位埋深不定，属于水量极贫乏开采区，水资源欠缺问题导致城市被迫向水资源丰富的地方延伸。康巴什新区的兴建正是为了解决研究区存在的交通拥挤、水资源欠缺等问题的战略举措。因而，水资源对研究区建设选址及发展影响很大，是重要的影响因素之一。

提取河流图层，并结合相关规范要求设定缓冲区。距离河流越近的区域生态敏感性越大，越应予以保护，距河流较远的区域则较适合进行建设用地的开发。本节按照距河流、湖泊距离 0～500m、500～1000m、1000～1500m、1500m～2000m、2000m 以上划定缓冲范围（彩图 9-9）。

4）景观空间格局

景观格局能够独立和相互地影响并作用于生态过程，同时对土地的利用也有一定的影响作用，因而了解空间格局是十分重要的。

4. 限制因素

1）基本农田保护区

严格意义上讲，基本农田保护区是禁止作为建设用地的，如需占用须依法审批。通过分析可知，研究区的基本农田主要分布在泊江海子镇北部及西南部，需要特别保护。具体情况见彩图 9-10。

2）其他保护区

（1）历史文化遗产保护区。自然保护区有不同的类型和不同的分类标准，按照保护重要程度及性质，研究区内保护区分为自然保护区、水源保护区和矿山综合治理区等类型（彩图 9-11）。但不管类型如何，都需要科学保护。根据规定，历史文化遗产保护区、国家级自然保护区等是禁止作为建设用地的。

（2）水源地、湿地保护。根据饮用水保护条例，禁止在供水水源地（水库）四周 500m 范围地带建筑设施。湿地作为"地球之肾"，需要进行保护。需要严格限制建设用地占用湿地，因此湿地较不适宜作为建设用地。

（3）其他保护类型。其他保护类型，如成片森林地，国家、市级森林公园，独立的文化保护场地，也禁止作为建设用地使用。

3）建设用地管制分区

依据建设用地管制分区的标准，本节考虑了建设规划因素，在规划数据库中提取了研究区土地利用总体规划建设用地管制分区数据后，将建设规划因子分为 4 类（彩图 9-12），为后续评价工作做准备。

9.5.4　城乡建设用地适宜性评价研究

1. 等级划分

目前，国内外还未形成统一的建设用地适宜性评价规范和评价模式。本节所采用的适宜性分类体系是参照联合国粮食及农业组织（FAO）的《土地评价纲要》中的相关要求，借鉴国内其他省份的一些相关研究成果。将研究区城乡建设用地适宜程度共划分为：最为适宜、比较适宜、基本适宜、勉强适宜、最不适宜和禁止建设 6 个等级，具体如下（表 9-29）。

表 9-29　城乡建设用地适宜性等级分类及说明表

等级		描述
Ⅰ级	最为适宜	土地条件优越，评价的各方面因素影响小，处于最优的状态
Ⅱ级	比较适宜	土地条件比较优越，限制性影响因素少
Ⅲ级	基本适宜	土地条件一般，存在限制因素，需要进行适当治理和整治
Ⅳ级	勉强适宜	具有较为明显的限制性因素，勉强可以用作建设，需要利用经济和技术手段改善
Ⅴ级	最不适宜	不适宜用作建设用地，作为建设用地适宜性极低，稳定性和安全性很差，其改造的成本高于效益
Ⅵ级	禁止建设	禁止用作建设用地，有相关法律法规和政策依法保护，禁止开发建设

2. 评价流程

本研究确定可行的城乡建设用地适宜性评价路线（图 9-48），具体流程如下。

确定评价目的：结合区域发展，以资源持续利用为出发点，明确适宜性评价的理论及评价方法，指导研究区用地布局和发展方向。

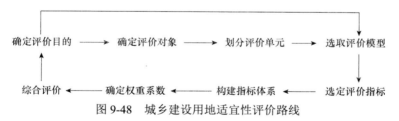

图 9-48　城乡建设用地适宜性评价路线

确定评价对象：研究区范围内城乡建设用地（城镇用地、农村居民点用地，但不包括独立工矿用地[①]）。

划分评价单元：选择合适的方法划分评价单元。

选取评价模型：根据研究区用地特点，结合社会、经济、生态各方面的要求，选择合适的评价模型。

选定评价指标：依据评价指标选取原则，筛选评价指标。

构建指标体系并进行因子处理：通过对建设用地现状及未来发展的分析，从自然因素、社会经济因素、生态环境因素、政策因素等方面进行系统考虑，选择参评指标因子；划分为标准统一的因子评分栅格数据。

---

① 工矿用地影响因素较多且复杂，与本研究其他用地不能共用一套评价指标，需要单独设定一套评价体系。

确定权重系数，为后续计算提供依据。

综合评价：进行建设用地适宜性等级划分，以及相关因子修正，最终得到评价结果。

3. 评价单元划分与模型确定

1）评价单元划分

划分合适的评价单元对城乡建设用地适宜性评价极其重要。一般而言，评价单元越细分，结果越精细。但随着细分程度的加深，一些如社会经济等属性数据就难以获取，反而又制约了评价结果的科学性。目前土地单元的划分方法有许多种，考虑到东胜区实际情况，为了更加精确地评价空间单元上的土地适宜性，更为有效地指导土地管理与利用行为，本节采用 50m×50m 固定网格及图斑叠置作为评价单元。采用图斑叠置法确定评价单元主要有两方面原因：一是地类图斑"类间差异大、类内差异小"的属性便于分类定级；二是土地适宜性评价依托 ArcGIS 等软件完成，而 ArcGIS 的基本工作单元为图斑，方便操作和计算，技术上合理易行。

2）评价模型确定

评价模型采取多因子综合评价模型，即考虑影响评价的全部因素，选择参评因子并给出相应量化分级标准或内涵，赋予权重分值，计算并对各评价单元上影响因素的分值进行加和，得到综合得分，最终确定城乡建设用地适宜性分类等级的过程。

4. 评价指标体系构建与权重确定

1）评价指标选取原则

（1）资料易获性原则。进行适宜性评价时尽可能科学合理地选取较易收集和调查的因素，应当尊重地方的技术规范，遵循城市规划发展规律，考虑能否从相关规划部门直接获取。资料的获取应方便可行。

（2）显著相关性原则。进行评价时可选择的评价因子很多，因此在因子选择过程中首先要把握事物的主要矛盾，在综合分析各因素的基础上，从这些因素中分析并选取具有显著影响的独立因子或从相关性较大的因子中选出具有代表性的，忽略影响程度较小的因子，使得土地级别的差异性更加明显，减少不必要的工作量。

（3）效益协调原则。研究区是一个多层次复杂的系统，矿区较多，生态脆弱稳定性不高，因此综合考虑经济、社会、生态各方面情况，全面、准确地分析区域城乡建设用地利用的可能性。

（4）定性与定量相结合的原则。由于评价涉及的指标较多，有的可以量化，有的则需要定性的描述。基于此，需要研究并设计一些定性的指标来描述，将定性与定量结合起来，综合地选择相关合理指标，使评价结果尽可能接近客观实际。

2）构建评价指标体系

本节通过文献资料统计法、专家咨询法，以合理性、可操作性和普适性的原则选择较重要的指标，综合考虑多种影响因素。在进行评价时选取自然环境因素、社会经济区位因素、生态环境因素、限制因素 4 个方面的因素，并进一步选择地表沉陷影响范围、地质灾害危险性分区、坡度、土壤侵蚀强度、景观空间格局、水环境影响范围、基本农田保护区等 16 个具体因子。

采用"目标层—准则层—指标层"分层来分析和构建指标体系，以城乡建设用地适宜性评价作为总目标层，以各分项指标作为准则层，具体因子作为指标层。本节根据上述 16 个因子，建立评价指标体系。具体指标见表 9-30。

表 9-30 研究区城乡建设用地适宜性评价指标体系

目标层	准则层	指标层
总目标	分项指标	具体指标因子
城乡建设用地适宜性评价	自然环境因素	地表沉陷影响范围
		地质灾害危险性分区
		高程
		坡度
	生态环境因素	土壤侵蚀强度
		土地利用景观空间格局
		水环境影响范围
		压覆矿产区域
	社会经济区位因素	人口密度
		现状居民点
		与公路的距离
		与铁路、高速的距离
		与现状村道的距离
	限制因素	基本农田保护区
		其他保护区
		建设用地管制分区

3）评价指标分级与权重确定

（1）评价指标作用分值分级。通过查阅相关文献，在确定评价指标作用分级体系时考虑了多种因素，采用不同的方法，设立评价因子分级标准，最后得到城乡建设用地适宜性评价指标的具体分值计算表（表 9-31）。

表 9-31　评价指标分值计算表

分项指标		具体指标因子	分级标准
自然环境因素	地质与灾害风险	地表沉陷影响范围	根据距离矿区的远近分析划分区域。0～500m 区域＝1 分，500～1000m 区域＝2 分，1000～1500m 区域＝3 分，1500～2000m 区域＝4 分，2000m 以外区域＝5 分
		地质灾害危险性分区	地灾危险度一级区（危险性大）＝1 分，地灾危险度二级区（危险性中）＝3 分，地灾危险度三级区（危险性小）＝5 分
	地形因子	高程	1481～1613m 以上＝1 分，1437～1481m＝2 分，1397～1437m＝3 分，1351～1397m＝4 分，1245～1351m＝5 分
		坡度	25° 以上＝1 分，15°～25°＝2 分，6°～15°＝3 分，2°～6°＝4 分，2° 以下＝5 分
生态环境因素		距河流、湖泊等水源的距离	离水面小于 500m＝1 分，500～1000m＝2 分，1000～1500m＝3 分，1500～2000m＝4 分，2000m 以上＝5 分
		土地利用景观空间格局	水域与湿地景观＝0 分，农田景观＝1 分，人工林、林地景观＝2 分，草原景观＝3 分，裸地景观＝4 分，城乡建筑景观＝5 分
		土壤侵蚀强度	剧烈侵蚀＝1 分，极强度侵蚀＝2 分，强度侵蚀＝3 分，中度侵蚀＝4 分，轻度侵蚀＝5 分
		压覆矿产区域	矿产压覆区＝1 分，压覆区周围＝3 分，非矿产压覆区＝5 分
社会经济区位因素		人口密度	20 人/km² 以下＝1 分，20～30 人/km²＝2 分，30～40 人/km²＝3 分，40～50 人/km²＝4 分，50 人/km² 以上＝5 分
		现状居民点	农村居民点＝1 分，建制镇居民点＝2 分，城镇居民点＝3 分
		与现状村道的距离	正相关，采用欧式距离作缓冲区，0～500m＝5 分，500～1000m＝4 分，1000～1500m＝3 分，1500～2000m＝2 分，2000m 以上＝1 分
		与公路的距离	正相关，采用欧式距离作缓冲区，0～500m＝5 分，500～1000m＝4 分，1000～1500m＝3 分，1500～2000m＝2 分，2000m 以上＝1 分
		与铁路、高速的距离	负相关，采用欧式距离作缓冲区，0～500m＝1 分，500～1000m＝2 分，1000～1500m＝3 分，1500～2000m＝4 分，2000m 以上＝5 分
限制因素		基本农田保护区	采用欧式距离作缓冲区，核心区禁止建设＝0 分，保护区周边 500m 缓冲区＝3 分，其他区域＝5 分
		其他保护区	采用欧式距离做缓冲区，核心区禁止建设＝0 分，保护区周边 500m 缓冲区＝3 分，其他区域＝5 分
		建设用地管制分区	禁止建设区＝1 分，限制建设区＝2 分，有条件建设区＝3 分，允许建设区＝5 分

（2）权重确定。权重的赋值方法很多，且每一种方法都有利有弊。综合考虑多种情况，客观赋权法并不适合本次评价，故在大量查阅相似研究所采用的评价方法的基础上，本节选择了一种相对科学新颖的主观赋权法——G_1 法。它与德尔菲法类似，也是邀请专家进行打分评判，但不需要给出精确的权重分值，只需分析同一层次上各个指标的重要程度，赋予它们重要性的相对比值系数。G_1 法是对层次分析法的改进，较为简单易行。该方法主要步骤如下。

① 确定序关系。针对表 9-30 构建的评价指标体系，共 16 个指标，结合具体的评价因子，通过 G_1 法进行排序，其中指标序已经按照 X_1，X_2，X_3，…，X_n 依次确定了序关系，排序最终结果见表 9-36。

② 指标相对重要性量化。运用层析分析法中的 Saaty 九级标度法对指标相对重要性进行量化。

$$D_k = \frac{w_k}{w_{k+1}} \qquad (9\text{-}20)$$

式中，D_k 为评价指标 w_k 与 w_{k+1} 之间的相对重要性程度。

$k=n-1$，$n-2$，…，3，2，1，特别的，定义为 $D_n=1$。一般的，D_k 取值在 0 与 1 之间。但本节为了加以区分，各个赋值的含义说明见表 9-32。对两个指标的重要性进行两两比较。

表 9-32　D_k 赋值参考及含义说明

分值	重要程度定义说明	分值	重要程度定义说明
1	指标 w_k 比 w_{k+1} 同等重要	1.6	指标 w_k 比 w_{k+1} 明显重要
1.2	指标 w_k 比 w_{k+1} 略微重要	1.8	指标 w_k 比 w_{k+1} 极其重要
1.4	指标 w_k 比 w_{k+1} 比较重要		

注：参照 Saaty 九级标度法[①]。

本适宜性评价研究采用上述所确定的 5 个指标因子层级。考虑到自然地理环境对用地适宜性的影响较大，故在一级指标层重要性程度上自然地理因素要明显高于其他因素。政策因素强制规定的禁止建设区不能建设开发，它的重要性高于社会经济因素指标层，而适宜性评价根本出发点是促进城市经济发展，营造一个生态型宜居城市，因而社会经济因素重要性高于生态环境因素。

在自然地理所涵盖的因子层中，地质灾害直接关系到基本的民生安全问题，其重要性明显高于地形因子；进一步比较重要性，地表沉陷影响范围＞地灾危险性分区＞其他灾害；坡度重要性高于高程。在政策因素的因子层中；基本农田保护区的重要性高于其他保护区；在社会经济交通因素的因子层中，重要性表现为：压覆矿产状况＞人口密度＞现状居民点＞与公路的距离＞与铁路、高速的距离＞与现状村道的距离；公路、城市道路作为规划已实施的其重要性高于村道。而在生态环境因子层中，土壤侵蚀强度的相对重要程度高于距河流、湖泊等水源的距离的影响度。评价指标之间的相对重要程度见表 9-33～表 9-35。

表 9-33　指标层重要程度计算表

指标层	重要程度比值	Πd_i	w_k
d_1	1.8	$1.8 \times 1.6 \times 1.4 \times 1.2 \times 1.0 = 4.84$	0.424
d_2	1.6	$1.6 \times 1.4 \times 1.2 \times 1.0 = 2.69$	0.236
d_3	1.4	$1.4 \times 1.2 \times 1.0 = 1.68$	0.147

---

① Saaty 九级标度法，美国著名运筹学家 T. L. Saaty 教授于 20 世纪 70 年代中期创立了一种实用的多准则决策法。

续表

指标层	重要程度比值	Πd_i	w_k
d_4	1.2	1.2×1.0＝1.20	0.105
d_5	1.0	1.0	0.088
合计		$\sum \Pi d_i = 11.41$	—

表 9-34　评价指标重要程度赋值量化表

d_k	量化值	d_k	量化值
d_1	1.8	d_{11}	1.4
		d_{12}	1.0
d_2	1.6	d_{21}	1.6
		d_{22}	1.0
d_3	1.4	d_{31}	1.4
		d_{32}	1.2
		d_{33}	1.0
d_4	1.2	d_{41}	1.6
		d_{42}	1.4
		d_{43}	1.4
		d_{44}	1.2
		d_{45}	1.0
d_5	1.0	d_{51}	1.6
		d_{52}	1.4
		d_{53}	1.2
		d_{54}	1.0

表 9-35　因子层指标权重计算表

因子层	重要程度比值	Πd_i	w_k
d_{11}	1.4	1.4×1.0＝1.4	0.583
d_{12}	1.0	1.0	0.417
合计		$\sum \Pi d_i = 2.4$	—
d_{21}	1.6	1.6×1.0＝1.6	0.615
d_{22}	1.0	1.0	0.385
合计		$\sum \Pi d_i = 2.6$	—
d_{31}	1.4	1.4×1.2×1.0＝1.68	0.433
d_{32}	1.2	1.2×1.0＝1.2	0.309
d_{33}	1.0	1.0	0.258
合计		$\sum \Pi d_i = 3.88$	—
d_{41}	1.6	1.6×1.4×1.4×1.2×1.0＝3.763	0.376
d_{42}	1.4	1.4×1.4×1.2×1.0＝2.352	0.236

续表

因子层	重要程度比值	Πd_i	w_k
d_{43}	1.4	$1.4\times1.2\times1.0=1.68$	0.168
d_{44}	1.2	$1.2\times1.0=1.2$	0.120
d_{45}	1.0	1.0	0.100
合计		$\sum\Pi d_i=9.995$	—
d_{51}	1.6	$1.6\times1.4\times1.2\times1.0=2.688$	0.409
d_{52}	1.4	$1.4\times1.2\times1.0=1.68$	0.256
d_{53}	1.2	$1.2\times1.0=1.2$	0.183
d_{54}	1.0	1.0	0.152
合计		$\sum\Pi d_i=6.568$	—

③ 计算权重系数 W_k。针对研究区各个层次指标的相对重要程度，采用公式计算，公式及结果如下（表9-36）：

$$W_k=\frac{\Pi d_i}{\sum\Pi d_i} \tag{9-21}$$

$$W_{k-1}=d_{k-1}\times W_k \tag{9-22}$$

表 9-36　研究区城乡建设用地适宜性评价指标体系及权重表

分项指标		指标排序	权重值	具体指标因子	指标排序	指标说明（分级规则）	权重值
自然环境因素	地质与灾害风险	X_1	0.424	地表沉陷影响范围	X_{11}	崩塌、滑坡、沉降塌陷等，构造运动影响建筑稳定性及安全。根据距离矿区的远近分析划分区域	0.247
				地质灾害危险性分区	X_{12}	如地震，地裂缝，踩空塌陷等，根据灾害度分析划分区域	0.177
	地形因子	X_2	0.236	坡度	X_{21}	地表的坡度影响着土地的使用和建筑布置，对道路的选线会造成影响	0.145
				高程	X_{22}	在工程建设上，可用于土方量计算，影响建筑场地和路线的选择	0.091
限制因素		X_3	0.147	基本农田保护区	X_{31}	基本农田、自然遗产、文物、其他保护区等政策强制规定的禁止建设区不能建设开发	0.064
				其他保护区	X_{32}		0.045
				建设用地管制分区	X_{33}	依据建设用地管制分区的标准，考虑建设规划因素	0.038
社会经济区位因素		X_4	0.105	人口密度	X_{41}	影响用地需求和环境需求等，人口密度高的地区应当优先建设发展	0.039
				现状居民点	X_{42}	现状城镇，农村居民点等影响建设用地需求	0.025
				与公路的距离	X_{43}	与公路和村道成正相关，交通连接越好，对内对外交流越密切，可达性越高，越适宜建设	0.018
				与现状村道的距离	X_{44}		0.013
				与铁路、高速的距离	X_{45}	现状铁路影响用地布局及路网设计	0.010

续表

分项指标	指标排序	权重值	具体指标因子	指标排序	指标说明（分级规则）	权重值
生态环境因素	X_5	0.088	土壤侵蚀强度	X_{52}	影响建筑物稳定性及生态环境，对生态环境建设起到指导作用	0.036
			土地利用景观空间格局	X_{53}	耕地、草地、林地、其他土地等影响	0.023
			距河流、湖泊等水源的距离	X_{54}	以湖泊、河流等水体为中心做缓冲区	0.016
			压覆矿产区域	X_{51}	未经批准，不得压覆重要矿产资源，且应避免或减少压覆重要矿产资源	0.013

9.5.5 城乡建设用地适宜性评价结果分析与建议

1. 单因子要素评价

（1）自然环境因素评价图。

① 地形因子（彩图 9-13、彩图 9-14）。

② 地质与灾害风险（图 9-44、彩图 9-5）。

（2）社会经济因素评价（图 9-46、图 9-47、彩图 9-6、彩图 9-15）。

（3）生态环境因素评价（彩图 9-7、彩图 9-8、彩图 9-9、彩图 9-16）。

（4）限制因素评价（彩图 9-10、彩图 9-11、彩图 9-12）。

限制因素主要有基本农田保护、其他保护区、建设用地管制等因素。

通过以上单因素评价图，根据分级评价标准：坡度相对大的地方不适宜建设，而坡度小的地方适宜建设；高程相对高的地方不适宜建设，而高程相对低的地方更适宜建设等，具体情况见表 9-37。

表 9-37 研究区城乡建设用地适宜性单因素分级评价表

参评因子	研究区城乡建设用地适宜性单因素分级评价标准			
	高度适宜（Ⅰ级、Ⅱ级）	中度适宜（Ⅲ级）	低度适宜（Ⅳ级）	不适宜（Ⅴ级、Ⅵ级）
地形坡度	<6°	6°～15°	15°～25°	>25°
高程	1245～1397m	1397～1437m	1437～1481m	1481～1613m
地表沉陷、岩性与地基承载力	岩层坚硬度高，地表主要为基岩、杂石，地下水位低，地基承载力高	岩层坚硬度较高，地表沉积物主要为黏土，地下水位较低，地基承载力中等	岩层坚硬度较低，地表沉积物主要为中砂、粗砂，地下水位偏高，地基承载力偏低	岩层松散，地表沉积物主要为细沙，地下水位高，地基承载力低
地质灾害及其威胁程度	无地质灾害隐患点，未受地质灾害威胁	基本无地质灾害隐患点，受地质灾害威胁程度较低。即使有局部小型灾害隐患，也易于防治，对建设不构成影响	局部存在小型地质灾害隐患点，有一定程度的地质灾害威胁，但采取一定防治措施后，对建设基本不构成影响	存在较严重地质灾害隐患点，地质灾害威胁较大

续表

参评因子	研究区城乡建设用地适宜性单因素分级评价标准			
	高度适宜 （Ⅰ级、Ⅱ级）	中度适宜 （Ⅲ级）	低度适宜 （Ⅳ级）	不适宜 （Ⅴ级、Ⅵ级）
人口密度	50 人/km² 以上	40～50 人/km²	30～40 人/km²	20～30 人/km²
交通区位条件	交通便利	交通较便利	交通条件一般	交通条件较差
距河流、湖泊等水源的距离	500m	500～1500m	1500～2000m	2000m 以上
距保护区的距离	2000m 以上	1000～2000m	500～1000m	500 以内

2. 多因素叠加评价图

多因素分析是综合自然、社会经济及生态环境 3 方面的影响因素，依据各评价因素的量化分值和权重，依据适宜性等级分类表划分出用地适宜程度。多因素综合评价利用 GIS 软件对各评价因子栅格数据进行叠加分析，形成一个总评价图。叠加分析操作简单易行，运用 ArcGIS 空间分析中的重分类功能对计算结果进行分析。本节主要进行了自然环境适宜性、社会经济适宜性和生态环境适宜性评价分析。

1）自然环境适宜性评价图

选取坡度、高程、地质构造、地表沉陷状况作为自然环境适宜性评价的构成指标，按评价单元划分级别，评价结果见彩图 9-17。

结果显示，地形地貌适宜程度在泊江海子镇中西部、南部等区域最为适宜，在窵台镇中部，泊江海子镇东西大部分地区比较适宜，基本适宜零星分布较多，而勉强适宜和最不适宜主要分布在铜川镇，此地分布着很多矿区，滑坡地面沉陷较多较不稳定。

2）社会经济适宜性评价图

选取人口密度、现状居民点、与公路的距离、与铁路的距离等来衡量研究区社会经济区位条件，它们是建设用地的影响因素，评价结果见彩图 9-18。

结果显示，社会经济适宜程度主要在中心城区、窵台镇南部，泊江海子镇中部小部分地区及公路沿线周围区域最为适宜，在窵台镇，铜川镇和中心城区周围大部分地区及道路沿线区域比较适宜，在泊江海子镇和窵台镇南部等区域基本适宜，而在铜川镇部分区域勉强适宜，在泊江海子镇和窵台镇的一些水源地和保护区最不适宜。

3）生态环境适宜性评价图

选取土壤侵蚀强度、距河流、湖泊等水源地的距离来衡量生态适宜性，对这些指标加权求和，评价结果见彩图 9-19。

通过分析，生态环境适宜性主要在泊江海子镇西南、东北部以及罕台镇大部分区域最为适宜，在泊江海子镇中部、铜川镇东部等地区比较适宜，在泊江海子镇北部，铜川镇东部部分地区基本适宜，在罕台镇西北勉强适宜，而在中心城区、铜川镇大部分矿区最不适宜。

4）综合评价分级图

本节借助 GIS 等软件，综合考虑各影响因素，采用多因子加权指数和法，即对以上制作出的各基本评价指标图层进行加权栅格叠加，计算方法：综合评价结果＝自然环境适宜性＋社会经济适宜性＋生态环境适宜性，在以上计算的基础上，利用 ArcGIS 等软件分析并得到研究区城乡建设用地适宜性综合评价分级，综合评价其适宜性，形成综合评价分级图，结果见彩图 9-20。

3. 评价结果分析

研究结果表明，在评价区内适宜建设土地面积达 126 291.06hm²，占评价区总面积的 59.01%；不适宜建设地为 87 714.64hm²，占评价区总面积的 40.99%（表 9-38）。

表 9-38　评价区城乡建设用地适宜性评价分级面积统计表

类别等级	类别名称	面积/hm²	比例/%
Ⅰ级	最为适宜	13 534.09	6.32
Ⅱ级	比较适宜	25 983.06	12.14
Ⅲ级	基本适宜	51 615.70	24.12
Ⅳ级	勉强适宜	35 158.21	16.43
Ⅴ级	最不适宜	40 239.05	18.81
Ⅵ级	禁止建设	47 475.59	22.18

由彩图 9-20 和统计表 9-38 可以看出，研究区适宜性评价结果涵盖了 6 个评价类别等级，面积、占比与分布具体表现如下。

第Ⅰ等级地区面积为 13 534.09hm²，比例为 6.32%（图 9-49），主要分布在主城区（建成区）及城区周边、罕台镇南部，城区东南部和西南部有较少分布，在主要的交通道路两侧开阔区域也有零星分布。这类地区物种单一、地形起伏变化

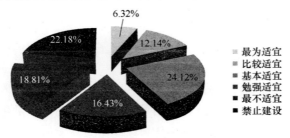

图 9-49　研究区城乡建设用地适宜性评价面积比例图

小，土层工程地质性质良好，地理位置偏高，不受洪水及泥石流、滑坡等自然地质灾害的影响，最适宜进行建设。

第Ⅱ等级地区面积为25 983.06hm²，比例为12.14%，主要分布在城区周边。这类地区比较适宜建设，可以用作集中成块的城市建设。

第Ⅲ等级所占面积和比例最大，分布在泊江海子镇偏东、罕台镇西南部以及铜川镇东部，面积51 615.70hm²，比例为24.12%。这类地区坡度较大，稳定性稍差，但采取一定的工程处理措施后还是可以进行工程建设。

第Ⅳ等级地区面积为35 158.21hm²，比例为16.43%，主要分布在泊江海子镇中部、铜川镇北部及西南部。这类地区勉强适于建设，需要利用经济和技术手段改善，一般不建议在这类地区进行建设活动，但可以作为生态景观廊道、游憩休闲的公园。

第Ⅴ等级地区面积为40 239.05hm²，比例为18.81%，主要分布在铜川镇中部区域及泊江海子镇中部偏西区域。这类地区处于矿产资源开采区，分布着很多矿藏；部分地区处于基本农田保护区。由于建设不能压覆重要矿产，对重要的矿产资源应尽可能地予以避让，以保障区域经济建设的持续发展（张士虎，2012）。同时有的区域地势起伏较大，地面采空沉陷、滑坡、泥石流等地质灾害较多，不适于建设建筑。以上地区更应该加强生态涵养和水土保持力度。因此，在选择建设用地时应避开这些地方。

第Ⅵ等级地区所占面积为47 475.59hm²，比例为22.18%，主要分布在泊江海子镇北部和西南部。这类地区有国家自然历史文物保护区、基本农田保护区，相关法律法规禁止用作建设。

在以上评价的基础上，对比研究区建设用地空间管制分区和土地利用总体规划发现，评价结果与建设用地管制分区基本吻合。即用地强度较高的主城区是最为适宜建设区，也是土地总体规划上的允许建设区；主城区周边地质环境较好的区域为较为适宜区，与土地总体规划上的有条件建设区基本吻合。但在评价研究中总体上评定为勉强适宜用地或部分不适宜用地；根据研究区建设用地管制分区，研究区大部分地区属于限制建设区，泊江海子镇的遗鸥保护区属于禁止建设区。因而本评价研究存在一定的误差，但研究成果总体比较准确，有一定的指导意义。

4. 建议

针对评价区域自身特点和经济社会环境，制定适宜的评价体系和方法，从而实现对城乡建设用地合理选择，缓解城乡建设发展与耕地保护之间的矛盾。提出几点建议：从用地布局来看，未来城镇建设建议分布在Ⅰ级和Ⅱ级宜建地范围内；结合适宜性评价结果，从可持续发展的理论出发，建议研究区建设用地开发利用方向以建成区为核心，南北轴向发展，并以向南方向发展为主，适当向城区东南及西南方向建设发展。用地的选择可以考虑以下几点。

（1）遵从城镇拓展的基本规律，满足经济发展需求，应优先开发利用最为适宜（Ⅰ级）用地，把建成区及其周边地区作为最为适宜建设开发的主要组分；将比较适宜（Ⅱ级）用地作为城市近期的建设拓展用地，将基本适宜（Ⅲ级）区域作为远期建设拓展用地；对勉强适宜（Ⅳ级）地区进行治理，保障其社会生态环境效益；对于条件较差的不适宜建设用地，一般不建议在这些地区进行建设活动，但可以作为生态景观廊道、游憩休闲的公园、绿化用地或防护林地等建设强度较小、人类活动不频繁的建设用地。

（2）要对城镇用地进行适当调整，安排好各类用地，建设经济发展与生态环境相互协调的宜居城镇；用地布局与建设要考虑未来发展不确定性，留有一定的弹性。

9.5.6　结论

本节运用多因素综合评价法对东胜区城乡建设用地进行适宜性评价，得到以下结论。

（1）从分类来看，研究区城乡建设用地分为最为适宜（Ⅰ级）、比较适宜（Ⅱ级）、基本适宜（Ⅲ级）、勉强适宜（Ⅳ级）、最不适宜（Ⅴ级）和禁止建设（Ⅵ级）6个等级。

（2）从面积及比例来看，各等级面积及比例分别为 6.32%、12.14%、24.12%、16.43%、18.81%、22.18%。总体来看，研究范围内适宜建设土地面积达 126 291.06hm^2，占评价区总面积的 59.01%；最不适宜建设地面积为 40 239.05hm^2，占评价区总面积 18.81%；禁止建设地面积为 47 475.59hm^2，占评价区总面积 22.18%。

（3）从分布来看，最为适宜城乡建设用地（Ⅰ级）主要分布在主城区（建成区）及其周边、罕台镇南部，城区东南、西南部有较少分布，另外在主要的交通道路两侧开阔区域也有零星分布。比较适宜城乡建设用地（Ⅱ级）主要分布在城区周边。基本适宜城乡建设用地（Ⅲ级）的土地主要分布在泊江海子镇偏东、罕台镇西南部以及铜川镇东部。勉强适宜城乡建设用地（Ⅳ级）主要分布在泊江海子镇中部、铜川镇北部及西南部。最不适宜城乡建设的土地（Ⅴ级）主要分布在铜川镇中部区域及泊江海子镇中部偏西区域。禁止建设的土地（Ⅵ级）主要分布在泊江海子镇北部和西南部。

（4）通过与研究区现实城乡建设用地进行对比，评价结果总体来说拟合度很高。但也存在一定不吻合的地方，如市区东部、罕台镇中部和近郊区土地利用强度较大，属于建成区域，划为允许建设区，因此应属于最为适宜用地，而评价结果为比较适宜用地。泊江海子镇中部、罕台镇北部、铜川镇北部及西南一些地区已经建为城镇村，应属于适宜用地，划为有条件建设区，但在评价研究中总体上评定为勉强适宜用地或部分不适宜用地；根据研究区建设用地管制分区，研究区大部分地区属于限制建设区，泊江海子镇的遗鸥保护区属于禁止建设区。因而本评价研究存在一定的误差，但研究成果总体比较准确，有一定的指导意义。

（5）从用地布局来看，建议未来城镇建设建议分布在Ⅰ和Ⅱ级宜建地范围内。结合适宜性评价结果，从可持续发展的理论出发，建议研究区建设用地开发利用方向可以以现有建成区为核心，南北轴向发展，并以向南方向发展为主，适当向城区东南及西南方向建设发展。

（6）本节是基于 GIS 软件进行评价研究的，发现在 GIS 技术支持下的用地综合评价方法是一种很有效的分析手段。在一定程度上，本评价不仅可以为研究区域的用地规划提供决策方案，而且可为地市类似地区的相关用地评价提供参考和研究思路。

9.6　闲置用地典型案例研究

9.6.1　相关概念

1. 闲置土地

闲置土地是指土地使用者依法取得土地使用权后，未经原批准用地的人民政府同意，超过规定的期限未动工开发建设的建设用地（中国法制出版社，2013）。

2. 闲置土地内涵

具有下列情形之一的，可以认定为闲置土地：第一，国有土地有偿使用合同或者建设用地批准书未规定动工开发日期，自国有土地有偿使用合同生效或者土地行政主管部门建设用地批准书颁发之日起满一年未动工开发建设的；第二，已动工开发建设，但开发建设的面积占应动工开发建设总面积不足 1/3，或者已投资额不足 25%，且未经批准中止开发建设连续满一年的；第三，法律、行政法规规定的其他情形。为加大闲置土地处置力度，促进土地节约集约利用，2011 年 12 月，国土资源部（现自然资源部）公布《闲置土地处置办法（修订草案）》，加码闲置土地管理，土地闲置 2 年可无偿收回，对依法收回的闲置土地，可以依据国家土地供应政策，确定新的土地使用者开发利用；纳入政府土地储备；对耕作条件未被破坏且近期无法安排建设项目的，由县级以上地方国土资源主管部门委托有关单位组织恢复耕种。

9.6.2　东胜区闲置土地现状

东胜区是鄂尔多斯市城市核心区，是经济、科技、文化、金融、交通和信息中心，城市发展速度较快，出让土地数量多，但是并没有被充分、及时利用，土地闲置问题相对严重，导致土地供需关系更加紧张。截至 2014 年 10 月，东胜区闲置土地共有 661 宗，闲置总面积达 1232.82hm²，出让金额达 702 227.39 万元，闲置时间均为两年以上，其中典型案例一共 338 宗，面积 1727.38hm²。截至 2014 年 10 月闲置土地已开工 48 宗，面积 294.2hm²，收回 7 宗，面积 38.07hm²，置换 1 宗，面积 1.89hm²。

1. 闲置土地的空间分布

东胜区社会经济发展呈现明显的地域差异，闲置土地问题也呈现地域的差异性。总体上看，东胜区发展速度较快，出让土地数量多，并未被及时利用，闲置土地主要分布在公园路街道、安居路、纺织街、森林北环路、罕台街、乐业街、园中街、乐园路、滨河路、中央路、乌审街、泊江海柴登 109 国道北、装备制造基地附近等，其土地用途包括金融用地、商服用地、住宅用地、工业用地，闲置土地面积最大的区域为罕台镇西环路，用途主要为商品住房用地。

2. 闲置土地的闲置时间分析

通过对东胜区 338 宗典型闲置土地案例的数据进行统计分析，得出闲置土地的平均闲置时间为 3.3 年，比国家规定的两年开发时限平均超出 1.3 年，其中 2008 年出让的闲置土地有 2 宗，由于出让时间较早，按照正常的开发周期，应该已经完成开发建设，所以 2008 年出让的闲置土地最少；2010～2012 年出让的闲置土地有 314 宗，占总闲置地块数目的 97.52%。从图 9-50 和图 9-51 可知，占闲置土地典型案例总面积比重大于 50% 的为 2011 年，其闲置面积占研究总面积的比重为 53.14%，大量的闲置土地出现在 2012 年出让的地块中，2012 年东胜区不断规范

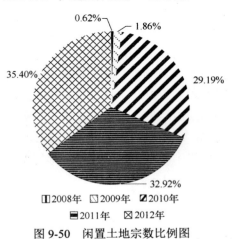

图 9-50　闲置土地宗数比例图

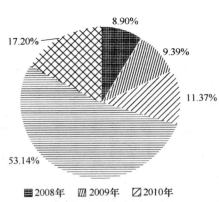

图 9-51　闲置土地面积比例图

国有土地使用权出让行为，严把供地政策、供地程序、批后监管 3 个重点环节，按照规范要求严格落实土地动态巡查制度，对已供土地实行跟踪督查，发现问题，并及时反馈处理。2008 年及以前出让的土地中，基本已经建设完工并交付使用，其闲置占研究总面积的 8.90%。

3. 闲置土地的用途分析

东胜区 338 宗典型闲置土地案例中，闲置土地用途类型有金融用地、商服用地、住宅用地、工业用地、商品住房用地，5 种用地闲置规模的比重分别为 11.02%、9.52%、11.82%、13.02%、54.62%，其中金融用地共 59 宗，涉及闲置土地面积 190.39hm^2；商服用地共 17 宗，涉及闲置土地面积 164.39hm^2；住宅用地共 92 宗，涉及闲置土地面积 204.24hm^2；工业用地共 40 宗，涉及闲置土地面积 224.86hm^2；商品住房用地共 130 宗，涉及闲置土地面积 940.50hm^2。商品住房用地的闲置数量最多，面积最大（表 9-39）。

表 9-39　各用途闲置土地情况表

用途	闲置土地数量/宗	闲置土地面积/hm^2	平均闲置时间/年
金融用地	59	190.39	4.32
商服用地	17	164.39	3.18
住宅用地	92	204.24	2.96
工业用地	40	224.86	2.65
商品住房用地	130	943.50	3.84

4. 闲置土地成因分析

城市的土地利用受区域社会经济发展水平、土地区位条件、土地市场供求情况、土地管理制度、土地用途要求以及土地投入强度等因素影响，闲置土地的形成也与这些影响因素密不可分（罗遥和李陈，2014），可能是其中一个因素影响所致，也可能是多个因素共同影响所致，所以有必要对这些影响因素进行分析，定性的研究它们与土地闲置原因之间的关系。

1）房屋拆迁进程慢

随着社会经济的不断发展，城镇化的不断推进，城市改造的进程不断加快，老旧房屋改造、拆迁随处可见。如果不能合理妥善地拆迁安置，房屋拆迁问题就会日益显现，主要存在拆迁补偿标准偏低，无法达到被拆迁人的期望标准，房屋拆迁量大，安置前的过渡房较少并且居住成本较高，居民不愿搬迁、拆迁时房屋产权不明确，存在纠纷等情况，双方矛盾冲突凸显。如果拆迁没谈拢，造成房屋拆迁滞后，最终导致大片土地成为闲置土地。目前，东胜区为进一步整顿规范房屋拆迁行为，切实维护拆迁当事人的合法权益，保障建设项目顺利进行，根据国家、内蒙古自治区城市房屋拆迁有关法律法规及政策的规定，结合东胜区实际，制定房屋拆迁补偿安置实施方案，提供产权置换、货币补偿两种补偿安置形式，实行以产权置换为主，货币补偿为辅的安置政策，积极鼓励产权置换。居民可按照自己的实际情况及意愿选择适合的补偿方案，如此可使房屋拆迁进程得以顺利进行。

　　2）土地供求机制差

　　土地供应的数量和结构的失衡问题，造成了土地的闲置。东胜区自 2007 年以来房价激增，房地产市场发展迅猛，土地需求量加大，随之土地供应量大大超出土地需求量，短期内市场失调，出让的土地无法在规定时间内得到投资开发，造成了大片土地闲置。改革开放以来实行了土地有偿出让和土地分级审批的方式，但是土地供应机制上仍存在计划机制和市场机制并存的现象，导致土地供给难以控制，不能及时充分利用，从而形成大量闲置土地。

　　3）政府原因

　　土地利用整体规划和城市规划决定区域土地利用的结构与方向。但是在追求效益的过程中，许多因素考虑不够周全，致使土地使用难度增加，从而造成土地批而未建，大量土地闲置。另外，由于东胜区政府财政资金紧张，过度出售城市土地。政府在先期投入一定的拆迁、安置费用，而这些费用是由房地产开发企业垫付，拆迁后开发商没有合适项目不愿动工，加剧了房地产市场的混乱，然而土地的价格仍在不断上涨，导致大量土地闲置。

　　4）企业原因

　　由于土地的稀缺性，土地的价格处于不断的上涨态势，对土地进行投资通常会有较高的收益，这就吸引了房地产开发商及大小企业对土地进行投资。随着城镇化的快速推进，越来越多的人口涌入城市，城市未来的发展空间很大，在今后的很长一段时期内，土地的价格依旧保持上涨趋势，因此，开发商为寻求更高的利益不畏可能被收回的风险进行囤地开发或囤地转让。这种由于监管不严肆而无忌惮的囤地行为，加大了土地的需求量，抬高了土地价格，相关部门虽然采取了增收土地增值税等相应措施，但并未取得预期效果。

　　5）土地区位因素

　　土地区位条件有优劣之分，区位条件较好的土地，往往会被土地使用者快速利用，能够产生更大的社会、经济、生态效益，而区位条件较差的土地，则需要对区位条件进行改善，才会被人们利用。区位条件的差异直接导致了一宗土地相对于其他土地所产生的自然状况、经济条件、社会发展程度、交通状况等方面的差异，最终导致土地价格的差异。对于开发商而言，区位条件优越的土地，会很快得到购房者的认可，并且房价也高；对于购房者来说，选择区位条件优越的房屋能够享受舒适的环境、方便的交通及购物等条件，所以人们更趋向于选择区位条件优越的土地。

9.6.3 闲置土地处置研究

为有效盘活东胜区存量土地闲置资源，规范土地市场行为，促进土地节约集约利用，2016 年 3 月 16 日，东胜区结合实际情况，制定了东胜区闲置土地处置工作实施方案。

1. 闲置土地处置基本原则

1) 坚持尊重历史与兼顾现实相结合的原则

在大力开发建设期间，经济发展速度快，土地收储、报批工作力度大，土地资源供不应求，伴随着经济形势下行，特别是房地产市场的"一夜乍冷"，加之房地产调控政策发力，一大批办理前期手续的项目骤然终止。一时间大量土地闲置，因此，在处置闲置土地的过程中，既要以政策为依据，以法律为准绳，又要切实解决土地开发中存在的问题和矛盾，进一步规范用地行为。

2) 坚持解决问题与支持企业发展相结合的原则

目前东胜区处于转型发展的攻坚阶段，企业发展普遍遇到了前所未有的困难，闲置的土地资源也成为多数企业的资本积累，因此在闲置土地的处理上，既要将闲置土地收回并加以利用，还要合理引导、帮助企业走出发展困境，走上转型发展之路，保障地区经济社会秩序平稳。

3) 坚持依法依规与创新机制相结合的原则

闲置土地处置工作，既要严格按照国家相关政策规定，真正理清闲置土地实情，准确认定土地闲置原因，严格执法，依法行政；又要在最大程度降低企业损失的基础上，引进土地合作开发的创新机制，保障各方权益，稳妥推进闲置土地，清理处置工作。

4) 坚持积极稳妥与保障发展相结合的原则

由于东胜区闲置土地面积大、涉及企业多，在处理闲置土地问题上，既要强化政策公平统一，做好政策宣传工作，又要积极调整土地用途，保障重点项目用地需求。

2. 推进实施措施

1) 限期开工

对于具备开工条件，且用地企业有能力继续开发建设的闲置宗地，抓住中央提出的"去库存"和棚户区改造的扶持政策，积极引导企业重新约定开工期限、竣工期限及违约责任，尽快办理重新开工手续进行开工建设。

合作开发利用。采取有实力的其他企业和闲置土地企业以合作开发的形式对闲置土地进行开发利用，合作项目应在规定的期限内开工建设。

2）置换

对于因群众信访、规划调整、地质灾害等原因造成闲置的土地，政府采取置换的形式处置。处置过程中做好土地的价格评估，新地块的选择等工作。通过有形土地市场平台，及时准确公布和更新闲置土地的面积、位置、规划用途等情况，为需要土地的企业选择置换土地创造条件，鼓励社会资本开发利用闲置土地。

3）收回

若合作开发的闲置土地处置项目未在规定的期限内开发建设，由东胜区土地储备中心有偿收回合作项目的国有建设用地使用权，国有建设用地使用权收回后，进入土地市场交易平台公开出让，待交易成功直至交清土地出让金后，再给予偿还合作企业的土地补偿款，在此期间，保留原闲置用地企业优先开发建设权。

9.6.4　小结

通过对东胜区 2014 年闲置土地清查现状、基础数据和资料的收集、整理和分析，明确了东胜区土地闲置的状况，定性地分析了东胜区闲置土地形成的原因，总结了东胜区处置闲置用地的措施，结合实地情况盘活存量土地，提高土地效益。

9.7　征地区片价测算典型案例研究

9.7.1　研究目的和意义

1．研究目的

随着我国城市化和工业化进程的加快，城市建设用地需求越来越大，大片的农用地被征收转为建设用地，但是由于征地补偿标准过低和随意补偿等原因，不能保障农民在失地后的现代生活水平，各种建设用地在实际征地中引发很多矛盾，引起了社会各界及中央领导的高度重视，所以逐步推进征地制度的改革是目前最迫切的问题。2004 年国土资源部发布的《关于完善征地补偿安置制度的补偿指导意见》明确提出制定省域内各县（市）征地区片综合地价，以解决低价征地、同地不同价的问题。本节以完善征地区片价，探讨征地区合理划分、征地区片价合理测算为研究目的，使征地区片价不仅服务于我国社会经济的建设，同时还要保障农民的自身利益，减少征地补偿过程中的矛盾与问题，有利于社会稳定发展，同时对土地市场的完善也具有一定的作用，在公平合理的征地补偿制度下保证失地农民的切身利益。

2. 研究意义

征地区片价的测算和更新凸显其现势性和指导性，促进现行征地补偿制度的完善，实现征地补偿的同地同价和公平性，维护社会的稳定，维护土地市场秩序，促进土地资源的合理利用和优化配置，节约集约用地，提高土地利用率。制定科学合理的征地补偿标准，切实保护被征地农民的合法权益，为依法、科学、合理征地提供科学、合理、完整、透明、公平的区片地价，解决因征地引起的各种矛盾与纠纷，防止征地补偿的随意性，规范征地行为。

9.7.2　相关概念

1. 征地区片价

征地区片综合地价（简称征地区片价）是指在旗县（市、区）行政辖区范围内，依据地类、产值、土地区位、农用地等级、人均耕地数量、土地供求关系、当地经济发展水平和城镇居民最低生活保障水平等因素，划分区片并测算的征地综合补偿标准（原则上不含地上附着物和青苗补偿费）（法律出版社法规中心，2009）。

2. 征地区片

征地区片（简称区片）是指一定范围内农用土地类别、产值、土地区位、农用地等级、人均耕地数量、土地供求关系、当地经济发展水平和城镇居民最低生活保障水平等条件基本一致的，征地补偿标准相同的区域（张丹，2008）。

征地区片是均质区域，具有以下特征：同一征地区片的土地质量基本相似，农用地等级相近，土地利用与农业经济产出水平也相一致；同一征地区片的区位条件一致，土地非农开发利用的潜力相当。同一征地区片的社会经济发展水平、交通条件、地理位置等基本相似；同一征地区片的土地资源稀缺性程度基本一致。同一征地区片的土地利用结构、人均土地面积、人均耕地面积等基本相近，土地供求关系基本一致。

9.7.3　东胜区征地区片价的测算

东胜区征地区片综合地价测算工作首先确定征地区片地价的测算范围，以第二次土地调查的行政村为基本测算单元，选择影响区域级别划分的土地区位、土地类别、人均耕地数量、土地供求关系、经济发展水平、亩产值和生活保障水平等因素，运用多因素综合评价法初步划分区片，利用综合判定法对初步划分的区片进行修正，最终形成东胜区征地区片。以区片为基础采用征地案例比较法和年产值倍数法分别计算每个区片征地价格，最后采用算术平均值法确定征地区片价

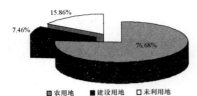

图 9-52　2010 年东胜区农用地、建设用地、未利用地占地比例示意图

格，将计算出来的征地区片价格取整得到东胜区征地区片综合地价。

1.　土地资源利用现状

据 2010 东胜区土地利用变更调查数据，东胜区土地总面积为 252 646.73hm^2，农用地 193 736.04hm^2，建设用地 18 850.84hm^2，未利用地 40 059.85hm^2（图 9-52 和表 9-40）。

表 9-40　东胜区土地利用现状表（2010 年）

土地类别	地类名称	面积/hm^2	占上级土地总面积的比例/%
农用地	耕地	21 977.56	11.34
	园地	21.32	0.01
	林地	83 311.03	43.00
	草地	88 426.13	45.65
	总计	193 736.04	76.68
建设用地	城镇村及工矿用地	15 517.29	82.32
	交通运输用地	3 333.55	17.68
	总计	18 850.84	7.46
未利用地	其他草地	22 315.06	55.70
	水域及水利设施用地	8 625.06	21.53
	其他未利用地	9 119.73	22.77
	总计	40 059.85	15.86

1）农用地

东胜区农用地面积为 193 736.04hm^2，占土地总面积的 76.68%。其中耕地为 21 977.56hm^2，占农用地总面积的 11.34%；园地 21.32hm^2，占农用地总面积的 0.01%；林地为 83 311.03hm^2，占农用地总面积的 43.00%；草地 88 426.13hm^2，占农用地总面积的 45.64%。

2）建设用地

东胜区建设用地总面积为 18 850.84hm^2，占土地总面积的 7.46%。其中城镇村及工矿用地面积为 15 517.29hm^2，占建设用地总面积的 82.32%；交通运输用地面积为 3333.55hm^2，占建设用地总面积的 17.68%。

3）未利用地

东胜区未利用地面积为 40 059.85hm^2，占土地总面积的 15.86%。其中其他草地面积为 22 315.06hm^2，占未利用地面积的 55.70%；水域及水利设施用地面积为 8625.06hm^2，占未利用地面积的 21.53%；其他未利用地面积为 9119.73hm^2，占未利用地总面积的 22.77%。

2. 征地区片划分测算方法

1）测算原则

适当从高原则，在依据现状农作物产值测算的同时，适当考虑改进生产方式、增加科技投入等提高土地收益；协调平衡原则，考虑土地等级状况，与当地征地区片综合地价水平相协调，与原征地补偿标准相衔接；公开听证原则，根据《国土资源听证规定》要求，依法组织听证，广泛听取各有关部门、农村集体经济组织、农民及社会各方面的意见和建议；遵循区片不宜过多的原则，在确定区片的补偿水平时要进行整体控制，既要考虑体现不同地区土地条件的差异性，又要便于不同区域征地区片价的相互比较和协调，因此征地区片不宜过多（李如霞和刘芳，2012）。

2）确定测算范围

征地区片综合地价测算范围为东胜区行政区域范围内的集体农用地。基本农田保护区、生态保护区等被限制征收的土地不在征地区片综合地价测算范围内。

3）划定区片

区片划定的目的是采用一定的方法将测算范围区分为若干个区片，为测算区片价提供基础。区片划定时，要求充分考虑测算范围内各个区域的差异条件，以多因素综合评价法为主确定区片，以综合定级法校验土地级别，划定土地区片。

4）测算区片综合地价

区片划分完成后，要测算各个区片的征地补偿水平。在测算区片综合地价时，要求根据实际情况选用适当的方法分别进行评估。征地区片价采用征地案例比较测算法和年产值倍数法测算，并且参照农用地价格因素修正法确定。

5）对区片综合地价进行验证调整和确定

对区片综合地价进行验证和调整的目的是保证征地区片价测算结果能够与现行征地补偿标准相衔接，保证被征地农民原有生活水平不下降（徐剑裕，2006）。对区片综合地价进行验证和调整时，要求对现有征地补偿标准、农民生活水平和经济收入水平进行全面的调查，切实保证区片综合地价测算结果能够满足被征地农民的生产、生活和长远发展的需要。

3. 多因素综合评价法确定征地区片

区片的划分主要有 3 种方法。第 1 种是土地征用补偿费用价格相近区片划分法，首先按照原来的土地征用补偿政策和征地补偿费计算方法，求得各村集体土地征用的补偿费用；然后依照用途相同、位置相近和土地征用补偿费基本一致的原则，进行征地区片的划分。第 2 种是工业基准地价剥离土地取得费用价格相近区片划分法，即首先采用工业基准地价剥离土地取得费用的计算方法，求得各村集体土地征用的补偿费用，然后依照上述原则进行征地区片的划分。第 3 种是多因素综合评价法，通过对影响农业用地价格水平和土地征用补偿费等的各种土地利用条件和土地性质特征进行综合考虑，村级行政区域为基本单元，选择主要因素建立评价指标体系，确定每一个基本单元的综合分值，在综合分值相近的单元进行归并和调整，划定区片。

从实践来看，采用多因素综合评价法划分征地区片，因素考虑比较全面，划分依据充分，比较合理，该评价方法采用定性与定量相结合，把经验转化为科学指标，把复杂事物的直接判断转化为对事物某些方面的单项判断，避免了主观随意性，保证征地区片划分的科学性，所以东胜区的征地区片划分采用多因素综合评价法。

1）指标体系的建立

东胜区征地区片的划分以多因素综合评价法为主，参考专家的综合判定法，确定征地区片。

（1）区片影响因素、因子及其权重的确定。征地区片的划分与自然、经济、社会各方面因素密切相关，而征地区片价又是以征地区片为基础。因此，结合征地区片价影响因素，以实现耕地的可持续发展为目标，综合考虑地类、产值、土地区位、农用地等级、人均耕地数量、土地供求关系、当地经济发展水平和城镇居民最低生活保障水平等各因素及其内在联系，建立征地区片价影响因素体系，见表9-41。

表9-41　东胜区征地区片综合地价影响因素、因子表

因素	权重/%	因子	权重/%
土地类别	8.112	土地类别	8.112
土地区位	33.633	中心城市影响度	15.463
		交通便利条件	7.305
		规划影响度	10.895
人均农用地数量	11.084	人均农用地数量	11.084
土地供求关系	20.968	征地案例发生频率	11.100
		征地面积所占比例	9.868
经济发展水平	11.097	人均纯收入	11.097
亩产值	6.850	亩产值	6.850
生活保障水平	8.229	生活保障水平	8.229

由于因素、因子的选择及其权重的确定对区片划分结果影响较大，东胜区征地区片综合地价成果更新工作采用德尔菲法进行区片级别因素、因子的选择及其权重值的确定。由于德尔菲法的主要工作是通过专家对定级因素权重做出统计估算，因此，专家的选择是测定工作成败的关键。东胜区征地区片因素、因子的确定邀请从事与征地工作相关部门的专家与领导对区片因素、因子进行打分，打分结果经统计分析后，确定区片因素、因子及其权重，见表9-41。

应用德尔菲法打分按下式计算均值和标准差。

$$\bar{x}=\frac{x_1+x_2+\cdots+x_n}{n}=\frac{\sum_{i=1}^{n}x_i}{n} \tag{9-23}$$

$$s=\sqrt{\frac{\sum_{i=1}^{n}(x_i-\bar{x})^2}{n-1}} \tag{9-24}$$

式中，x 为某一因素的权重的均值；s 为某一因素权重的标准差；n 为打分专家人数；x_i 为第 i 位专家的打分值。

（2）区片影响因素、因子说明。土地类别反映的是不同类别土地对征地价格的影响，征地价格则是区片划分的表现形式。不同类别土地的征收价格不同，征收价格越高，土地类别分值越高。土地区位是一个内涵十分广泛的概念，它是反映区片位置的指标，在农用地估价中，可以重点考虑地块距离中心城市的远近、距离乡镇中心的远近、距离主次干道的远近及沿海沿江情况等（王茉，2006）。人均农用地数量是反映土地稀缺性和人员安置成本高低的指标，在农民以农业收入为主要收入来源的地区，人均农用地量越小，分值越高；而在经济比较发达的地区，农用地越少，说明地方工业越发达，农业收入在农民经济总收入中的比重较低，农民对农用地依赖性相对较小，因而分值也应适当降低。土地供需反映土地市场的供求情况，可以以测算单元内的近几年的征地数据（征地数量、征地价格）为依据打分，征地数量多、价格高的，说明需求旺盛，因而分值高。收入水平可以反映土地综合收入水平，体现当地的经济发展状况及储蓄、消费、投资水平。农业产值反映土地的自然质量价格，是土地自然生产能力差异的指标。它可以通过前3年农业产值的平均值来体现，前3年农业产值平均值越高的分值越高。城镇居民最低生活保障水平反映了农民失去土地后获得基本生活保障的社会保障水平，城镇居民最低生活保障费用高的地区，分值也高。

2）区片影响因素、因子评价

（1）土地类别。土地类别分值的确定根据《内蒙古自治区征地统一年产值标准和征地区片综合地价成果更新》技术方案，东胜区征地区片综合地价成果更新工作范围包括耕地、园地、林地、草地4种土地类别。东胜区征地区片价土地类别的划分以土地利用现状分类为依据，根据不同土地类别农用地的征收价格确定不同类别土地的分值，见表9-42。

表9-42 土地类别分值表

因素	因子	分值
土地类别	水浇地	100
	旱地	85
	园地	80
	林地	70
	草地	60

区片划分单元分值的计算以行政村和社区为最小区片划分单元,统计行政村内各个土地类别的土地面积,采用面积加权法计算定级单元的分值,利用最大值标准化法确定每个行政村的单元分值,计算公式为

$$F=\sum_{i=1}^{n}S_i\frac{f_i}{S} \tag{9-25}$$

式中,F 为定级单元土地类别分值;f_i 为定级单元内第 i 个因子的分值;S 为定级单元农用地面积;S_i 为定级单元内第 i 个因子的面积。

利用最大值标准化法计算东胜区区片划分单元的作用分。

(2)中心城市影响度。根据东胜区实际情况以及实地调查研究,共选择东胜区和哈巴格希街道办事处两个点作为东胜区征地区片价的中心城市影响度,根据东胜区和哈巴格希街道办事处两个地区的城市用地面积、人口、商服繁华度等指标将中心城市影响度分为两个级别,东胜区为一级中心城市,哈巴格希街道办事处为二级中心城市。

确定中心城市的最大影响半径。中心城市是全区主要的技术、资金、通讯、人流、物流的集散地。通常情况下,一级中心城镇的最大影响半径就是中心城镇距该辖区内最远的行政管辖距离。根据实地调查距东胜区中心城市最远的测算单元是泊江海子镇的什股壕村,距东胜区 71.85km,因此,确定其一级中心城市的服务半径为 71.85km。二级中心城市的服务半径根据点状因子服务半径计算公式求得,计算公式为

$$D=\sqrt{\frac{S}{n\pi}} \tag{9-26}$$

式中,D 为中心城市影响半径;S 为行政辖区土地总面积;n 为该级以上中心城市数量。

根据上述公式计算求得东胜区二级中心城市服务半径为 31.00km。

通过计算东胜区和哈巴格希街道办事处的各项指标确定中心城市总规模指数和作用分(表 9-43)。

表 9-43 东胜区中心城市各项指标结果表

名称	级别	作用分	服务半径/km
东胜区	一级	100	71.85
哈巴格希办事处	二级	85	31.00

根据点状影响因子对测算单元的影响方式,选择指数衰减模型编制作用分等值线图。在实际操作过程中,以各测算单元的中心点代表该测算单元面域,根据空间关系将中心城市分值赋值于测算单元。

(3)道路通达度。道路通达度是土地区位因素中一个重要的因子,是区域内重要的基础设施,也是土地进行开发建设的重要条件。它不仅对自身客体所在位

置上的土地具有影响力，而且还通过区域的波及性和效益外溢等作用与其周围地域乃至整个城区的土地都形成正相关的影响关系，以线性衰减规律对农用地产生不同的影响力，见表 9-44。

表 9-44 东胜区道路类型划分表

级别	名称	作用分	服务半径/km
一级	康巴什快速通道、东胜区环城路	100	22
二级	109 国道、210 国道	80	10
三级	村村通公路	70	5

根据东胜区征地区片价中交通便利条件选择了对征地区片价有影响的主要道路，包括康巴什快速通道、东胜区环城路、210 国道、109 国道和境内的主要公路。根据东胜区交通运输局提供的资料综合考虑车流量、道路的宽度和道路对周边地区的影响将道路分为 3 个级别。各类道路通达度影响距离，主次干道计算公式为

$$D = \frac{S}{2L_i} \tag{9-27}$$

式中，D 为各级道路的影响距离；S 为行政辖区总面积；L_i 为第 i 级以上道路总长度。

通过对道路长度的测量，利用上式计算得出各类道路的影响距离，不同类型的道路对农用地的影响不同，结合对实地取得资料的分析，确定各类道路对农用地的道路作用指数和功能分，见表 9-44。道路功能计算公式为

$$f = 100 \times I \tag{9-28}$$

式中，f 为某类道路的功能分；I 为某类道路的规模指数。

道路通达度在某一点上的作用分计算公式如下

$$e = f \times (1 - r) \tag{9-29}$$

式中，e 为某道路在某点的通达度作用分；f 为某道路的功能分；r 为某道路到某点的相对距离。

根据公式计算出某点的作用分，编制农用地道路通达度作用分等值线图，在实际操作过程中，以各测算单元的中心点代表该测算单元面域，根据空间关系将中心城市分值赋值于测算单元。

（4）规划影响度。规划影响度是指土地利用总体规划确定的建设用地范围内对现状的集体农用地征收价格产生的影响。根据东胜区土地利用总体规划确定的新增建设用地范围，利用空间位置关系，将有新增建设用地测算单元作为规划影响度的一级区片，其余为二级区片。一级区片的作用分为 100 分，二级区片的作用分为 60 分（图 9-53）。

图 9-53　东胜区规划影响度等分值图

（5）人均农用地数量。人均农用地数量对征地区片价的影响表现在两个方面。第一个方面表现为农用地产值区别，在人均农用地较少的地区，往往会增加对土地的投入，提高农用地的产值，而形成极差地租；第二个方面表现为社会保障水平的区片，在人均农用地较少的地区，农牧民失去若干农用地后就会丧失生存能力，而在人均农用地较多的地区，同样失去若干农用地后不会对其生存产生较大的影响。因此，对人均农用地较少的地区需要提高其社会补偿标准（彩图 9-21）。

东胜区农用地包括耕地、园地、林地和草地。为建立可比基础，首先将不同地类农用地产值统一为耕地产值，通过实际调查，1 单位园地的产值等同于 1 单位耕地的产值、6 单位林地的产值相当于 1 单位耕地的产值、15 单位草地的产值相当于 1 单位耕地的产值。可比基础的建立是人均农用地指标无量纲化的前提条件，根据调查得到每个测算单元的农业人口数量，计算人均农用地数量。

（6）征地案例发生频率。征地案例发生频率是指近 3 年土地征地案例发生的频率，它是土地供求关系的表现形式之一。征地案例发生频率越高，说明该地区土地供求关系越紧张，土地的征收价格则越高。东胜区征地案例发生频率的计算是统计前 3 年发生的征地次数，将测算单元征地案例发生频率分为 6 个级别，见彩图 9-22。

（7）征地面积占测算单元土地总面积的比例。它是指近 3 年东胜区发生的征地案例土地总面积所占测算单元土地总面积的比例。它是土地供求关系的表现形式之一。比例越高说明该地区的土地需求量越大，土地的需求量大则会推动土地征收价格的上涨，根据东胜区实地调查数据将征地面积占测算单元土地总面积的比例分为 5 个级别，见彩图 9-23。

（8）农牧民人均纯收入。人均纯收入是衡量人民生活水平的重要因素。人均纯收入对征地区片价的影响表现在两个方面：第一方面，人均纯收入高，根据调查农牧民的人均纯收入大多来自于土地的经营收入，人均纯收入越高说明土地产值越高，则土地的征收价格越高；第二方面，人均纯收入越高，人民的生活水平越好，农牧民在失去土地后应提高其社会保障来维持失地前的生活水平，东胜区征地区片价根据《东胜区统计年鉴》将东胜区按乡镇分为 5 个级别，见彩图 9-24。

（9）亩产值。亩产值是反映土地的自然质量价格，是土地自然生产能力差异的指标。它可以通过近 3 年农业产值的平均值来体现，近 3 年农业产值平均值越高的测算单元分值越高，根据东胜区统计年鉴将东胜区征地区片价按乡镇分为 5 个级别，见彩图 9-25。

（10）生活保障水平。依据《鄂尔多斯市东胜区人民政府关于印发东胜城市规划区内征地补偿安置实施方案的通知》（东政发〔2007〕5 号）和《鄂尔多斯市东胜区人民政府关于进一步明确东胜城市规划区内征地补偿安置实施方案有关内容的通知》（东政发〔2008〕84 号）文件，东胜区为保障对失地农牧民在失地后的生活保障，按城市土地总体规划确定的规划区范围为界线，规划区范围内每人补偿 18 万元，规划区范围外每人补偿 12 万元。哈巴格希街道办事处将辖区范围内的土地分为 4 类，失地农牧民的补偿分别是 15 万～18 万元不等，见彩图 9-26。

3）测算单元的划分

根据《内蒙古自治区征地统一年产值标准和征地区片综合地价成果更新》技术方案的要求，原则上以行政村作为测算单元。如果村内地貌类型、土地利用方式、作物种植类型等差异确实较大，也可以进一步细分测算单元，但单元划分不宜过细。

东胜区根据地区的实际特点，为避免同一行政村内出现因不同征地价格而引发社会矛盾的问题，以东胜区第二次全国土地利用现状调查确定的行政村界为基本测算单元，测算单元不打破行政村界。

4）东胜区征地区片的划分

利用 GIS 软件，根据空间位置关系，将区片影响因素、因子的作用分赋予测算单元。

（1）采用加权求和法确定测算单元作用分，单元总分值大小反映土地级别的高低，计算公式为

$$H_i = \sum_{k=1}^{n} (f_k p_k) \quad (k=1, 2, \cdots, n) \qquad (9\text{-}30)$$

式中，H_i 为测算单元的总分；p_k 为定级因子对测算单元的作用分；f_k 为定级因子的权重；k 为定级因子数目。

（2）根据测算单元作用分划分土地区片，作用分越高，土地区片级别越好。东胜区征地区片的划分，利用 ArcGIS 软件中的自然断裂功能，将全部测算单元划分为 6 个级别的区片（表 9-45）。

表 9-45　东胜区征地区片作用分值范围表

一级	二级	三级	四级	五级	六级
＞96.32	92.01～96.32	87.41～92.01	71.79～87.41	60.69～71.79	＜60.69

4. 征地区片综合地价的测算

东胜区征地区片综合地价测算采用征地案例比较法和年产值倍数法确定综合区片地价。

1）征地案例比较法

征地案例比较测算法是将区片看作一个评估对象，根据本区片征地案例的实际补偿标准，通过比较修正得到征地区片价的方法（张晶晶，2009）。征地案例比较法与市场比较法的计算原理相同，是根据类似不动产的成交价格来求取估价对象价值的方法；具体是选取一定数量的可比案例并将它们与估价对象进行比较，然后对可比案例的成交价格进行适当的修正求取估价对象价值的方法。所谓可比实例，是指交易案例中交易类型与估价目的吻合、成交期日与估价时点接近、成交价格为正常市场价格或者能够修正为正常市场价格的类似不动产。基本公式为

$$P_z = P_b \times \frac{100}{A_1} \times \frac{100}{A_2} \times A_r \times A_q \tag{9-31}$$

式中，P_z 为待估征地区片地价；P_b 为征地案例补偿标准；A_1 为区域因素修正系数；A_2 为个别因素修正系数；A_r 为时间修正指数；A_q 为情况修正系数。

由于目前征地案例存在很大的差异，因此，在使用案例前，还要对案例的合理性进行判断。即判断该案例的补偿费用是否能够满足被征地农民生产、生活和发展的需求，是否代表东胜区征地的正常水平等。征地案例的可比内涵要与征地区片价的设定内涵一致，主要是指在对案例进行整理时，要将青苗补偿费用、地上附着作物补偿费用和其他额外损失的补偿费用等剔除。对征地案例的比较修正应考虑区域因素、个别因素、期日情况等。期日修正主要是对 2008～2012 年东胜区发生的征地案例进行期日修正。期日修正是指根据征地案例费用发生的期日对补偿费用进行调整。东胜区期日修正系数计算过程如下。

土地估价中的期日修正系数，一般来讲是根据地价指数进行修正计算。考虑到征地区片价的范围是农用地，农用地的价格与粮食价格呈正相关，因此采用粮食消费的物价指数确定期日修正系数。查询东胜区 2004 年以后的粮食物价指数，建立历年物价指数曲线图，见图 9-54。

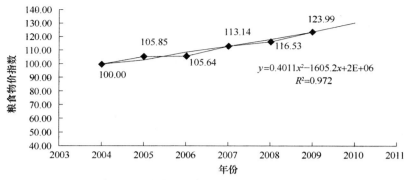

图 9-54 东胜区历年粮食物价指数曲线图

通过分析历年粮食物价指数价格随时间推移的变动规律，采用时间序列分析，建立征地补偿价格与时间的相互关系，确定期日修正系数。计算公式为

$$K = \frac{P_i}{P_{基}} \tag{9-32}$$

式中，K 为征地案例年期修正系数；P_i 为第 i 年粮食物价指数；$P_{基}$ 为基期年粮食物价指数。

根据公式（9-32）以及《内蒙古自治区征地统一年产值标准和征地区片综合地价成果更新》确定的基准日，反推历年期日修正系数，结果见表 9-46 和图 9-55。

表 9-46 期日修正系数表

项目	年份						
	2005	2006	2007	2008	2009	2010	2011
修正系数	130.67	130.93	122.25	118.69	111.55	105.95	100.00

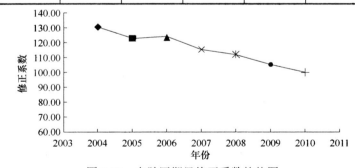

图 9-55 东胜区期日修正系数趋势图

东胜区征地区片价测算中，共搜集样点 127 个，在东胜区征地区片综合地价更新系统中完成样点的检验，征地样点数据检验以征地区片为单位，进行样本的总体方差检验。计算公式为

$$\bar{X} = \frac{\sum_{i=1}^{n} X_i}{n} \tag{9-33}$$

$$\delta=\sqrt{\dfrac{\sum\limits_{i=1}^{n}(X_i-\bar{X})^2}{n-1}}$$

（9-34）

式中，$\bar{X}$ 为样点地价均值；X_i 为样点地价；n 为样点数；δ 为样点地价标准差，正常样点检验区间为 $X-2\delta<X_i<X+2\delta$。

利用方差公式计算样点标准差，剔除 2 倍标准差范围以外的样点，样点检验剔除结果见表 9-47。

表 9-47　东胜区征地区片有效征地样点统计表

项目	区片级别						
	一级	二级	三级	四级	五级	六级	合计
有效样点/个	2	5	11	29	17	2	66

在区片比较价的基础上，采用算术平均值法将案例计算结果进行处理，得到各征地区片的征地案例价格，根据现行的社会保障标准以及测算单元内的农用地规模和需要安置的人口数量，计算每个测算单元的社会保障水平，计算公式为

$$Y=\dfrac{B\times P}{S}$$

（9-35）

式中，Y 为社会保障水平；B 为现行征地中的安置标准；P 为测算单元内需要安置的人口数量；S 为测算单元内的集体农用地规模。

在区片比较价的基础上，采用平均值法计算每个区片的社会保障标准，结果见表 9-48。

表 9-48　东胜区征地案例比较法确定级别价格结果表　[单位：（元/亩）]

区片级别	征地案例价格	社会保障价格	区片价格
一级	53 825.92	70 000.00	123 825.92
二级	23 958.61	60 000.00	83 958.61
三级	15 945.48	30 000.00	45 945.48
四级	11 532.47	20 604.97	32 137.44
五级	8 249.88	13 401.58	21 651.46
六级	6 448.72	9 874.51	16 323.23

2）年产值倍数法

年产值倍数测算法是以农用地年产值为基础，按照一定倍数测算征地区片价的方法。征地区片价等于土地补偿费和安置补助费之和（周瑞平等，2010）。其中，农用地补偿费和安置补助费按照土地综合年产值的倍数计算。基本公式为

$$P_z=V\times n+V\times m$$

（9-36）

式中，P_z 为征地区片价；V 为区片土地年产值；n 为区片土地补偿倍数；m 为区片安置补偿倍数。

通过查阅统计年鉴，确定东胜区测算单元内近3年耕地的平均年产值，结合调查数据以及统计局提供的相关资料，确定耕地的附加收益率为24%。以区片为基础，采用算术平均值法测算区片的土地年产值。根据东胜区的现行征地方案，确定土地补偿费为被征收近3年平均年产值的10倍。将各区片土地年产值、土地补偿倍数和安置补助费倍数代入土地征收补偿公式，计算得到各征地区片价，结果见表9-49。

表9-49 东胜区年产值倍数确定级别价格结果表

区片级别	年产值/（元/亩）	补偿倍数	区片价格/（元/亩）
一级	4 000.00	30	120 000.00
二级	2 500.00	29	72 500.00
三级	1 440.00	28	40 320.00
四级	811.97	27	21 923.14
五级	793.75	26	20 637.55
六级	634.00	25	15 849.90

3）征地区片价的确定

东胜区征地区片综合地价采用两种方法的加权求和法确定区片价格。根据两种方法的特点分别确定权重。征地案例比较法是以替代原理为理论基础，以实际发生的征地案例为计算依据，通过市场比较法，将收集到的案例资料进行交易时间和交易情况等修正后得到征地区片地价设定内涵下的价格。征地案例比较法能客观真实地反映征地的价格，因此，采用加权求和法确定东胜区征地区片地价赋予征地案例比较法0.5的权重。

亩产值倍数法是以法律为基础，以农用地近3年平均亩产值为计算依据，通过补偿倍数确定征地价格。该方法立足于法律，有法律依据，也是计算征地价格的最常用的方法，但在倍数的确定上存在一定的主观性，难以客观反映农用地的征地价格，因此，采用加权求和法确定东胜区征地区片地价赋予亩产值倍数法0.5的权重。

采用算术平均值法确定东胜区征地价格，将算术平均价格取整形成东胜区征地区片综合地价，结果见表9-50。

表9-50 东胜区征地区片价结果表　　　　［单位：（元/亩）］

区片级别	征地案例价格	亩产值倍数价格	最终价格
一级	123 825.92	120 000.00	122 000
二级	83 958.61	72 500.00	78 000
三级	45 945.48	40 320.00	43 100
四级	32 137.44	21 923.14	27 000

区片级别	征地案例价格	亩产值倍数价格	最终价格
五级	21 651.46	20 637.55	21 100
六级	16 323.23	15 849.90	16 100
平均地价	53 973.69	48 538.43	51 200

以东胜区近 3 年的征地案例为基础，分别计算征地案例中的水浇地、旱地、林地、草地的征地价格以及征地案例的综合价格，通过各地类案例价格与征地区片价格的比例计算地类修正系数。截至 2010 年年末，东胜区共有园地 21.32hm^2，且未发生过园地的征地案例，参考其他地区征地区片综合地价修正体系，将园地归并到林地中设置统一的修正系数，见表 9-51。

表 9-51　东胜区征地区片综合地价地类修正系数表

区片级别	耕地	林地（园地）	草地
一级区片	1.32	0.35	0.20
二级区片	1.88	0.41	0.20
三级区片	1.83	0.53	0.34
四级区片	1.68	0.56	0.39
五级区片	1.55	0.65	0.37
六级区片	1.45	0.63	0.45

根据地类修正系数计算东胜区各地类征地区片价，见表 9-52。

表 9-52　东胜区征地区片综合地价地类修正结果表 ［单位：（元/亩）］

区片级别	区片价格	耕地	林地（园地）	草地
一级	122 000	161 040	42 700	24 400
二级	78 000	146 640	31 980	15 600
三级	43 100	78 873	22 843	14 654
四级	27 000	45 360	15 120	10 530
五级	21 100	32 705	13 715	7 807
六级	16 100	23 345	10 143	7 245

9.7.4　征地区片地价结果分析

1. 总体价格水平分析

东胜区征地区片综合地价随级别的增加在逐渐降低，一级区片价格为 122 000 元/亩；二级区片价格为 78 000 元/亩；三级区片价格为 43 100 元/亩；四级区片价格为 27 000 元/亩；五级区片价格为 21 100 元/亩；六级区片价格为 16 100 元/亩；根据算术平均值法计算得到东胜区的征地区片综合地价为 51 200 元/亩（表 9-53 和图 9-56）。

表 9-53 东胜区征地区片综合地价结果表

项目	一级区片	二级区片	三级区片	四级区片	五级区片	六级区片
价格/（元/亩）	122 000	78 000	43 100	27 000	21 100	16 100
面积/hm²	615.93	2 225.15	5 231.10	69 251.84	62 643.78	112 678.93
东胜区/（元/亩）	51 200					

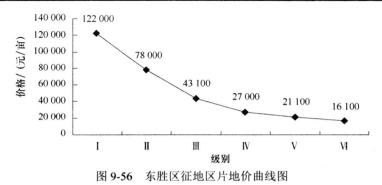

图 9-56 东胜区征地区片地价曲线图

一级区片的土地均为城市建设用地，土地产值高，距城区最近，区位条件好。二级、三级区片的土地质量较好，以经营蔬菜大棚为主，农民人均收入高，所以其区片综合地价最高。该区域范围为东胜城市范围内的 8 个街道办事处，其中目前仅有公园街道办事处和诃额伦街道办事处有集体农用地，面积为 1 484.37hm²。该区域为城市基准地价范围的外延部分，其地价水平应低于城区工业基准地价水平。四级区片的土地质量好，以种植玉米和马铃薯为主，土地年产值较高，由于靠近城区或距城区近，区位条件较好，农民人均收入较高，非农业收入占总收入的比重较大，农牧民社会保障价格水平较高，所以其区片综合地价较高。五级区片的土地质量一般，土地年产值一般，由于距城区较远，区位条件一般，农产品距消费市场远，造成农产品销售价格水平较低，农民人均收入一般，所以其区片综合地价水平一般。六级区片的土地质量一般，农作物单产较低，土地年产值一般，由于距城区最远，区位条件最差，农牧民收入主要以农用地经营收入为主，农民人均收入一般，其区片综合地价水平最低。

2. 地价空间分布特点

地价的空间分布具有从城市边缘向外围逐渐降低的规律。这一规律体现了区位条件对征地需求的影响是最显著的：与中心城市越近，征地需求越大，征地价格越高，这在一定程度上也体现了地类与土地产出水平的空间差异。在自然条件允许且相对均质的条件下，从城市边缘向外围地类差异一般与城市生活需求密切性有显著关联：距中心城市越近，地类与城市生活需求越密切，经济上使用价值越高，土地级别越高，产出水平也越高，征用就要支付更高的价格。地价水平与规划关系密切，表现在城市规划区内高于相邻的非城市规划区的地价，在规划区内的社会保障水平明显高于规划区外的社会保障水平。

3. 征地区片地价成果对比分析

根据 2009 年 12 月 28 日《内蒙古自治区人民政府办公厅关于公布实施自治区征地统一年产值标准和征地区片综合地价的通知》（内政办发〔2009〕129 号）文件，公布的关于东胜区征地统一年产值标准和征地区片综合地价成果，5 个征地区片和 3 个征地统一年产值区域，基准日为 2006 年 1 月 1 日，将 2009 年成果的区域范围以及基准日下的土地价格修正到与 2011 年成果统一的价格内涵下，见表 9-54。

表 9-54　东胜区征地区片综合地价对比分析表

前 3 轮级别	征地区片级别					
	一、二、三	四		五		
地价/（元/亩）	10 020	6 892.5	5 230	3 387.5	2 207.5	1 816.2
统一级别范围内的区片价/（元/亩）	10 020	6 061.25		2 470.41		
统一基准日下的区片价/（元/亩）	12 381.71	7 489.89		3 052.69		
本轮结果（元/亩）	81 033	27 000		21 100		
提高倍数	6.54	3.60		6.91		

由表 9-54 得出，东胜区征地区片综合地价成果较上一轮相比均有不同程度的提高，最少提高 3.60 倍，最多提高了 6.91 倍，分析其原因是：第一，东胜区经济水平的快速发展是征地补偿标准提高的主要原因，东胜区地区生产总值从 2005 年的 184 937 亿元提高到 2009 年的 335 353 亿元，提高了 1.81 倍，农牧民人均纯收入从 4716 元提高至 2009 年的 7943 元，提高了 1.68 倍；第二，物价指数的增长也是补偿标准提高的主要原因，农产品销售价格指数以 2005 年为基期，东胜区物价指数增长了 1.23 倍。

9.7.5　小结

征地区片综合地价是政府征收土地的唯一合法依据，征地区片地价不仅关系到地区经济的发展，也关乎失地农牧民的切身利益。征地综合地价出台后，对规范征地价格市场将起到主导作用，征用者可以在公开公正的市场环境下，合理选择投资区位。利用征地综合地价调控城市用地布局、制定土地政策，征地综合地价标准制定的客观合理，可以促进城市存量土地的价格提高，并提高其利用效率。

参 考 文 献

鲍丽萍，王景岗，2009．中国大陆城市建设用地扩展动因浅析［J］．中国土地科学，8：68-72．

陈诚，金志丰，2015．经济发达地区乡村聚落用地模式演变：以无锡市惠山区为例［J］．地理研究，34(11)：2155-2164．

陈艺月，2016．我国矿山地质环境治理恢复保证金制度研究［D］．重庆：西南政法大学．

陈玉光，2010．城市空间扩展方式研究［J］．城市，8：22-27．

法律出版社法规中心，2009．最新拆迁、征地法律实用问答［M］．北京：法律出版社．

郭晓东，2007．黄土丘陵区乡村聚落发展及其空间结构研究：以葫芦河流域为例［D］．兰州：兰州大学，5：122．

郭晓东，马利邦，张启媛，2012．基于 GIS 的秦安县乡村聚落空间演变特征及其驱动机制研究［J］．经济地理，32（7）：56-62．

海贝贝，2014．快速城市化进程中城市边缘区聚落空间演化研究：以郑州市为例［D］．开封：河南大学，5：67．

何振德，金磊，2005．城市灾害概论［M］．天津：天津大学出版社．

康巴什新区政府门户网，2011．康巴什新区人口变化情况［Z］．新区发展局统计科．

李如霞，刘芳，2012．征地补偿疑难问题专家解析［M］．北京：中国法制出版社．

李小建，许家伟，海贝贝，2015．县域聚落分布格局演变分析：基于 1929～2013 年河南巩义的实证研究［J］．地理学报，70（12）：1870-1883．

李阳兵，罗光杰，邵景安，等，2012．岩溶山地聚落人口空间分布与演化模式［J］．地理学报，67（12）：1666-1674．

刘鑫，2015．浅谈内蒙古自治区矿山地质环境问题及发展趋势［J］．西部资源，5：78-79．

刘亦晴，许春冬，2017．废弃矿山环境治理 PPP 模式：背景、问题及应用［J］．科技管理研究，（12）：240-246．

吕兴栋，2012．区域发展规划中建设用地需求量预测研究［J］．经济研究导刊，5：51-55．

罗光杰，李阳兵，王世杰，2011．岩溶山区聚落格局演变等级效应及其与交通条件的关系：以贵州省后寨河、王家寨、茂兰地区为例［J］．中国岩溶，30（3）：320-326．

罗遥，李陈，2014．土地集约利用背景下城市闲置土地问题研究［C］．呼和浩特：2014 年中国土地科学论坛——城乡建设用地市场与农牧区土地流转．

闵婕，杨庆媛，2016．三峡库区乡村聚落空间演变及驱动机制：以重庆万州区为例［J］．山地学报，34（1）：100-109．

萨仁其其格，2011．鄂尔多斯市生态灾害风险评价［D］．呼和浩特：内蒙古师范大学．

史璇，2009．矿产资源生态补偿法律制度研究［D］．青岛：山东科技大学．

王茉，2006．征地区片划分和征地区片综合地价测算研究［D］．保定：河北农业大学．

王新玲，查有志，2011．露天开采矿山的地质环境调查技术与应用［J］．西部探矿工程，3：110-112，117．

徐剑裕，2006．征地区片综合地价研究［D］．上海：同济大学．

张丹，2008．呼和浩特市征地区片综合地价的平衡研究［D］．呼和浩特：内蒙古师范大学．

张进德，田磊，赵慧，2008．我国矿山地质环境监测工作方法初探［J］．水文地质工程地质，2：1-4．

张晶晶，2009．呼和浩特市旗县区征地补偿标准研究［D］．呼和浩特：内蒙古师范大学．

张士虎，2012．建设项目压覆矿产资源调查评估方法探讨［J］．资源环境与工程，3：278-280．

中国法制出版社，2013．中华人民共和国土地管理法：案例注释版［M］．2版．北京：中国法制出版社．

周瑞平，赵明，张裕凤，2010．呼和浩特市征地区片综合地价研究［J］．北方经济，7：52-54．

祝英普，胡凯，2012．浅谈矿山地质环境恢复治理应注意的几个问题［J］．中国科技信息，18：43．

彩　　图

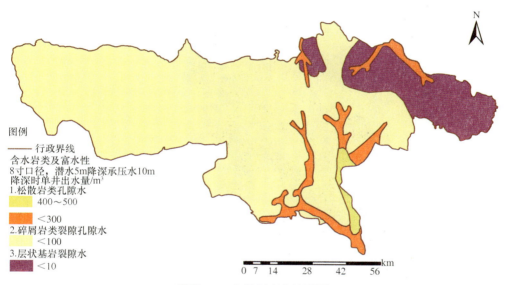

图例

—— 行政界线

含水岩类及富水性
8寸口径，潜水5m降深承压水10m
降深时单井出水量/m³

1.松散岩类孔隙水

　　400～500

　　<300

2.碎屑岩类裂隙孔隙水

　　<100

3.层状基岩裂隙水

　　<10

0 7 14　　28　　42　　56 km

彩图 3-1　东胜区水文地质图

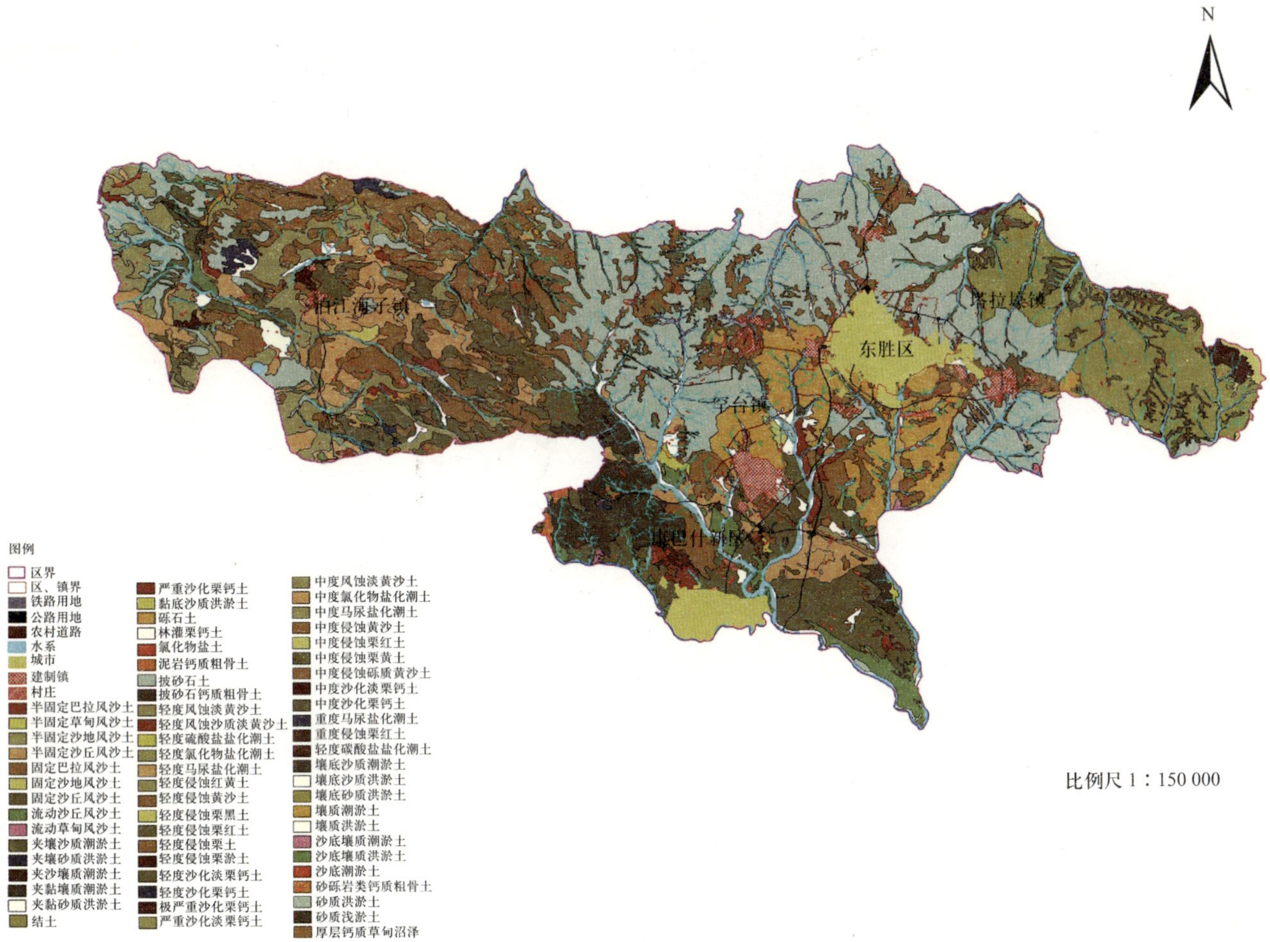
N
泊江海子镇
东胜区
塔拉壕镇
罕台镇
康巴什新区
比例尺 1：150 000
图例
区界
区、镇界
铁路用地
公路用地
农村道路
水系
城市
建制镇
村庄
半固定巴拉风沙土
半固定草甸风沙土
半固定沙地风沙土
半固定沙丘风沙土
固定巴拉风沙土
固定沙地风沙土
固定沙丘风沙土
流动沙丘风沙土
流动草甸风沙土
夹壤沙质潮淤土
夹壤砂质洪淤土
夹沙壤质潮淤土
夹黏壤质潮淤土
夹黏砂质洪淤土
结土
严重沙化栗钙土
黏底沙质洪淤土
砾石土
林灌栗钙土
氯化物盐土
泥岩钙质粗骨土
披砂石土
披砂石钙质粗骨土
轻度风蚀淡黄沙土
轻度风蚀沙质淡黄沙土
轻度硫酸盐盐化潮土
轻度氯化物盐化潮土
轻度马尿盐化潮土
轻度侵蚀红黄土
轻度侵蚀黄沙土
轻度侵蚀栗黑土
轻度侵蚀栗红土
轻度侵蚀栗土
轻度侵蚀栗淤土
轻度沙化淡栗钙土
轻度沙化栗钙土
极严重沙化栗钙土
严重沙化淡栗钙土
中度风蚀淡黄沙土
中度氯化物盐化潮土
中度马尿盐化潮土
中度侵蚀黄沙土
中度侵蚀栗红土
中度侵蚀栗黄土
中度侵蚀砾质黄沙土
中度沙化淡栗钙土
中度沙化栗钙土
重度马尿盐化潮土
重度侵蚀栗红土
轻度碳酸盐盐化潮土
壤底沙质潮淤土
壤底沙质洪淤土
壤底砂质洪淤土
壤质潮淤土
壤质洪淤土
沙底壤质潮淤土
沙底壤质洪淤土
沙底潮淤土
砂砾岩类钙质粗骨土
砂质洪淤土
砂质浅淤土
厚层钙质草甸沼泽

彩图 3-2　东胜区土壤类型图

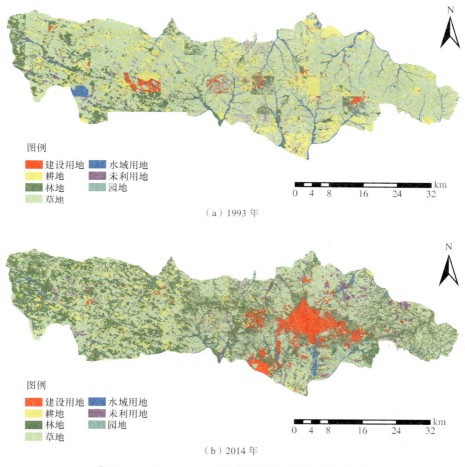

图例

■	建设用地	■	水域用地
■	耕地	■	未利用地
■	林地	■	园地
■	草地		

km
0 4 8   16   24   32

（a）1993 年

图例

■	建设用地	■	水域用地
■	耕地	■	未利用地
■	林地	■	园地
■	草地		

km
0 4 8   16   24   32

（b）2014 年

彩图 4-1　1993～2014 年东胜区土地利用布局变化图

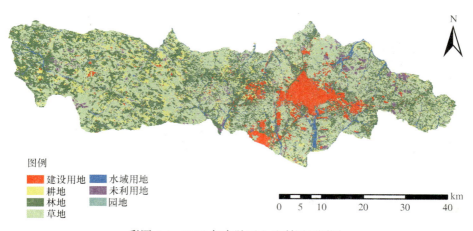

图例

■	建设用地	■	水域用地
■	耕地	■	未利用地
■	林地	■	园地
■	草地		

km
0 5 10   20   30   40

彩图 6-1　2023 年东胜区土地利用预测图

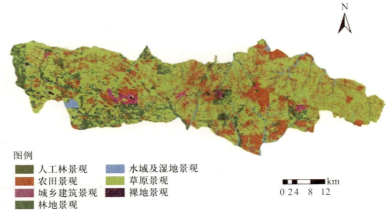

图例
■ 人工林景观 ■ 水域及湿地景观
■ 农田景观 ■ 草原景观
■ 城乡建筑景观 ■ 裸地景观
■ 林地景观

km
0 2 4 8 12

彩图 7-1 1993 年东胜区景观类型分布图

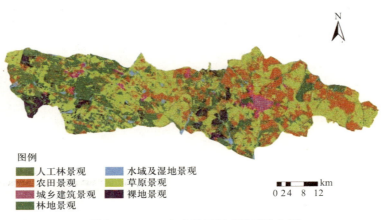

图例
■ 人工林景观 ■ 水域及湿地景观
■ 农田景观 ■ 草原景观
■ 城乡建筑景观 ■ 裸地景观
■ 林地景观

km
0 2 4 8 12

彩图 7-2 2005 年东胜区景观类型分布图

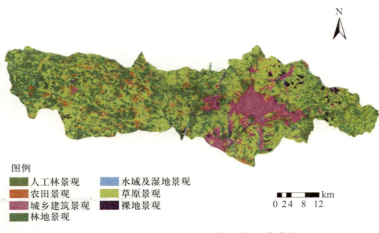

图例
■ 人工林景观 ■ 水域及湿地景观
■ 农田景观 ■ 草原景观
■ 城乡建筑景观 ■ 裸地景观
■ 林地景观

km
0 2 4 8 12

彩图 7-3 2014 年东胜区景观类型分布图

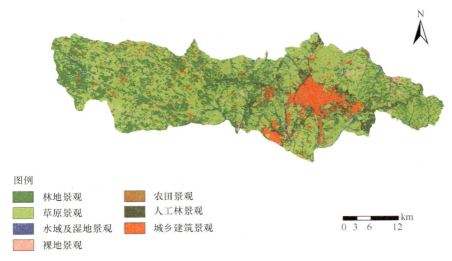

km
0　3　6　　12

彩图 7-4　东胜区土地利用景观生态安全格局图

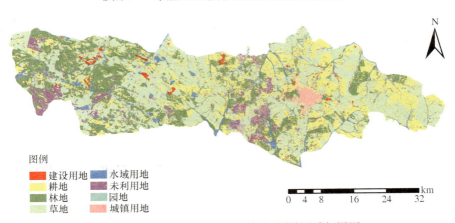

km
0　4　8　　16　　24　　32

彩图 9-1　2005 年东胜区土地利用 / 覆盖遥感解译图

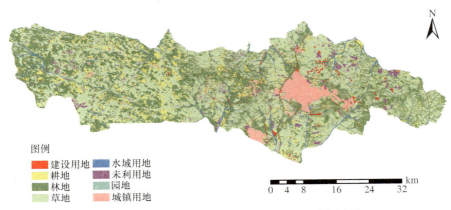

km
0　4　8　　16　　24　　32

彩图 9-2　2008 年东胜区土地利用 / 覆盖遥感解译图

彩图 9-3　2011 年东胜区土地利用／覆盖遥感解译图

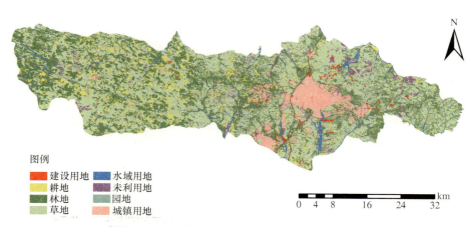

彩图 9-4　2014 年东胜区土地利用／覆盖遥感解译图

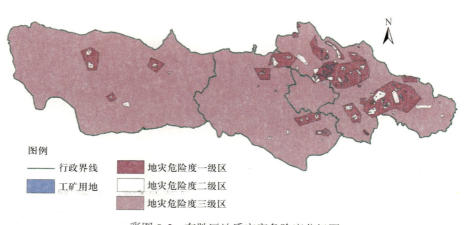

彩图 9-5　东胜区地质灾害危险度分级图

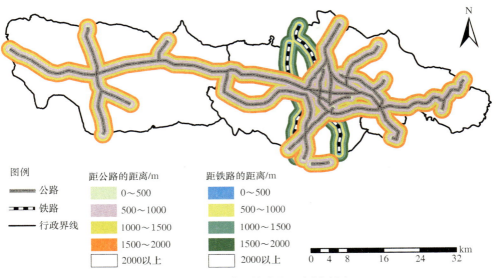

彩图 9-6　距公路、铁路的距离缓冲图

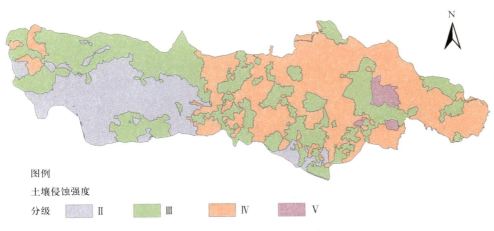

彩图 9-7　研究区土壤侵蚀强度等级图

彩图 9-8　研究区矿产资源分布图

図例

—— 镇界		▲ 砖用黏土	
----- 区界		✳ 硫铁矿	
▱ 建筑砂		▪ 耐火黏土	
▣ 油页岩		▲ 造型用砂	
▸ 泥炭		▣ 高岭土	
☆ 煤		✚ 碳酸水泉	
▨ 石灰岩			

铜川镇

中心城区

哈巴格希街道

罕台镇

泊江海子镇

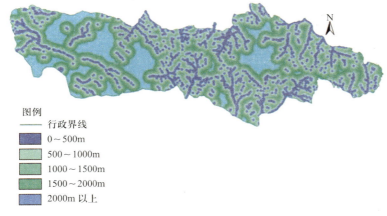

图例
— 行政界线
▨ 0～500m
▨ 500～1000m
▨ 1000～1500m
▨ 1500～2000m
▨ 2000m 以上

彩图 9-9　距河流、湖泊等水源的距离

图例
— 行政界线
▨ 基本农田
▨ 行政区

彩图 9-10　研究区基本农田分布图

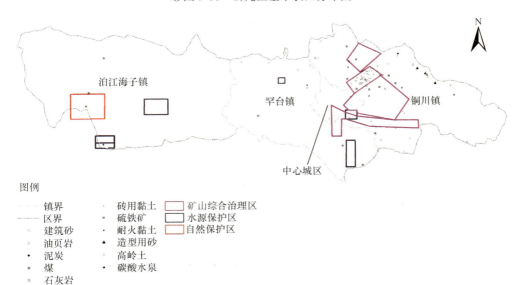

图例
— 镇界　　　· 砖用黏土　▭ 矿山综合治理区
－－ 区界　　　· 硫铁矿　　▭ 水源保护区
▫ 建筑砂　　· 耐火黏土　▭ 自然保护区
▫ 油页岩　　▲ 造型用砂
· 泥炭　　　· 高岭土
★ 煤　　　　· 碳酸水泉
▫ 石灰岩

彩图 9-11　研究区保护区类型图

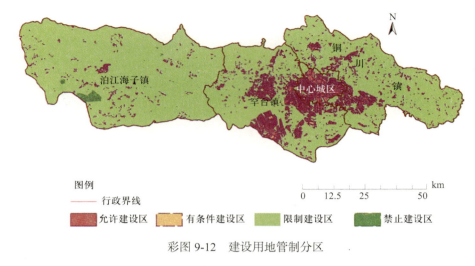

图例

—— 行政界线　　　　　　　　　　　　　　　　　km
　　　　　　　　　　　　　　　　　　　0　12.5　25　　　50

■ 允许建设区　▨ 有条件建设区　■ 限制建设区　■ 禁止建设区

彩图 9-12　建设用地管制分区

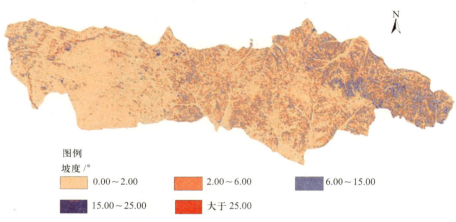

图例

坡度 /°

■ 0.00~2.00　　　■ 2.00~6.00　　　■ 6.00~15.00

■ 15.00~25.00　　■ 大于 25.00

彩图 9-13　坡度评价图

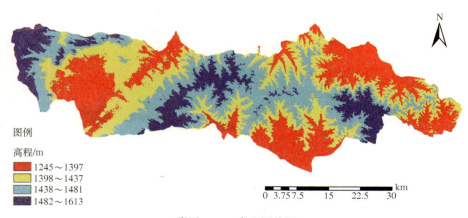

图例

高程/m

■ 1245~1397
■ 1398~1437
■ 1438~1481
■ 1482~1613

　　　　　　　　　　　　　　　　　　　km
　　　　　　　　　　0　3.75 7.5　15　22.5　30

彩图 9-14　高程评价图

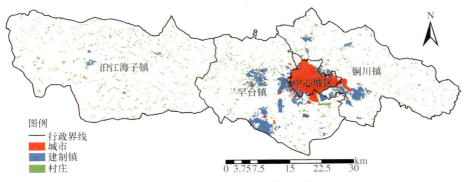

彩图 9-15　现状居民点分布图

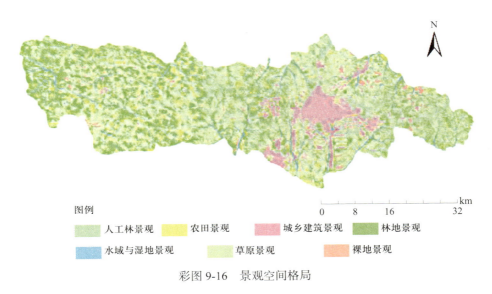

彩图 9-16　景观空间格局

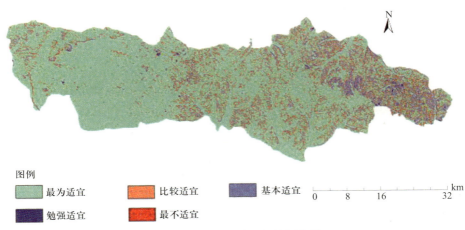

彩图 9-17　自然环境适宜性评价图

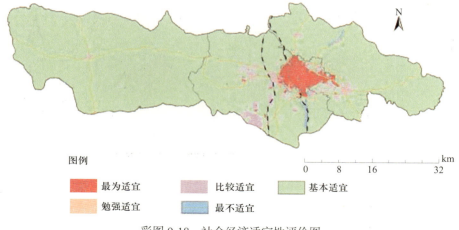

图例

- 🟥 最为适宜
- 🟪 比较适宜
- 🟩 基本适宜
- 🟧 勉强适宜
- 🟦 最不适宜

```
         km
0   8   16      32
```

彩图 9-18　社会经济适宜性评价图

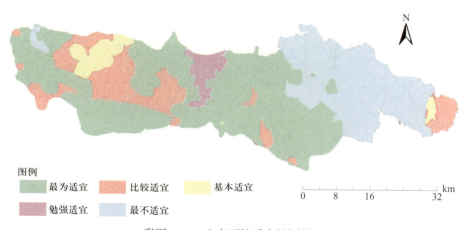

图例

- 🟩 最为适宜
- 🟧 比较适宜
- 🟨 基本适宜
- 🟪 勉强适宜
- 🟦 最不适宜

```
         km
0   8   16      32
```

彩图 9-19　生态环境适宜性评价图

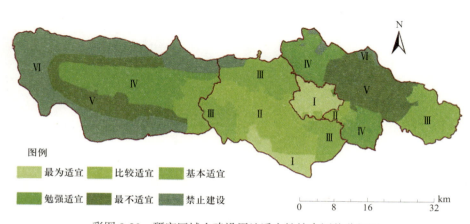

图例

- 🟩 最为适宜
- 🟩 比较适宜
- 🟩 基本适宜
- 🟩 勉强适宜
- 🟩 最不适宜
- 🟩 禁止建设

```
         km
0   8   16      32
```

彩图 9-20　研究区城乡建设用地适宜性综合评价分级图

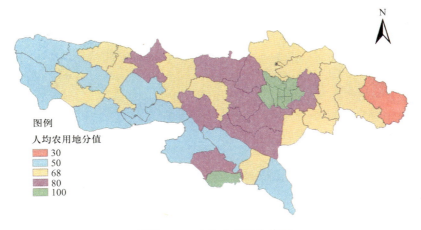

彩图 9-21　人均农用地分值图

彩图 9-22　征地案例发生频率分值图

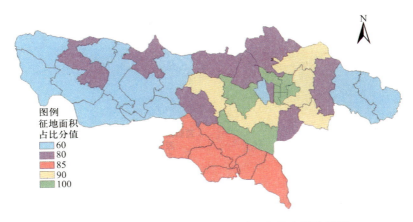

彩图 9-23　征地面积占测算单元总面积的比例分值图

图例
农牧民人均
纯收入分值
- 75.04
- 77.1
- 80.18
- 85.4
- 100

彩图 9-24　农牧民人均纯收入分值图

图例
亩产值分值
- 49.09
- 53.81
- 60.18
- 71.78
- 100

彩图 9-25　亩产值分值图

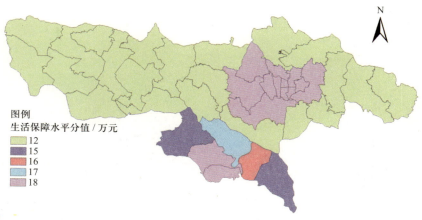

图例
生活保障水平分值／万元
- 12
- 15
- 16
- 17
- 18

彩图 9-26　生活保障水平分值图